RAPHAEL'S ASTRONOMICAL

# Ephemeris of the Planet's Places

for 2020

# A Complete Aspectarian

**Mean Obliquity of the Ecliptic, 2020, 23 ° 26′ 13″**

---

## INTRODUCTION

*Greenwich Mean Time (GMT) has been used as the basis for all tabulations and times. The tabular data are for 12h GMT except for the additional Moon tabulations (headed 24h). All phenomena and aspect times are now in GMT (to obtain Local Mean Time of aspect, add / subtract the time equivalent of the longitude E / W respectively). The zodiacal sign ingresses are integrated with the Aspectarian as well as in a separate table (inside back cover). Additionally, the 10-daily positions for* ***Chiron****, the four of the larger asteroids (****Ceres****,* ***Pallas****,* ***Juno*** *and* ***Vesta****) and the* ***Black Moon Lilith*** *have been drawn from Raphael's definitive 151-year Ephemeris (page 37).*

---

**BRITISH SUMMER TIME**

*British Summer Time* begins on March 29 and ends on October 25. When *British Summer Time* (one hour in advance of G.M.T.) is used, subtract one hour from B.S.T. before entering this Ephemeris. These dates are believed to be correct at the time of printing.

ISBN: 978 0 572 04780 1



A CIP record for this book is available from the British Library



in Great Britain by Charlesworth
'lier years phone 01256 302 692)

ılsham & Co. Ltd. London
3arrel Store, Draymans Lane,
', Bucks, SL7 2FF, England

NEW MOON – Jan. 24, 21h. 42m. ( 4°♒22′)



| D M | D W | Sidereal Time | ☉ Long. | ☉ Dec. | ☽ Long. | ☽ Lat. | ☽ Dec. | ☽ Node | 24h. ☽ Long. | 24h. ☽ Dec. |
|---|---|---|---|---|---|---|---|---|---|---|
| | | h m s | ° ′ ″ | ° ′ | ° ′ ″ | ° ′ | ° ′ | ° ′ | ° ′ ″ | ° ′ |
| 1 | W | 18 42 28 | 10 ♑ 31 09 | 23 S 01 | 22 ♓ 05 06 | 5 S 04 | 7 S 48 | 8 ♋ 13 | 28 ♓ 01 11 | 5 S 33 |
| 2 | Th | 18 46 24 | 11 32 19 | 22 56 | 3 ♈ 57 07 | 5 16 | 3 S 16 | 8 10 | 9 ♈ 53 30 | 0 S 57 |
| 3 | F | 18 50 21 | 12 33 29 | 22 51 | 15 50 57 | 5 14 | 1 N 24 | 8 07 | 21 50 02 | 3 N 44 |
| 4 | S | 18 54 17 | 13 34 38 | 22 45 | 27 51 20 | 4 59 | 6 03 | 8 04 | 3 ♉ 55 27 | 8 20 |
| 5 | Su | 18 58 14 | 14 35 48 | 22 38 | 10 ♉ 02 56 | 4 30 | 10 33 | 8 00 | 16 14 16 | 12 41 |
| 6 | M | 19 02 10 | 15 36 56 | 22 31 | 22 29 55 | 3 48 | 14 43 | 7 57 | 28 50 19 | 16 36 |
| 7 | T | 19 06 07 | 16 38 05 | 22 24 | 5 ♊ 15 46 | 2 54 | 18 20 | 7 54 | 11 ♊ 46 33 | 19 51 |
| 8 | W | 19 10 03 | 17 39 14 | 22 16 | 18 22 48 | 1 49 | 21 07 | 7 51 | 25 04 35 | 22 07 |
| 9 | Th | 19 14 00 | 18 40 22 | 22 08 | 1 ♋ 51 51 | 0 S 36 | 22 49 | 7 48 | 8 ♋ 44 25 | 23 11 |
| 10 | F | 19 17 57 | 19 41 29 | 21 59 | 15 42 00 | 0 N 40 | 23 11 | 7 44 | 22 44 10 | 22 48 |
| 11 | S | 19 21 53 | 20 42 37 | 21 50 | 29 50 27 | 1 56 | 22 04 | 7 41 | 7 ♌ 00 13 | 20 58 |
| 12 | Su | 19 25 50 | 21 43 44 | 21 41 | 14 ♌ 12 47 | 3 05 | 19 31 | 7 38 | 21 27 26 | 17 45 |
| 13 | M | 19 29 46 | 22 44 51 | 21 31 | 28 43 25 | 4 03 | 15 43 | 7 35 | 5 ♍ 59 57 | 13 26 |
| 14 | T | 19 33 43 | 23 45 58 | 21 21 | 13 ♍ 16 19 | 4 46 | 10 58 | 7 32 | 20 31 48 | 8 21 |
| 15 | W | 19 37 39 | 24 47 05 | 21 10 | 27 45 49 | 5 10 | 5 38 | 7 29 | 4 ♎ 57 49 | 2 N 51 |
| 16 | Th | 19 41 36 | 25 48 11 | 20 59 | 12 ♎ 07 19 | 5 15 | 0 N 03 | 7 25 | 19 14 00 | 2 S 45 |
| 17 | F | 19 45 32 | 26 49 18 | 20 47 | 26 17 34 | 5 00 | 5 S 29 | 7 22 | 3 ♏ 17 50 | 8 07 |
| 18 | S | 19 49 29 | 27 50 24 | 20 35 | 10 ♏ 14 42 | 4 28 | 10 39 | 7 19 | 17 08 05 | 13 01 |
| 19 | Su | 19 53 26 | 28 51 30 | 20 23 | 23 58 00 | 3 41 | 15 12 | 7 16 | 0 ♐ 44 29 | 17 10 |
| 20 | M | 19 57 22 | 29 ♑ 52 36 | 20 10 | 7 ♐ 27 33 | 2 42 | 18 53 | 7 13 | 14 07 18 | 20 21 |
| 21 | T | 20 01 19 | 0 ♒ 53 41 | 19 57 | 20 43 48 | 1 36 | 21 31 | 7 09 | 27 17 06 | 22 24 |
| 22 | W | 20 05 15 | 1 54 46 | 19 44 | 3 ♑ 47 17 | 0 N 25 | 22 58 | 7 06 | 10 ♑ 14 24 | 23 13 |
| 23 | Th | 20 09 12 | 2 55 50 | 19 30 | 16 38 31 | 0 S 45 | 23 09 | 7 03 | 22 59 40 | 22 47 |
| 24 | F | 20 13 08 | 3 56 54 | 19 16 | 29 17 55 | 1 52 | 22 08 | 7 00 | 5 ♒ 33 20 | 21 12 |
| 25 | S | 20 17 05 | 4 57 57 | 19 01 | 11 ♒ 45 58 | 2 53 | 20 01 | 6 57 | 17 55 55 | 18 38 |
| 26 | Su | 20 21 01 | 5 58 59 | 18 46 | 24 03 18 | 3 45 | 17 02 | 6 54 | 0 ♓ 08 16 | 15 16 |
| 27 | M | 20 24 58 | 7 00 00 | 18 31 | 6 ♓ 11 00 | 4 25 | 13 21 | 6 50 | 12 11 44 | 11 19 |
| 28 | T | 20 28 55 | 8 01 00 | 18 16 | 18 10 42 | 4 54 | 9 10 | 6 47 | 24 08 14 | 6 58 |
| 29 | W | 20 32 51 | 9 01 59 | 18 00 | 0 ♈ 04 41 | 5 09 | 4 42 | 6 44 | 6 ♈ 00 27 | 2 S 23 |
| 30 | Th | 20 36 48 | 10 02 57 | 17 44 | 11 55 59 | 5 11 | 0 S 03 | 6 41 | 17 51 45 | 2 N 16 |
| 31 | F | 20 40 44 | 11 ♒ 03 54 | 17 S 27 | 23 ♈ 48 17 | 5 S 00 | 4 N 35 | 6 ♋ 38 | 29 ♈ 46 09 | 6 N 52 |

| D M | Mercury Lat. | Mercury Dec. | | Venus Lat. | Venus Dec. | | Mars Lat. | Mars Dec. | | Jupiter Lat. | Jupiter Dec. |
|---|---|---|---|---|---|---|---|---|---|---|---|
| | ° ′ | ° ′ | ° ′ | ° ′ | ° ′ | ° ′ | ° ′ | ° ′ | ° ′ | ° ′ | ° ′ |
| 1 | 1 S 19 | 24 S 39 | 24 S 40 | 1 S 50 | 18 S 05 | 17 S 42 | 0 N 21 | 19 S 31 | 19 S 41 | 0 N 05 | 23 S 10 |
| 3 | 1 29 | 24 39 | 24 37 | 1 49 | 17 19 | 16 56 | 0 20 | 19 50 | 19 59 | 0 05 | 23 09 |
| 5 | 1 38 | 24 33 | 24 29 | 1 47 | 16 32 | 16 08 | 0 19 | 20 08 | 20 17 | 0 05 | 23 08 |
| 7 | 1 46 | 24 22 | 24 14 | 1 45 | 15 43 | 15 18 | 0 18 | 20 25 | 20 34 | 0 05 | 23 06 |
| 9 | 1 52 | 24 05 | 23 54 | 1 43 | 14 52 | 14 26 | 0 16 | 20 42 | 20 50 | 0 05 | 23 05 |
| 11 | 1 58 | 23 42 | 23 28 | 1 40 | 14 00 | 13 33 | 0 15 | 20 58 | 21 05 | 0 04 | 23 03 |
| 13 | 2 02 | 23 13 | 22 56 | 1 37 | 13 06 | 12 39 | 0 14 | 21 13 | 21 20 | 0 04 | 23 01 |
| 15 | 2 05 | 22 37 | 22 17 | 1 34 | 12 11 | 11 43 | 0 13 | 21 28 | 21 35 | 0 04 | 23 00 |
| 17 | 2 06 | 21 56 | 21 33 | 1 30 | 11 15 | 10 47 | 0 11 | 21 42 | 21 48 | 0 04 | 22 58 |
| 19 | 2 06 | 21 08 | 20 42 | 1 26 | 10 18 | 9 49 | 0 10 | 21 55 | 22 01 | 0 04 | 22 56 |
| 21 | 2 03 | 20 14 | 19 45 | 1 22 | 9 19 | 8 50 | 0 08 | 22 07 | 22 13 | 0 03 | 22 54 |
| 23 | 1 59 | 19 14 | 18 42 | 1 17 | 8 20 | 7 50 | 0 07 | 22 19 | 22 24 | 0 03 | 22 52 |
| 25 | 1 52 | 18 09 | 17 34 | 1 12 | 7 20 | 6 50 | 0 05 | 22 30 | 22 35 | 0 03 | 22 49 |
| 27 | 1 43 | 16 57 | 16 20 | 1 06 | 6 19 | 5 49 | 0 04 | 22 40 | 22 45 | 0 03 | 22 47 |
| 29 | 1 31 | 15 41 | 15 S 01 | 1 00 | 5 18 | 4 S 47 | 0 03 | 22 49 | 22 S 54 | 0 03 | 22 45 |
| 31 | 1 S 16 | 14 S 20 | | 0 S 54 | 4 S 16 | | 0 N 01 | 22 S 58 | | 0 N 02 | 22 S 42 |

FIRST QUARTER – Jan. 3, 04h. 45m. (12°♈15′)

FULL MOON–Jan.10,19h.21m. (20°♋00′)



| D M | ☿ Long. ° ′ | ♀ Long. ° ′ | ♂ Long. ° ′ | ♃ Long. ° ′ | ♄ Long. ° ′ | ♅ Long. ° ′ | ♆ Long. ° ′ | ♇ Long. ° ′ | Lunar Aspects ☉ | ☿ | ♀ | ♂ | ♃ | ♄ | ♅ | ♆ | ♇ |
|---|---|---|---|---|---|---|---|---|---|---|---|---|---|---|---|---|---|
| 1 | 5♑10 | 15♒01 | 28♏43 | 6♑47 | 21♑27 | 2♉41 | 16♓16 | 22♑24 | | | | | | ⚹ | ∠ | ☌ | ⚹ |
| 2 | 6 45 | 16 15 | 29♏24 | 7 01 | 21 34 | 2R 41 | 16 18 | 22 26 | | □ | ∠ | △ | □ | | ⊻ | | |
| 3 | 8 20 | 17 28 | 0♐04 | 7 15 | 21 41 | 2 40 | 16 19 | 22 28 | □ | | ⚹ | ⚼ | | □ | | ⊻ | |
| 4 | 9 56 | 18 42 | 0 44 | 7 29 | 21 48 | 2 40 | 16 20 | 22 30 | | | | | | | ☌ | ∠ | □ |
| 5 | 11 31 | 19 55 | 1 25 | 7 42 | 21 55 | 2 40 | 16 21 | 22 32 | △ | △ | | | △ | | | | |
| 6 | 13 08 | 21 08 | 2 05 | 7 56 | 22 02 | 2 40 | 16 23 | 22 34 | | | □ | | ⚼ | △ | | ⚹ | △ |
| 7 | 14 44 | 22 22 | 2 46 | 8 10 | 22 10 | 2 39 | 16 24 | 22 36 | ⚼ | ⚼ | | ☍ | | ⚼ | ⊻ | | ⚼ |
| 8 | 16 21 | 23 35 | 3 26 | 8 24 | 22 17 | 2 39 | 16 25 | 22 38 | | | △ | | | | ∠ | □ | |
| 9 | 17 59 | 24 48 | 4 07 | 8 37 | 22 24 | 2 39 | 16 27 | 22 40 | | | | | | | ⚹ | | |
| 10 | 19 36 | 26 01 | 4 47 | 8 51 | 22 31 | 2 39 | 16 28 | 22 42 | ☍ | ☍ | ⚼ | ⚼ | ☍ | ☍ | | △ | ☍ |
| 11 | 21 15 | 27 14 | 5 28 | 9 05 | 22 38 | 2D 39 | 16 30 | 22 44 | | | | △ | | | □ | ⚼ | |
| 12 | 22 53 | 28 27 | 6 08 | 9 19 | 22 45 | 2 39 | 16 31 | 22 46 | | | | | | | | | |
| 13 | 24 32 | 29♒40 | 6 49 | 9 32 | 22 52 | 2 39 | 16 33 | 22 48 | | | ☍ | | ⚼ | | △ | | |
| 14 | 26 12 | 0♓53 | 7 30 | 9 46 | 22 59 | 2 39 | 16 34 | 22 50 | ⚼ | ⚼ | | □ | △ | ⚼ | ⚼ | ☍ | ⚼ |
| 15 | 27 52 | 2 05 | 8 10 | 10 00 | 23 06 | 2 39 | 16 36 | 22 52 | △ | △ | | | | △ | | | △ |
| 16 | 29♑33 | 3 18 | 8 51 | 10 13 | 23 14 | 2 40 | 16 37 | 22 54 | | | ⚼ | ⚹ | □ | | | | |
| 17 | 1♒14 | 4 31 | 9 32 | 10 27 | 23 21 | 2 40 | 16 39 | 22 56 | □ | □ | | ∠ | | □ | ☍ | ⚼ | □ |
| 18 | 2 55 | 5 43 | 10 12 | 10 40 | 23 28 | 2 40 | 16 40 | 22 58 | | | △ | ⊻ | ⚹ | | | △ | |
| 19 | 4 37 | 6 56 | 10 53 | 10 54 | 23 35 | 2 41 | 16 42 | 23 00 | ⚹ | | | | ∠ | ⚹ | | | ⚹ |
| 20 | 6 19 | 8 08 | 11 34 | 11 07 | 23 42 | 2 41 | 16 44 | 23 02 | | ⚹ | □ | ☌ | ⊻ | ∠ | | | ∠ |
| 21 | 8 02 | 9 21 | 12 15 | 11 21 | 23 49 | 2 42 | 16 46 | 23 04 | ∠ | ∠ | | | | ⊻ | ⚼ | □ | ⊻ |
| 22 | 9 45 | 10 33 | 12 55 | 11 34 | 23 56 | 2 42 | 16 47 | 23 06 | ⊻ | | | | | | △ | | |
| 23 | 11 28 | 11 45 | 13 36 | 11 48 | 24 03 | 2 43 | 16 49 | 23 08 | | ⊻ | ⚹ | ⊻ | ☌ | | | ⚹ | |
| 24 | 13 11 | 12 57 | 14 17 | 12 01 | 24 10 | 2 44 | 16 51 | 23 10 | ☌ | | ∠ | ∠ | | ☌ | □ | ∠ | ☌ |
| 25 | 14 55 | 14 09 | 14 58 | 12 14 | 24 17 | 2 44 | 16 53 | 23 12 | | ☌ | ⊻ | ⚹ | ⊻ | | | ⊻ | |
| 26 | 16 38 | 15 21 | 15 39 | 12 28 | 24 24 | 2 45 | 16 54 | 23 14 | | | | | ∠ | ⊻ | | | ⊻ |
| 27 | 18 21 | 16 33 | 16 20 | 12 41 | 24 31 | 2 46 | 16 56 | 23 16 | ⊻ | | | | | ∠ | ⚹ | | ∠ |
| 28 | 20 04 | 17 45 | 17 00 | 12 54 | 24 38 | 2 47 | 16 58 | 23 18 | ∠ | ⊻ | ☌ | □ | ⚹ | | ∠ | ☌ | ⚹ |
| 29 | 21 47 | 18 56 | 17 41 | 13 07 | 24 45 | 2 48 | 17 00 | 23 20 | | | | | | ⚹ | ⊻ | | |
| 30 | 23 29 | 20 08 | 18 22 | 13 21 | 24 52 | 2 49 | 17 02 | 23 22 | ⚹ | ∠ | | | □ | | | ⊻ | |
| 31 | 25♒09 | 21♓19 | 19♐03 | 13♑34 | 24♑59 | 2♉50 | 17♓04 | 23♑24 | | ⚹ | ⊻ | △ | | □ | | | □ |

| D M | Saturn Lat. ° ′ | Saturn Dec. ° ′ | Uranus Lat. ° ′ | Uranus Dec. ° ′ | Neptune Lat. ° ′ | Neptune Dec. ° ′ | Pluto Lat. ° ′ | Pluto Dec. ° ′ |
|---|---|---|---|---|---|---|---|---|
| 1 | 0N03 | 21S41 | 0S30 | 11N56 | 1S02 | 6S22 | 0S39 | 22S13 |
| 3 | 0 03 | 21 38 | 0 30 | 11 56 | 1 02 | 6 21 | 0 39 | 22 13 |
| 5 | 0 03 | 21 36 | 0 29 | 11 56 | 1 01 | 6 20 | 0 40 | 22 12 |
| 7 | 0 03 | 21 34 | 0 29 | 11 56 | 1 01 | 6 19 | 0 40 | 22 12 |
| 9 | 0 02 | 21 32 | 0 29 | 11 56 | 1 01 | 6 17 | 0 40 | 22 11 |
| 11 | 0 02 | 21 30 | 0 29 | 11 56 | 1 01 | 6 16 | 0 40 | 22 11 |
| 13 | 0 02 | 21 28 | 0 29 | 11 56 | 1 01 | 6 15 | 0 40 | 22 10 |
| 15 | 0 02 | 21 25 | 0 29 | 11 56 | 1 01 | 6 14 | 0 40 | 22 10 |
| 17 | 0 02 | 21 23 | 0 29 | 11 56 | 1 01 | 6 13 | 0 41 | 22 09 |
| 19 | 0 02 | 21 21 | 0 29 | 11 57 | 1 01 | 6 11 | 0 41 | 22 09 |
| 21 | 0 02 | 21 19 | 0 29 | 11 57 | 1 01 | 6 10 | 0 41 | 22 08 |
| 23 | 0 01 | 21 16 | 0 29 | 11 58 | 1 01 | 6 09 | 0 41 | 22 08 |
| 25 | 0 01 | 21 14 | 0 29 | 11 58 | 1 01 | 6 07 | 0 41 | 22 07 |
| 27 | 0 01 | 21 12 | 0 29 | 11 59 | 1 01 | 6 06 | 0 42 | 22 07 |
| 29 | 0 01 | 21 09 | 0 29 | 11 59 | 1 01 | 6 04 | 0 42 | 22 06 |
| 31 | 0N01 | 21S07 | 0S29 | 12N00 | 1S01 | 6S03 | 0S42 | 22S06 |

**Mutual Aspects**

1 ☿⊥♂.
2 ☿☌♃. ♀⊻♆.
6 ♀Q♅. ♂⊥♃.
7 ☉⚹♆. ♀⊻♄. ♀⊻♇. ♂▽♅.
8 ☉⊥♀. ☿⚹♆. ♀∠♃.
9 ☉∥♇.
10 ☉☌☿. ☉∠♂. ☿∠♂.
11 ☿⊥♀. ♅Stat.
12 ☿☌♄. ☿☌♇. ♀⊥♄. ♀⊥♇. ♄☌♇.
13 ☉☌♄. ☉☌♇. ☉∥♄.
14 ☉∥♂. ☿∥♃.
15 ♀⚹♅. ♂∠♄. ♂∠♇. ♂∥♄.
16 ♂±♅. ☿∥♇. ♀⋕♅.
17 ☿∠♆. ☿∥♂.
18 ☿□♅. ☿∥♄.
19 ♂⊻♃. 20 ♀∠♇.
21 ♀∠♄. ♂∥♇.
22 ☉∠♆. ☉∥☿.
23 ☉□♅. ☿⊻♃. ☿⊥♆. ♀⚹♃.
24 ☿⊻♀. 25 ☿⚹♂.
26 ☿⊻♆.
27 ☿⊥♃. ♀□♂. ♀☌♆. ♀∥♆.
28 ☿Q♅. ♀∠♅. ♂□♆. ♂⊥♇. ♂∥♃.
29 ♂⚼♅. 30 ☿⊻♇.
31 ☉⊥♆. ☿⊻♄. ♂⊥♄.

LAST QUARTER–Jan.17,12h.58m. (26°♎52′)

NEW MOON–Feb.23,15h.32m. ( 4°♓29′)



| D M | D W | Sidereal Time | ☉ Long. | ☉ Dec. | ☽ Long. | ☽ Lat. | ☽ Dec. | ☽ Node | 24h. ☽ Long. | 24h. ☽ Dec. |
|---|---|---|---|---|---|---|---|---|---|---|
| | | h m s | ° ′ ″ | ° ′ | ° ′ ″ | ° ′ | ° ′ | ° ′ | ° ′ ″ | ° ′ |
| 1 | S | 20 44 41 | 12 ♒ 04 49 | 17 S 10 | 5 ♉ 45 55 | 4 S 36 | 9 N06 | 6 ♋ 35 | 11 ♉ 48 12 | 11 N16 |
| 2 | Su | 20 48 37 | 13 05 44 | 16 53 | 17 53 36 | 3 59 | 13 20 | 6 31 | 24 02 43 | 15 17 |
| 3 | M | 20 52 34 | 14 06 36 | 16 36 | 0 ♊ 16 11 | 3 10 | 17 06 | 6 28 | 6 ♊ 34 34 | 18 44 |
| 4 | T | 20 56 30 | 15 07 28 | 16 18 | 12 58 24 | 2 11 | 20 11 | 6 25 | 19 28 10 | 21 23 |
| 5 | W | 21 00 27 | 16 08 18 | 16 00 | 26 04 16 | 1 S 04 | 22 19 | 6 22 | 2 ♋ 46 59 | 22 57 |
| 6 | Th | 21 04 24 | 17 09 07 | 15 42 | 9 ♋ 36 29 | 0 N09 | 23 15 | 6 19 | 16 32 49 | 23 11 |
| 7 | F | 21 08 20 | 18 09 55 | 15 23 | 23 35 49 | 1 24 | 22 46 | 6 15 | 0 ♌ 45 10 | 21 57 |
| 8 | S | 21 12 17 | 19 10 41 | 15 04 | 8 ♌ 00 22 | 2 36 | 20 46 | 6 12 | 15 20 43 | 19 14 |
| 9 | Su | 21 16 13 | 20 11 25 | 14 45 | 22 45 20 | 3 39 | 17 22 | 6 09 | 0 ♍ 13 13 | 15 13 |
| 10 | M | 21 20 10 | 21 12 09 | 14 26 | 7 ♍ 43 15 | 4 28 | 12 48 | 6 06 | 15 14 13 | 10 12 |
| 11 | T | 21 24 06 | 22 12 51 | 14 06 | 22 44 55 | 4 58 | 7 26 | 6 03 | 0 ♎ 14 12 | 4 N35 |
| 12 | W | 21 28 03 | 23 13 32 | 13 46 | 7 ♎ 40 58 | 5 08 | 1 N40 | 6 00 | 15 04 18 | 1 S 14 |
| 13 | Th | 21 31 59 | 24 14 12 | 13 26 | 22 23 23 | 4 58 | 4 S 06 | 5 56 | 29 37 38 | 6 53 |
| 14 | F | 21 35 56 | 25 14 50 | 13 06 | 6 ♏ 46 35 | 4 28 | 9 33 | 5 53 | 13 ♏ 50 01 | 12 03 |
| 15 | S | 21 39 53 | 26 15 28 | 12 46 | 20 47 47 | 3 44 | 14 21 | 5 50 | 27 39 58 | 16 27 |
| 16 | Su | 21 43 49 | 27 16 05 | 12 25 | 4 ♐ 26 42 | 2 47 | 18 17 | 5 47 | 11 ♐ 08 13 | 19 52 |
| 17 | M | 21 47 46 | 28 16 40 | 12 04 | 17 44 50 | 1 43 | 21 10 | 5 44 | 24 16 52 | 22 10 |
| 18 | T | 21 51 42 | 29 ♒ 17 14 | 11 43 | 0 ♑ 44 43 | 0 N35 | 22 51 | 5 41 | 7 ♑ 08 43 | 23 14 |
| 19 | W | 21 55 39 | 0 ♓ 17 47 | 11 22 | 13 29 14 | 0 S 33 | 23 18 | 5 37 | 19 46 37 | 23 05 |
| 20 | Th | 21 59 35 | 1 18 19 | 11 01 | 26 01 09 | 1 39 | 22 34 | 5 34 | 2 ♒ 13 08 | 21 46 |
| 21 | F | 22 03 32 | 2 18 49 | 10 39 | 8 ♒ 22 48 | 2 39 | 20 43 | 5 31 | 14 30 22 | 19 26 |
| 22 | S | 22 07 28 | 3 19 17 | 10 17 | 20 36 02 | 3 30 | 17 57 | 5 28 | 26 39 57 | 16 16 |
| 23 | Su | 22 11 25 | 4 19 44 | 9 55 | 2 ♓ 42 15 | 4 12 | 14 25 | 5 25 | 8 ♓ 43 06 | 12 26 |
| 24 | M | 22 15 22 | 5 20 10 | 9 33 | 14 42 38 | 4 42 | 10 21 | 5 21 | 20 40 58 | 8 10 |
| 25 | T | 22 19 18 | 6 20 33 | 9 11 | 26 38 19 | 4 59 | 5 54 | 5 18 | 2 ♈ 34 49 | 3 S 36 |
| 26 | W | 22 23 15 | 7 20 55 | 8 49 | 8 ♈ 30 43 | 5 03 | 1 S 16 | 5 15 | 14 26 16 | 1 N05 |
| 27 | Th | 22 27 11 | 8 21 15 | 8 26 | 20 21 45 | 4 54 | 3 N25 | 5 12 | 26 17 31 | 5 43 |
| 28 | F | 22 31 08 | 9 21 33 | 8 04 | 2 ♉ 13 57 | 4 32 | 7 59 | 5 09 | 8 ♉ 11 29 | 10 11 |
| 29 | S | 22 35 04 | 10 ♓ 21 49 | 7 S 41 | 14 ♉ 10 35 | 3 S 59 | 12 N17 | 5 ♋ 06 | 20 ♉ 11 48 | 14 N18 |

| D M | Mercury Lat. | Mercury Dec. | | Venus Lat. | Venus Dec. | | Mars Lat. | Mars Dec. | | Jupiter Lat. | Jupiter Dec. |
|---|---|---|---|---|---|---|---|---|---|---|---|
| | ° ′ | ° ′ | ° ′ | ° ′ | ° ′ | ° ′ | ° ′ | ° ′ | ° ′ | ° ′ | ° ′ |
| 1 | 1 S 08 | 13 S 38 | 12 S 56 | 0 S 51 | 3 S 45 | 3 S 14 | 0 00 | 23 S 02 | 23 S 06 | 0 N 02 | 22 S 41 |
| 3 | 0 49 | 12 13 | 11 30 | 0 44 | 2 43 | 2 11 | 0 S 01 | 23 10 | 23 13 | 0 02 | 22 39 |
| 5 | 0 26 | 10 47 | 10 04 | 0 38 | 1 40 | 1 09 | 0 03 | 23 16 | 23 19 | 0 02 | 22 36 |
| 7 | 0 S 01 | 9 22 | 8 41 | 0 30 | 0 S 37 | 0 S 06 | 0 05 | 23 22 | 23 25 | 0 02 | 22 33 |
| 9 | 0 N28 | 8 01 | 7 23 | 0 23 | 0 N26 | 0 N57 | 0 06 | 23 27 | 23 29 | 0 02 | 22 31 |
| 11 | 0 58 | 6 48 | 6 14 | 0 15 | 1 29 | 2 00 | 0 08 | 23 31 | 23 33 | 0 01 | 22 28 |
| 13 | 1 30 | 5 44 | 5 18 | 0 S 07 | 2 31 | 3 03 | 0 10 | 23 35 | 23 36 | 0 01 | 22 25 |
| 15 | 2 02 | 4 55 | 4 36 | 0 N 01 | 3 34 | 4 05 | 0 11 | 23 37 | 23 38 | 0 01 | 22 22 |
| 17 | 2 33 | 4 22 | 4 13 | 0 10 | 4 36 | 5 07 | 0 13 | 23 39 | 23 40 | 0 01 | 22 19 |
| 19 | 3 01 | 4 08 | 4 09 | 0 18 | 5 38 | 6 08 | 0 15 | 23 40 | 23 40 | 0 N 01 | 22 17 |
| 21 | 3 22 | 4 14 | 4 24 | 0 27 | 6 39 | 7 10 | 0 17 | 23 40 | 23 40 | 0 00 | 22 14 |
| 23 | 3 37 | 4 38 | 4 56 | 0 36 | 7 40 | 8 10 | 0 18 | 23 39 | 23 39 | 0 00 | 22 11 |
| 25 | 3 43 | 5 17 | 5 41 | 0 45 | 8 40 | 9 10 | 0 20 | 23 38 | 23 37 | 0 00 | 22 08 |
| 27 | 3 40 | 6 07 | 6 35 | 0 55 | 9 39 | 10 09 | 0 22 | 23 35 | 23 34 | 0 N 00 | 22 05 |
| 29 | 3 29 | 7 03 | 7 S 31 | 1 04 | 10 38 | 11 N07 | 0 24 | 23 32 | 23 S 30 | 0 00 | 22 02 |
| 31 | 3 N11 | 7 S 59 | | 1 N 14 | 11 N35 | | 0 S 26 | 23 S 28 | | 0 S 01 | 21 S 59 |

FIRST QUARTER–Feb. 2,01h.42m. (12°♉40′)

FULL MOON–Feb. 9,07h.33m. (20°♌00′)

| EPHEMERIS ] | | | | FEBRUARY 2020 | | | | | | | | | | | | | | 5 |
|---|---|---|---|---|---|---|---|---|---|---|---|---|---|---|---|---|---|---|
| D | ☿ | ♀ | ♂ | ♃ | ♄ | ♅ | ♆ | ♇ | Lunar Aspects | | | | | | | | | |
| M | Long. | Long. | Long. | Long. | Long. | Long. | Long. | Long. | ☉ | ☿ | ♀ | ♂ | ♃ | ♄ | ♅ | ♆ | ♇ |
| | ° ′ | ° ′ | ° ′ | ° ′ | ° ′ | ° ′ | ° ′ | ° ′ | | | | | | | | | |
| 1 | 26♒48 | 22♓31 | 19♐44 | 13♑47 | 25♑06 | 2♉51 | 17♓06 | 23♑26 | | | ∠ | ⚼ | | | ☌ | ∠ | |
| 2 | 28♒26 | 23 42 | 20 25 | 14 00 | 25 13 | 2 52 | 17 08 | 23 28 | □ | | | | △ | | | ⚹ | △ |
| 3 | 0♓01 | 24 53 | 21 06 | 14 13 | 25 20 | 2 53 | 17 10 | 23 30 | | □ | ⚹ | | ⚼ | △ | ⚺ | | |
| 4 | 1 34 | 26 04 | 21 47 | 14 26 | 25 27 | 2 54 | 17 12 | 23 32 | △ | | | | | ⚼ | ∠ | □ | ⚼ |
| 5 | 3 04 | 27 15 | 22 28 | 14 38 | 25 34 | 2 56 | 17 14 | 23 34 | ⚼ | | □ | ☍ | | | | | |
| 6 | 4 30 | 28 26 | 23 09 | 14 51 | 25 40 | 2 57 | 17 16 | 23 35 | | △ | | | ☍ | | ⚹ | | |
| 7 | 5 52 | 29♓36 | 23 50 | 15 04 | 25 47 | 2 58 | 17 18 | 23 37 | | ⚼ | △ | | | ☍ | | △ | ☍ |
| 8 | 7 08 | 0♈47 | 24 31 | 15 17 | 25 54 | 3 00 | 17 20 | 23 39 | | | | ⚼ | | | □ | ⚼ | |
| 9 | 8 19 | 1 57 | 25 12 | 15 29 | 26 01 | 3 01 | 17 22 | 23 41 | ☍ | | ⚼ | △ | | | | | |
| 10 | 9 23 | 3 08 | 25 54 | 15 42 | 26 07 | 3 03 | 17 24 | 23 43 | | ☍ | | | ⚼ | ⚼ | △ | | ⚼ |
| 11 | 10 20 | 4 18 | 26 35 | 15 54 | 26 14 | 3 04 | 17 26 | 23 45 | | | | □ | △ | △ | ⚼ | ☍ | △ |
| 12 | 11 09 | 5 28 | 27 16 | 16 07 | 26 21 | 3 06 | 17 28 | 23 46 | ⚼ | | ☍ | | | | | | |
| 13 | 11 49 | 6 37 | 27 57 | 16 19 | 26 27 | 3 08 | 17 30 | 23 48 | △ | ⚼ | | ⚹ | □ | □ | | | □ |
| 14 | 12 20 | 7 47 | 28 38 | 16 31 | 26 34 | 3 09 | 17 32 | 23 50 | | △ | | | | | ☍ | ⚼ | |
| 15 | 12 41 | 8 57 | 29♐20 | 16 44 | 26 40 | 3 11 | 17 34 | 23 52 | □ | | ⚼ | ∠ | ⚹ | ⚹ | | △ | ⚹ |
| 16 | 12 52 | 10 06 | 0♑01 | 16 56 | 26 47 | 3 13 | 17 37 | 23 54 | | | △ | ⚺ | ∠ | | | | ∠ |
| 17 | 12R 52 | 11 15 | 0 42 | 17 08 | 26 53 | 3 15 | 17 39 | 23 55 | | □ | | | ⚺ | ∠ | ⚼ | □ | ⚺ |
| 18 | 12 42 | 12 24 | 1 23 | 17 20 | 26 59 | 3 17 | 17 41 | 23 57 | ⚹ | | | ☌ | | ⚺ | △ | | |
| 19 | 12 22 | 13 33 | 2 05 | 17 32 | 27 06 | 3 19 | 17 43 | 23 59 | ∠ | ⚹ | □ | | ☌ | | | ⚹ | |
| 20 | 11 52 | 14 42 | 2 46 | 17 44 | 27 12 | 3 21 | 17 45 | 24 00 | ⚺ | ∠ | | | | ☌ | | | ☌ |
| 21 | 11 13 | 15 51 | 3 27 | 17 56 | 27 18 | 3 23 | 17 48 | 24 02 | | ⚺ | | ⚺ | | | □ | ∠ | |
| 22 | 10 27 | 16 59 | 4 09 | 18 07 | 27 25 | 3 25 | 17 50 | 24 04 | | | ⚹ | ∠ | ⚺ | | | ⚺ | ⚺ |
| 23 | 9 33 | 18 07 | 4 50 | 18 19 | 27 31 | 3 27 | 17 52 | 24 05 | ☌ | | ∠ | ⚹ | ∠ | ⚺ | ⚹ | | |
| 24 | 8 34 | 19 15 | 5 31 | 18 31 | 27 37 | 3 29 | 17 54 | 24 07 | | ☌ | ⚺ | | ⚹ | ∠ | ∠ | ☌ | ∠ |
| 25 | 7 32 | 20 23 | 6 13 | 18 42 | 27 43 | 3 31 | 17 56 | 24 09 | | | | | | ⚹ | | | ⚹ |
| 26 | 6 27 | 21 31 | 6 54 | 18 53 | 27 49 | 3 33 | 17 59 | 24 10 | ⚺ | ⚺ | | □ | | | ⚺ | | |
| 27 | 5 22 | 22 38 | 7 36 | 19 05 | 27 55 | 3 36 | 18 01 | 24 12 | ∠ | ∠ | ☌ | | □ | | | ⚺ | □ |
| 28 | 4 19 | 23 46 | 8 17 | 19 16 | 28 01 | 3 38 | 18 03 | 24 13 | | ⚹ | | | | □ | ☌ | ∠ | |
| 29 | 3♓17 | 24♈53 | 8♑58 | 19♑27 | 28♑07 | 3♉40 | 18♓05 | 24♑15 | ⚹ | | | △ | △ | | | ⚹ | |

| D | Saturn | | Uranus | | Neptune | | Pluto | |
|---|---|---|---|---|---|---|---|---|
| M | Lat. | Dec. | Lat. | Dec. | Lat. | Dec. | Lat. | Dec. |
| | ° ′ | ° ′ | ° ′ | ° ′ | ° ′ | ° ′ | ° ′ | ° ′ |
| 1 | 0N01 | 21S06 | 0S29 | 12N01 | 1S01 | 6S02 | 0S42 | 22S06 |
| 3 | 0 01 | 21 03 | 0 29 | 12 01 | 1 01 | 6 00 | 0 42 | 22 05 |
| 5 | 0N01 | 21 01 | 0 28 | 12 02 | 1 01 | 5 59 | 0 42 | 22 05 |
| 7 | 0 00 | 20 59 | 0 28 | 12 03 | 1 01 | 5 57 | 0 43 | 22 04 |
| 9 | 0 00 | 20 56 | 0 28 | 12 04 | 1 01 | 5 56 | 0 43 | 22 04 |
| 11 | 0 00 | 20 54 | 0 28 | 12 06 | 1 01 | 5 54 | 0 43 | 22 03 |
| 13 | 0 00 | 20 52 | 0 28 | 12 07 | 1 01 | 5 52 | 0 43 | 22 03 |
| 15 | 0 00 | 20 49 | 0 28 | 12 08 | 1 01 | 5 51 | 0 43 | 22 03 |
| 17 | 0 00 | 20 47 | 0 28 | 12 09 | 1 01 | 5 49 | 0 44 | 22 02 |
| 19 | 0 00 | 20 45 | 0 28 | 12 11 | 1 01 | 5 47 | 0 44 | 22 02 |
| 21 | 0S01 | 20 42 | 0 28 | 12 12 | 1 01 | 5 46 | 0 44 | 22 01 |
| 23 | 0 01 | 20 40 | 0 28 | 12 13 | 1 01 | 5 44 | 0 44 | 22 01 |
| 25 | 0 01 | 20 38 | 0 28 | 12 15 | 1 01 | 5 42 | 0 44 | 22 01 |
| 27 | 0 01 | 20 36 | 0 28 | 12 17 | 1 01 | 5 40 | 0 45 | 22 00 |
| 29 | 0 01 | 20 33 | 0 28 | 12 18 | 1 01 | 5 39 | 0 45 | 22 00 |
| 31 | 0S01 | 20S31 | 0S28 | 12N20 | 1S01 | 5S37 | 0S45 | 22S00 |

Mutual Aspects

2 ☿∠♃. ♀⚹♇.
3 ☉⚺♃. ☿⊥♇. ♀⚹♄. ☿#♅.
4 ☿⊥♄. ♀Q♃.
5 ☿⚹♅. ♀⊥♅.
6 ☉⚺♆.
7 ☿Q♂. ♂⚺♇.
9 ☿∠♇.
10 ☉Q♅. ♀⚺♅. ♂⚺♄.
11 ☉⊥♃.
12 ☿∠♄. ♀Q♇.
13 ☉⚺♇. ☿∥♆.
15 ☉⚺♄. ♀Q♄.
17 ☿Q♂. ☉#♅. ☿#♀. ☿Stat.
18 ☿⚺♀.
19 ☉⊥♇. ☿∠♄. ♀#♆.
20 ♃⚹♆. 21 ♂△♅.
22 ☉∠♃. ☉⊥♄. ☉⚹♅. ☿⊥♀.
23 ☿∠♇. ♀□♃. ♀⚺♆.
25 ☉⚹♂. ♂Q♆.
26 ☉☌☿. ☿∠♀. ☿⚹♂. ☉#♀. ☿∥♆.
28 ☉∠♇. ☿∠♃. ☿⊥♄. ♀⊥♆. ♀□♇.
29 ☿⚹♅.

LAST QUARTER–Feb.15,22h.17m. (26°♏41′)

NEW MOON–Mar.24,09h.28m. ( 4°♈12′)



| D M | D W | Sidereal Time | ☉ Long. | ☉ Dec. | ☽ Long. | ☽ Lat. | ☽ Dec. | ☽ Node | 24h. ☽ Long. | 24h. ☽ Dec. |
|---|---|---|---|---|---|---|---|---|---|---|
| | | h m s | ° ′ ″ | ° ′ | ° ′ ″ | ° ′ | ° ′ | ° ′ | ° ′ ″ | ° ′ |
| 1 | Su | 22 39 01 | 11 ♓ 22 04 | 7 S 18 | 26 ♉ 15 41 | 3 S 14 | 16 N 10 | 5 ♋ 02 | 2 ♊ 22 49 | 17 N 54 |
| 2 | M | 22 42 57 | 12 22 16 | 6 55 | 8 ♊ 33 48 | 2 19 | 19 26 | 4 59 | 14 49 18 | 20 46 |
| 3 | T | 22 46 54 | 13 22 26 | 6 32 | 21 09 54 | 1 17 | 21 52 | 4 56 | 27 36 12 | 22 41 |
| 4 | W | 22 50 51 | 14 22 34 | 6 09 | 4 ♋ 08 46 | 0 S 09 | 23 14 | 4 53 | 10 ♋ 48 06 | 23 26 |
| 5 | Th | 22 54 47 | 15 22 40 | 5 46 | 17 34 34 | 1 N 02 | 23 19 | 4 50 | 24 28 26 | 22 49 |
| 6 | F | 22 58 44 | 16 22 44 | 5 22 | 1 ♌ 29 50 | 2 12 | 21 58 | 4 47 | 8 ♌ 38 39 | 20 45 |
| 7 | S | 23 02 40 | 17 22 45 | 4 59 | 15 54 36 | 3 16 | 19 11 | 4 43 | 23 17 09 | 17 16 |
| 8 | Su | 23 06 37 | 18 22 45 | 4 36 | 0 ♍ 45 33 | 4 08 | 15 04 | 4 40 | 8 ♍ 18 46 | 12 36 |
| 9 | M | 23 10 33 | 19 22 42 | 4 12 | 15 55 38 | 4 44 | 9 55 | 4 37 | 23 34 47 | 7 04 |
| 10 | T | 23 14 30 | 20 22 38 | 3 49 | 1 ♎ 14 46 | 5 00 | 4 N 06 | 4 34 | 8 ♎ 54 05 | 1 N 04 |
| 11 | W | 23 18 26 | 21 22 32 | 3 25 | 16 31 18 | 4 55 | 1 S 57 | 4 31 | 24 05 05 | 4 S 56 |
| 12 | Th | 23 22 23 | 22 22 24 | 3 02 | 1 ♏ 34 17 | 4 29 | 7 48 | 4 27 | 8 ♏ 57 57 | 10 32 |
| 13 | F | 23 26 20 | 23 22 14 | 2 38 | 16 15 21 | 3 46 | 13 05 | 4 24 | 23 26 00 | 15 25 |
| 14 | S | 23 30 16 | 24 22 02 | 2 14 | 0 ♐ 29 38 | 2 50 | 17 29 | 4 21 | 7 ♐ 26 12 | 19 16 |
| 15 | Su | 23 34 13 | 25 21 49 | 1 51 | 14 15 49 | 1 46 | 20 46 | 4 18 | 20 58 45 | 21 56 |
| 16 | M | 23 38 09 | 26 21 35 | 1 27 | 27 35 22 | 0 N 37 | 22 48 | 4 15 | 4 ♑ 06 08 | 23 20 |
| 17 | T | 23 42 06 | 27 21 18 | 1 03 | 10 ♑ 31 31 | 0 S 31 | 23 32 | 4 12 | 16 52 05 | 23 26 |
| 18 | W | 23 46 02 | 28 21 00 | 0 39 | 23 08 21 | 1 36 | 23 02 | 4 08 | 29 20 52 | 22 21 |
| 19 | Th | 23 49 59 | 29 ♓ 20 40 | 0 S 16 | 5 ♒ 30 07 | 2 35 | 21 24 | 4 05 | 11 ♒ 36 34 | 20 13 |
| 20 | F | 23 53 55 | 0 ♈ 20 18 | 0 N 08 | 17 40 41 | 3 26 | 18 48 | 4 02 | 23 42 50 | 17 12 |
| 21 | S | 23 57 52 | 1 19 55 | 0 32 | 29 43 22 | 4 07 | 15 25 | 3 59 | 5 ♓ 42 36 | 13 30 |
| 22 | Su | 0 01 48 | 2 19 29 | 0 55 | 11 ♓ 40 48 | 4 37 | 11 27 | 3 56 | 17 38 10 | 9 17 |
| 23 | M | 0 05 45 | 3 19 02 | 1 19 | 23 34 56 | 4 54 | 7 03 | 3 53 | 29 31 16 | 4 45 |
| 24 | T | 0 09 42 | 4 18 32 | 1 43 | 5 ♈ 27 20 | 4 59 | 2 S 24 | 3 49 | 11 ♈ 23 17 | 0 S 03 |
| 25 | W | 0 13 38 | 5 18 01 | 2 06 | 17 19 16 | 4 51 | 2 N 19 | 3 46 | 23 15 29 | 4 N 40 |
| 26 | Th | 0 17 35 | 6 17 27 | 2 30 | 29 12 06 | 4 29 | 6 59 | 3 43 | 5 ♉ 09 22 | 9 14 |
| 27 | F | 0 21 31 | 7 16 51 | 2 53 | 11 ♉ 07 30 | 3 56 | 11 25 | 3 40 | 17 06 50 | 13 29 |
| 28 | S | 0 25 28 | 8 16 14 | 3 17 | 23 07 40 | 3 13 | 15 27 | 3 37 | 29 10 25 | 17 15 |
| 29 | Su | 0 29 24 | 9 15 33 | 3 40 | 5 ♊ 15 29 | 2 20 | 18 53 | 3 33 | 11 ♊ 23 21 | 20 19 |
| 30 | M | 0 33 21 | 10 14 51 | 4 03 | 17 34 30 | 1 19 | 21 32 | 3 30 | 23 49 30 | 22 31 |
| 31 | T | 0 37 17 | 11 ♈ 14 07 | 4 N 27 | 0 ♋ 08 54 | 0 S 14 | 23 N 13 | 3 ♋ 27 | 6 ♋ 33 15 | 23 N 37 |

| D M | Mercury Lat. | Mercury Dec. | | Venus Lat. | Venus Dec. | | Mars Lat. | Mars Dec. | | Jupiter Lat. | Jupiter Dec. |
|---|---|---|---|---|---|---|---|---|---|---|---|
| | ° ′ | ° ′ | ° ′ | ° ′ | ° ′ | ° ′ | ° ′ | ° ′ | ° ′ | ° ′ | ° ′ |
| 1 | 3 N 21 | 7 S 31 | 7 S 59 | 1 N 09 | 11 N 07 | 11 N 35 | 0 S 25 | 23 S 30 | 23 S 28 | 0 00 | 22 S 00 |
| 3 | 3 00 | 8 26 | 8 52 | 1 19 | 12 04 | 12 32 | 0 27 | 23 26 | 23 23 | 0 S 01 | 21 57 |
| 5 | 2 35 | 9 16 | 9 38 | 1 29 | 13 00 | 13 27 | 0 29 | 23 20 | 23 17 | 0 01 | 21 54 |
| 7 | 2 07 | 9 58 | 10 17 | 1 38 | 13 55 | 14 22 | 0 31 | 23 14 | 23 11 | 0 01 | 21 52 |
| 9 | 1 39 | 10 33 | 10 46 | 1 48 | 14 48 | 15 15 | 0 33 | 23 07 | 23 03 | 0 01 | 21 49 |
| 11 | 1 10 | 10 58 | 11 07 | 1 58 | 15 41 | 16 06 | 0 35 | 22 59 | 22 55 | 0 02 | 21 46 |
| 13 | 0 43 | 11 14 | 11 19 | 2 08 | 16 32 | 16 56 | 0 37 | 22 51 | 22 46 | 0 02 | 21 43 |
| 15 | 0 N 17 | 11 22 | 11 22 | 2 18 | 17 21 | 17 45 | 0 39 | 22 41 | 22 37 | 0 02 | 21 40 |
| 17 | 0 S 08 | 11 21 | 11 18 | 2 28 | 18 09 | 18 32 | 0 42 | 22 31 | 22 26 | 0 02 | 21 37 |
| 19 | 0 31 | 11 13 | 11 06 | 2 38 | 18 55 | 19 18 | 0 44 | 22 20 | 22 15 | 0 02 | 21 34 |
| 21 | 0 52 | 10 57 | 10 46 | 2 47 | 19 40 | 20 02 | 0 46 | 22 09 | 22 03 | 0 03 | 21 31 |
| 23 | 1 11 | 10 34 | 10 20 | 2 57 | 20 23 | 20 44 | 0 48 | 21 56 | 21 50 | 0 03 | 21 29 |
| 25 | 1 28 | 10 04 | 9 47 | 3 06 | 21 05 | 21 25 | 0 51 | 21 43 | 21 36 | 0 03 | 21 26 |
| 27 | 1 42 | 9 29 | 9 08 | 3 15 | 21 44 | 22 03 | 0 53 | 21 29 | 21 22 | 0 03 | 21 24 |
| 29 | 1 55 | 8 47 | 8 S 24 | 3 24 | 22 22 | 22 N 40 | 0 55 | 21 15 | 21 S 07 | 0 04 | 21 21 |
| 31 | 2 S 06 | 7 S 59 | | 3 N 33 | 22 N 57 | | 0 S 58 | 20 S 59 | | 0 S 04 | 21 S 19 |

FIRST QUARTER–Mar. 2,19h.57m. (12°♊42′)

FULL MOON–Mar. 9,17h.48m. (19°♍37′)

| EPHEMERIS ] | | | MARCH | 2020 | | | | | | | | | | | | | 7 |
|---|---|---|---|---|---|---|---|---|---|---|---|---|---|---|---|---|---|
| D | ☿ | ♀ | ♂ | ♃ | ♄ | ♅ | ♆ | ♇ | Lunar Aspects | | | | | | | | |
| M | Long. | Long. | Long. | Long. | Long. | Long. | Long. | Long. | ☉ | ☿ | ♀ | ♂ | ♃ | ♄ | ♅ | ♆ | ♇ |
| | ° ′ | ° ′ | ° ′ | ° ′ | ° ′ | ° ′ | ° ′ | ° ′ | | | | | | | | | |
| 1 | 2♓20 | 25♈59 | 9♑40 | 19♑38 | 28♑13 | 3♉43 | 18♓08 | 24♑16 | | □ | ⚺ | ⚼ | | △ | | | △ |
| 2 | 1R 27 | 27 06 | 10 21 | 19 49 | 28 19 | 3 45 | 18 10 | 24 18 | □ | | ∠ | | ⚼ | ⚼ | ⚺ | | ⚼ |
| 3 | 0♓40 | 28 12 | 11 03 | 20 00 | 28 24 | 3 47 | 18 12 | 24 19 | | | | | | | ∠ | □ | |
| 4 | 29♒59 | 29♈18 | 11 44 | 20 11 | 28 30 | 3 50 | 18 15 | 24 21 | | △ | ⚹ | | | | ⚹ | | |
| 5 | 29 24 | 0♉24 | 12 26 | 20 22 | 28 36 | 3 52 | 18 17 | 24 22 | △ | ⚼ | | ☍ | ☍ | | | △ | ☍ |
| 6 | 28 56 | 1 30 | 13 07 | 20 32 | 28 41 | 3 55 | 18 19 | 24 23 | ⚼ | | □ | | | ☍ | □ | ⚼ | |
| 7 | 28 36 | 2 35 | 13 49 | 20 43 | 28 47 | 3 58 | 18 21 | 24 25 | | | | | | | | | |
| 8 | 28 22 | 3 40 | 14 30 | 20 53 | 28 52 | 4 00 | 18 24 | 24 26 | | ☍ | △ | ⚼ | ⚼ | | △ | | |
| 9 | 28 14 | 4 45 | 15 12 | 21 03 | 28 57 | 4 03 | 18 26 | 24 27 | ☍ | | ⚼ | △ | △ | ⚼ | ⚼ | ☍ | ⚼ |
| 10 | 28D 13 | 5 50 | 15 53 | 21 13 | 29 03 | 4 06 | 18 28 | 24 29 | | | | | | △ | | | △ |
| 11 | 28 18 | 6 54 | 16 35 | 21 23 | 29 08 | 4 08 | 18 30 | 24 30 | | ⚼ | | □ | □ | | | | |
| 12 | 28 29 | 7 58 | 17 17 | 21 33 | 29 13 | 4 11 | 18 33 | 24 31 | ⚼ | △ | ☍ | | | □ | ☍ | ⚼ | □ |
| 13 | 28 46 | 9 01 | 17 58 | 21 43 | 29 18 | 4 14 | 18 35 | 24 33 | | | | ⚹ | ⚹ | | | △ | |
| 14 | 29 08 | 10 05 | 18 40 | 21 53 | 29 23 | 4 17 | 18 37 | 24 34 | △ | □ | | ∠ | ∠ | ⚹ | | | ⚹ |
| 15 | 29♒35 | 11 08 | 19 21 | 22 03 | 29 28 | 4 19 | 18 40 | 24 35 | | | | ⚺ | | ∠ | ⚼ | □ | ∠ |
| 16 | 0♓06 | 12 10 | 20 03 | 22 12 | 29 33 | 4 22 | 18 42 | 24 36 | □ | ⚹ | ⚼ | | ⚺ | ⚺ | | | ⚺ |
| 17 | 0 42 | 13 13 | 20 45 | 22 22 | 29 38 | 4 25 | 18 44 | 24 37 | | ∠ | △ | | | | △ | | |
| 18 | 1 22 | 14 15 | 21 26 | 22 31 | 29 43 | 4 28 | 18 46 | 24 38 | ⚹ | | | ☌ | ☌ | | | ⚹ | ☌ |
| 19 | 2 05 | 15 16 | 22 08 | 22 40 | 29 48 | 4 31 | 18 49 | 24 39 | | ⚺ | | | | ☌ | □ | ∠ | |
| 20 | 2 53 | 16 18 | 22 50 | 22 49 | 29 52 | 4 34 | 18 51 | 24 40 | ∠ | | □ | ⚺ | ⚺ | | | ⚺ | |
| 21 | 3 43 | 17 18 | 23 31 | 22 58 | 29♑57 | 4 37 | 18 53 | 24 41 | ⚺ | ☌ | | | | ⚺ | ⚹ | | ⚺ |
| 22 | 4 37 | 18 19 | 24 13 | 23 07 | 0♒01 | 4 40 | 18 55 | 24 42 | | | | ∠ | ∠ | ∠ | | | ∠ |
| 23 | 5 34 | 19 19 | 24 55 | 23 15 | 0 06 | 4 43 | 18 58 | 24 43 | | | ⚹ | ⚹ | ⚹ | | ∠ | ☌ | ⚹ |
| 24 | 6 34 | 20 19 | 25 36 | 23 24 | 0 10 | 4 46 | 19 00 | 24 44 | ☌ | ⚺ | ∠ | | | ⚹ | ⚺ | | |
| 25 | 7 36 | 21 18 | 26 18 | 23 32 | 0 15 | 4 49 | 19 02 | 24 45 | | ∠ | ⚺ | | | | | ⚺ | |
| 26 | 8 41 | 22 16 | 27 00 | 23 41 | 0 19 | 4 52 | 19 04 | 24 46 | | | | □ | □ | □ | ☌ | ∠ | □ |
| 27 | 9 48 | 23 15 | 27 41 | 23 49 | 0 23 | 4 55 | 19 06 | 24 47 | ⚺ | ⚹ | | | | | | | |
| 28 | 10 57 | 24 13 | 28 23 | 23 57 | 0 27 | 4 59 | 19 09 | 24 48 | ∠ | | ☌ | △ | △ | | | ⚹ | △ |
| 29 | 12 09 | 25 10 | 29 05 | 24 05 | 0 31 | 5 02 | 19 11 | 24 49 | ⚹ | | | | ⚼ | △ | ⚺ | | ⚼ |
| 30 | 13 23 | 26 07 | 29♑47 | 24 12 | 0 35 | 5 05 | 19 13 | 24 49 | | □ | | ⚼ | | ⚼ | ∠ | □ | |
| 31 | 14♓38 | 27♉03 | 0♒28 | 24♑20 | 0♒39 | 5♉08 | 19♓15 | 24♑50 | | | ⚺ | | | | ⚹ | | |

| D | Saturn | | Uranus | | Neptune | | Pluto | |
|---|---|---|---|---|---|---|---|---|
| M | Lat. | Dec. | Lat. | Dec. | Lat. | Dec. | Lat. | Dec. |
| | ° ′ | ° ′ | ° ′ | ° ′ | ° ′ | ° ′ | ° ′ | ° ′ |
| 1 | 0S01 | 20S33 | 0S28 | 12N18 | 1S01 | 5S39 | 0S45 | 22S00 |
| 3 | 0 01 | 20 31 | 0 28 | 12 20 | 1 01 | 5 37 | 0 45 | 22 00 |
| 5 | 0 01 | 20 29 | 0 28 | 12 22 | 1 01 | 5 35 | 0 45 | 21 59 |
| 7 | 0 02 | 20 27 | 0 28 | 12 23 | 1 01 | 5 33 | 0 45 | 21 59 |
| 9 | 0 02 | 20 25 | 0 28 | 12 25 | 1 01 | 5 31 | 0 46 | 21 59 |
| 11 | 0 02 | 20 23 | 0 28 | 12 27 | 1 01 | 5 30 | 0 46 | 21 59 |
| 13 | 0 02 | 20 21 | 0 28 | 12 29 | 1 01 | 5 28 | 0 46 | 21 58 |
| 15 | 0 02 | 20 19 | 0 27 | 12 31 | 1 01 | 5 26 | 0 46 | 21 58 |
| 17 | 0 02 | 20 17 | 0 27 | 12 33 | 1 01 | 5 24 | 0 47 | 21 58 |
| 19 | 0 03 | 20 15 | 0 27 | 12 35 | 1 01 | 5 23 | 0 47 | 21 58 |
| 21 | 0 03 | 20 13 | 0 27 | 12 37 | 1 01 | 5 21 | 0 47 | 21 58 |
| 23 | 0 03 | 20 11 | 0 27 | 12 39 | 1 01 | 5 19 | 0 47 | 21 57 |
| 25 | 0 03 | 20 10 | 0 27 | 12 41 | 1 01 | 5 18 | 0 47 | 21 57 |
| 27 | 0 03 | 20 08 | 0 27 | 12 43 | 1 01 | 5 16 | 0 48 | 21 57 |
| 29 | 0 03 | 20 06 | 0 27 | 12 45 | 1 01 | 5 14 | 0 48 | 21 57 |
| 31 | 0S04 | 20S05 | 0S27 | 12N47 | 1S01 | 5S12 | 0S48 | 21S57 |

**Mutual Aspects**

1 ☉∥☿. ♃∥♇.
3 ☉∠♄. ☿⊥♇. ♀□♄.
4 ☿⚹♀. ♀∥♅.
5 ☉∠♀. 6 ☉∥♆.
7 ☿∠♂. ☿⚺♄.
8 ☉☌♆. ♀☌♅. ♀∠♆.
9 ☉∠♅. 10 ☿ Stat.
11 ☉⚹♃.
14 ☉⚹♇. ♂⚹♆.
15 ☿⚺♄. 16 ☿Q♀.
17 ☿⊥♇.
18 ☉⊥♅.
19 ☉⚹♄.
20 ♂☌♃.
22 ☿⚹♅. ♀#♄.
23 ♀⚹♆. ♂☌♇. ♂∥♇.
24 ☉⚺♅. ☿⊥♄.
25 ☉Q♃.
26 ☉Q♇. ☿∠♃. ♀#♂. ♀#♃.
27 ☿∠♇.
28 ♀△♃. ♀#♇. ♂∥♃.
29 ♀△♇. 31 ♂☌♄.

LAST QUARTER–Mar.16,09h.34m. (26°♐16′)

NEW MOON – Apr.23,02h.26m. ( 3° ♉ 24′)



| D M | D W | Sidereal Time | ☉ Long. | ☉ Dec. | ☽ Long. | ☽ Lat. | ☽ Dec. | ☽ Node | 24h. ☽ Long. | 24h. ☽ Dec. |
|---|---|---|---|---|---|---|---|---|---|---|
| | | h m s | ° ′ ″ | ° ′ | ° ′ ″ | ° ′ | ° ′ | ° ′ | ° ′ ″ | ° ′ |
| 1 | W | 0 41 14 | 12 ♈ 13 20 | 4 N50 | 13 ♋ 03 06 | 0 N54 | 23 N42 | 3 ♋ 24 | 19 ♋ 38 58 | 23 N27 |
| 2 | Th | 0 45 11 | 13 12 30 | 5 13 | 26 21 20 | 2 02 | 22 52 | 3 21 | 3 ♌ 10 34 | 21 56 |
| 3 | F | 0 49 07 | 14 11 39 | 5 36 | 10 ♌ 06 54 | 3 04 | 20 40 | 3 18 | 17 10 29 | 19 03 |
| 4 | S | 0 53 04 | 15 10 45 | 5 59 | 24 21 14 | 3 57 | 17 08 | 3 14 | 1 ♍ 38 50 | 14 55 |
| 5 | Su | 0 57 00 | 16 09 48 | 6 21 | 9 ♍ 02 49 | 4 37 | 12 27 | 3 11 | 16 32 25 | 9 46 |
| 6 | M | 1 00 57 | 17 08 50 | 6 44 | 24 06 39 | 4 58 | 6 54 | 3 08 | 1 ♎ 44 20 | 3 N55 |
| 7 | T | 1 04 53 | 18 07 49 | 7 07 | 9 ♎ 24 07 | 4 59 | 0 N51 | 3 05 | 17 04 33 | 2 S13 |
| 8 | W | 1 08 50 | 19 06 46 | 7 29 | 24 44 08 | 4 38 | 5 S16 | 3 02 | 2 ♏ 21 26 | 8 13 |
| 9 | Th | 1 12 46 | 20 05 41 | 7 51 | 9 ♏ 55 06 | 3 58 | 11 01 | 2 58 | 17 23 56 | 13 38 |
| 10 | F | 1 16 43 | 21 04 34 | 8 13 | 24 46 59 | 3 02 | 16 01 | 2 55 | 2 ♐ 03 28 | 18 07 |
| 11 | S | 1 20 40 | 22 03 26 | 8 35 | 9 ♐ 12 54 | 1 56 | 19 55 | 2 52 | 16 15 00 | 21 23 |
| 12 | Su | 1 24 36 | 23 02 16 | 8 57 | 23 09 40 | 0 N45 | 22 31 | 2 49 | 29 57 01 | 23 17 |
| 13 | M | 1 28 33 | 24 01 04 | 9 19 | 6 ♑ 37 20 | 0 S27 | 23 43 | 2 46 | 13 ♑ 11 00 | 23 48 |
| 14 | T | 1 32 29 | 24 59 50 | 9 41 | 19 38 28 | 1 34 | 23 33 | 2 43 | 26 00 16 | 23 00 |
| 15 | W | 1 36 26 | 25 58 35 | 10 02 | 2 ♒ 17 00 | 2 35 | 22 10 | 2 39 | 8 ♒ 29 16 | 21 05 |
| 16 | Th | 1 40 22 | 26 57 18 | 10 23 | 14 37 38 | 3 28 | 19 45 | 2 36 | 20 42 41 | 18 13 |
| 17 | F | 1 44 19 | 27 55 59 | 10 44 | 26 45 00 | 4 10 | 16 30 | 2 33 | 2 ♓ 45 06 | 14 38 |
| 18 | S | 1 48 15 | 28 54 38 | 11 05 | 8 ♓ 43 28 | 4 40 | 12 37 | 2 30 | 14 40 33 | 10 30 |
| 19 | Su | 1 52 12 | 29 ♈ 53 16 | 11 26 | 20 36 46 | 4 58 | 8 17 | 2 27 | 26 32 28 | 6 00 |
| 20 | M | 1 56 09 | 0 ♉ 51 52 | 11 46 | 2 ♈ 27 59 | 5 03 | 3 S39 | 2 24 | 8 ♈ 23 36 | 1 S17 |
| 21 | T | 2 00 05 | 1 50 26 | 12 07 | 14 19 32 | 4 55 | 1 N07 | 2 20 | 20 16 02 | 3 N30 |
| 22 | W | 2 04 02 | 2 48 58 | 12 27 | 26 13 18 | 4 34 | 5 51 | 2 17 | 2 ♉ 11 29 | 8 10 |
| 23 | Th | 2 07 58 | 3 47 29 | 12 47 | 8 ♉ 10 46 | 4 01 | 10 25 | 2 14 | 14 11 19 | 12 35 |
| 24 | F | 2 11 55 | 4 45 57 | 13 07 | 20 13 18 | 3 17 | 14 38 | 2 11 | 26 16 56 | 16 32 |
| 25 | S | 2 15 51 | 5 44 24 | 13 26 | 2 ♊ 22 24 | 2 24 | 18 17 | 2 08 | 8 ♊ 29 58 | 19 51 |
| 26 | Su | 2 19 48 | 6 42 48 | 13 45 | 14 39 52 | 1 23 | 21 11 | 2 04 | 20 52 25 | 22 17 |
| 27 | M | 2 23 44 | 7 41 11 | 14 04 | 27 07 57 | 0 S17 | 23 08 | 2 01 | 3 ♋ 26 48 | 23 41 |
| 28 | T | 2 27 41 | 8 39 32 | 14 23 | 9 ♋ 49 23 | 0 N51 | 23 56 | 1 58 | 16 16 04 | 23 51 |
| 29 | W | 2 31 38 | 9 37 50 | 14 42 | 22 47 16 | 1 58 | 23 27 | 1 55 | 29 23 22 | 22 44 |
| 30 | Th | 2 35 34 | 10 ♉ 36 07 | 15 N00 | 6 ♌ 04 43 | 3 N01 | 21 N40 | 1 ♋ 52 | 12 ♌ 51 39 | 20 N17 |

| D M | Mercury Lat. | Mercury Dec. | | Venus Lat. | Venus Dec. | | Mars Lat. | Mars Dec. | | Jupiter Lat. | Jupiter Dec. |
|---|---|---|---|---|---|---|---|---|---|---|---|
| | ° ′ | ° ′ | ° ′ | ° ′ | ° ′ | ° ′ | ° ′ | ° ′ | ° ′ | ° ′ | ° ′ |
| 1 | 2 S11 | 7 S34 | 7 S 06 | 3 N 38 | 23 N14 | 23 N31 | 0 S 59 | 20 S51 | 20 S 43 | 0 S 04 | 21 S17 |
| 3 | 2 19 | 6 38 | 6 08 | 3 46 | 23 47 | 24 03 | 1 01 | 20 35 | 20 26 | 0 04 | 21 15 |
| 5 | 2 25 | 5 37 | 5 05 | 3 54 | 24 18 | 24 32 | 1 04 | 20 18 | 20 09 | 0 04 | 21 13 |
| 7 | 2 29 | 4 32 | 3 57 | 4 02 | 24 46 | 25 00 | 1 06 | 20 00 | 19 51 | 0 05 | 21 11 |
| 9 | 2 31 | 3 22 | 2 45 | 4 09 | 25 13 | 25 25 | 1 09 | 19 42 | 19 32 | 0 05 | 21 09 |
| 11 | 2 31 | 2 07 | 1 28 | 4 16 | 25 37 | 25 49 | 1 11 | 19 23 | 19 13 | 0 05 | 21 07 |
| 13 | 2 29 | 0 S48 | 0 S 07 | 4 22 | 26 00 | 26 10 | 1 14 | 19 03 | 18 53 | 0 05 | 21 05 |
| 15 | 2 25 | 0 N35 | 1 N 18 | 4 28 | 26 20 | 26 29 | 1 16 | 18 43 | 18 33 | 0 06 | 21 03 |
| 17 | 2 19 | 2 02 | 2 46 | 4 33 | 26 38 | 26 46 | 1 19 | 18 23 | 18 12 | 0 06 | 21 01 |
| 19 | 2 10 | 3 32 | 4 19 | 4 38 | 26 54 | 27 01 | 1 22 | 18 01 | 17 50 | 0 06 | 21 00 |
| 21 | 2 00 | 5 06 | 5 54 | 4 42 | 27 08 | 27 14 | 1 24 | 17 40 | 17 28 | 0 07 | 20 58 |
| 23 | 1 48 | 6 42 | 7 31 | 4 45 | 27 20 | 27 25 | 1 27 | 17 17 | 17 06 | 0 07 | 20 57 |
| 25 | 1 34 | 8 21 | 9 11 | 4 47 | 27 30 | 27 34 | 1 30 | 16 54 | 16 43 | 0 07 | 20 56 |
| 27 | 1 18 | 10 01 | 10 52 | 4 48 | 27 38 | 27 41 | 1 32 | 16 31 | 16 19 | 0 07 | 20 55 |
| 29 | 1 00 | 11 42 | 12 N 33 | 4 49 | 27 44 | 27 N46 | 1 35 | 16 08 | 15 S 56 | 0 08 | 20 54 |
| 31 | 0 S41 | 13 N24 | | 4 N 48 | 27 N47 | | 1 S 38 | 15 S44 | | 0 S 08 | 20 S53 |

FIRST QUARTER – Apr. 1,10h.21m. (12° ♋ 09′) & Apr.30,20h.38m. (10° ♌ 57′)

FULL MOON–Apr. 8,02h.35m. (18°♎44′)



| D M | ☿ Long. | ♀ Long. | ♂ Long. | ♃ Long. | ♄ Long. | ♅ Long. | ♆ Long. | ♇ Long. |
|---|---|---|---|---|---|---|---|---|
| | ° ′ | ° ′ | ° ′ | ° ′ | ° ′ | ° ′ | ° ′ | ° ′ |
| 1 | 15♓56 | 27♉59 | 1♒10 | 24♑28 | 0♒42 | 5♉11 | 19♓17 | 24♑51 |
| 2 | 17 16 | 28 54 | 1 52 | 24 35 | 0 46 | 5 15 | 19 19 | 24 52 |
| 3 | 18 37 | 29♉48 | 2 33 | 24 42 | 0 50 | 5 18 | 19 21 | 24 52 |
| 4 | 20 00 | 0♊42 | 3 15 | 24 49 | 0 53 | 5 21 | 19 24 | 24 53 |
| 5 | 21 25 | 1 36 | 3 57 | 24 56 | 0 56 | 5 25 | 19 26 | 24 54 |
| 6 | 22 51 | 2 28 | 4 39 | 25 03 | 1 00 | 5 28 | 19 28 | 24 54 |
| 7 | 24 20 | 3 20 | 5 20 | 25 09 | 1 03 | 5 31 | 19 30 | 24 55 |
| 8 | 25 49 | 4 11 | 6 02 | 25 16 | 1 06 | 5 34 | 19 32 | 24 55 |
| 9 | 27 21 | 5 02 | 6 44 | 25 22 | 1 09 | 5 38 | 19 34 | 24 56 |
| 10 | 28♓54 | 5 51 | 7 25 | 25 28 | 1 12 | 5 41 | 19 36 | 24 56 |
| 11 | 0♈29 | 6 40 | 8 07 | 25 34 | 1 15 | 5 45 | 19 38 | 24 57 |
| 12 | 2 05 | 7 28 | 8 49 | 25 40 | 1 18 | 5 48 | 19 40 | 24 57 |
| 13 | 3 43 | 8 16 | 9 30 | 25 45 | 1 20 | 5 51 | 19 42 | 24 57 |
| 14 | 5 22 | 9 02 | 10 12 | 25 51 | 1 23 | 5 55 | 19 44 | 24 58 |
| 15 | 7 03 | 9 48 | 10 54 | 25 56 | 1 26 | 5 58 | 19 46 | 24 58 |
| 16 | 8 45 | 10 32 | 11 35 | 26 01 | 1 28 | 6 02 | 19 48 | 24 58 |
| 17 | 10 30 | 11 16 | 12 17 | 26 06 | 1 30 | 6 05 | 19 50 | 24 59 |
| 18 | 12 15 | 11 58 | 12 59 | 26 11 | 1 32 | 6 08 | 19 51 | 24 59 |
| 19 | 14 03 | 12 40 | 13 40 | 26 16 | 1 35 | 6 12 | 19 53 | 24 59 |
| 20 | 15 52 | 13 20 | 14 22 | 26 20 | 1 37 | 6 15 | 19 55 | 24 59 |
| 21 | 17 42 | 14 00 | 15 04 | 26 25 | 1 39 | 6 19 | 19 57 | 24 59 |
| 22 | 19 35 | 14 38 | 15 45 | 26 29 | 1 40 | 6 22 | 19 59 | 24 59 |
| 23 | 21 29 | 15 15 | 16 27 | 26 33 | 1 42 | 6 26 | 20 00 | 24 59 |
| 24 | 23 24 | 15 50 | 17 08 | 26 37 | 1 44 | 6 29 | 20 02 | 25 00 |
| 25 | 25 21 | 16 25 | 17 50 | 26 40 | 1 45 | 6 33 | 20 04 | 25 00 |
| 26 | 27 20 | 16 57 | 18 31 | 26 44 | 1 47 | 6 36 | 20 06 | 25R 00 |
| 27 | 29♈20 | 17 29 | 19 13 | 26 47 | 1 48 | 6 39 | 20 07 | 24 59 |
| 28 | 1♉22 | 17 59 | 19 54 | 26 50 | 1 50 | 6 43 | 20 09 | 24 59 |
| 29 | 3 25 | 18 27 | 20 36 | 26 53 | 1 51 | 6 46 | 20 11 | 24 59 |
| 30 | 5♉30 | 18♊54 | 21♒17 | 26♑56 | 1♒52 | 6♉50 | 20♓12 | 24♑59 |

Lunar Aspects

| D M | ☉ | ☿ | ♀ | ♂ | ♃ | ♄ | ♅ | ♆ | ♇ |
|---|---|---|---|---|---|---|---|---|---|
| 1 | □ | △ | ∠ | | | | | △ | |
| 2 | | ⚼ | ✱ | ☍ | ☍ | ☍ | | | ☍ |
| 3 | △ | | | | | | □ | ⚼ | |
| 4 | ⚼ | | □ | | | | | | |
| 5 | | | | | ⚼ | ⚼ | △ | | ⚼ |
| 6 | | ☍ | | ⚼ | △ | △ | ⚼ | ☍ | △ |
| 7 | | | △ | △ | | | | | |
| 8 | ☍ | | ⚼ | | □ | □ | | | □ |
| 9 | | ⚼ | | □ | | | ☍ | ⚼ | |
| 10 | | △ | | | ✱ | ✱ | | △ | ✱ |
| 11 | ⚼ | | ☍ | ✱ | ∠ | | | | ∠ |
| 12 | △ | | | ∠ | ⚺ | ∠ | ⚼ | □ | ⚺ |
| 13 | | □ | | ⚺ | | ⚺ | △ | | |
| 14 | □ | | ⚼ | | ☌ | | | ✱ | ☌ |
| 15 | | ✱ | | | | ☌ | □ | ∠ | |
| 16 | | | △ | ☌ | | | | ⚺ | |
| 17 | ✱ | ∠ | | | ⚺ | ⚺ | | | ⚺ |
| 18 | ∠ | ⚺ | □ | ⚺ | ∠ | | ✱ | | ∠ |
| 19 | | | | | ✱ | ∠ | ∠ | ☌ | ✱ |
| 20 | ⚺ | | | ∠ | | ✱ | ⚺ | | |
| 21 | | ☌ | ✱ | ✱ | | | | ⚺ | |
| 22 | | | ∠ | | □ | □ | | | □ |
| 23 | ☌ | | | | | | ☌ | ∠ | |
| 24 | | ⚺ | ⚺ | □ | | | | ✱ | △ |
| 25 | ⚺ | | | | △ | △ | ⚺ | | |
| 26 | | ∠ | ☌ | △ | ⚼ | ⚼ | | □ | ⚼ |
| 27 | ∠ | ✱ | | | | | ∠ | | |
| 28 | ✱ | | | ⚼ | | | ✱ | | |
| 29 | | | ⚺ | | ☍ | | | △ | ☍ |
| 30 | □ | □ | ∠ | | | ☍ | □ | ⚼ | |

| D M | Saturn Lat. | Saturn Dec. | Uranus Lat. | Uranus Dec. | Neptune Lat. | Neptune Dec. | Pluto Lat. | Pluto Dec. |
|---|---|---|---|---|---|---|---|---|
| | ° ′ | ° ′ | ° ′ | ° ′ | ° ′ | ° ′ | ° ′ | ° ′ |
| 1 | 0S04 | 20S04 | 0S27 | 12N48 | 1S01 | 5S12 | 0S48 | 21S57 |
| 3 | 0 04 | 20 03 | 0 27 | 12 51 | 1 01 | 5 10 | 0 49 | 21 57 |
| 5 | 0 04 | 20 01 | 0 27 | 12 53 | 1 01 | 5 08 | 0 49 | 21 57 |
| 7 | 0 04 | 20 00 | 0 27 | 12 55 | 1 01 | 5 07 | 0 49 | 21 57 |
| 9 | 0 04 | 19 59 | 0 27 | 12 57 | 1 01 | 5 05 | 0 49 | 21 57 |
| 11 | 0 04 | 19 58 | 0 27 | 12 59 | 1 02 | 5 04 | 0 49 | 21 57 |
| 13 | 0 05 | 19 57 | 0 27 | 13 02 | 1 02 | 5 02 | 0 50 | 21 57 |
| 15 | 0 05 | 19 56 | 0 27 | 13 04 | 1 02 | 5 01 | 0 50 | 21 57 |
| 17 | 0 05 | 19 55 | 0 27 | 13 06 | 1 02 | 4 59 | 0 50 | 21 57 |
| 19 | 0 05 | 19 54 | 0 27 | 13 09 | 1 02 | 4 58 | 0 50 | 21 58 |
| 21 | 0 05 | 19 53 | 0 27 | 13 11 | 1 02 | 4 56 | 0 51 | 21 58 |
| 23 | 0 06 | 19 52 | 0 27 | 13 13 | 1 02 | 4 55 | 0 51 | 21 58 |
| 25 | 0 06 | 19 52 | 0 27 | 13 15 | 1 02 | 4 54 | 0 51 | 21 58 |
| 27 | 0 06 | 19 51 | 0 27 | 13 18 | 1 02 | 4 52 | 0 51 | 21 58 |
| 29 | 0 06 | 19 51 | 0 27 | 13 20 | 1 02 | 4 51 | 0 52 | 21 59 |
| 31 | 0S06 | 19S51 | 0S27 | 13N22 | 1S02 | 4S50 | 0S52 | 21S59 |

Mutual Aspects

1 ☿Q♀. ☿∠♂. ☿∠♄.
2 ☉Q♄. ☉#♆.
4 ☉Q♂. ☿∠♅. ☿☌♆. ♀△♄. ☉#☿.
5 ♀Q♆. ♃☌♇.
6 ♂∠♆. ☿∥♆.
7 ☿✱♇. ♂□♅. ♂∥♄.
8 ☉⚺♆. ☿✱♃.
9 ☉∠♀.
10 ♀⚺♅.
11 ☿✱♄. ☿⊥♅.
14 ☉□♇. ☿⚺♅.
15 ☉□♃. ☉⊥♆. ☿Q♇. ♀⚼♇.
16 ☿Q♃.
17 ♀⚼♃.
18 ☿✱♀. ♀⊥♅.
19 ☿✱♂. ☿Q♄. ♂⊥♆.
21 ☉□♄. ☿#♆.
22 ☿⚺♆.
24 ☉∠♆. ☉∥♅.
25 ☿⊥♆. ☿□♇. ♇Stat.
26 ☉☌♅. ☿□♃. ♀⚼♄.
28 ☿Q♂. ☿□♄. ♂⚺♆.
29 ☿∠♀.
30 ☿∠♆. ♀±♇.

LAST QUARTER–Apr.14,22h.56m. (25°♑27′)

NEW MOON–May 22,17h.39m. ( 2° ♊ 05′)



| D M | D W | Sidereal Time | ☉ Long. | ☉ Dec. | ☽ Long. | ☽ Lat. | ☽ Dec. | ☽ Node | 24h. ☽ Long. | 24h. ☽ Dec. |
|---|---|---|---|---|---|---|---|---|---|---|
| | | h m s | ° ′ ″ | ° ′ | ° ′ ″ | ° ′ | ° ′ | ° ′ | ° ′ ″ | ° ′ |
| 1 | F | 2 39 31 | 11 ♉ 34 22 | 15 N18 | 19 ♌ 44 22 | 3 N55 | 18 N36 | 1 ♋ 49 | 26 ♌ 43 02 | 16 N38 |
| 2 | S | 2 43 27 | 12 32 34 | 15 36 | 3 ♍ 47 38 | 4 36 | 14 24 | 1 45 | 10 ♍ 58 04 | 11 56 |
| 3 | Su | 2 47 24 | 13 30 44 | 15 54 | 18 14 00 | 5 01 | 9 16 | 1 42 | 25 34 56 | 6 27 |
| 4 | M | 2 51 20 | 14 28 52 | 16 11 | 3 ♎ 00 13 | 5 08 | 3 N31 | 1 39 | 10 ♎ 29 00 | 0 N30 |
| 5 | T | 2 55 17 | 15 26 59 | 16 28 | 18 00 15 | 4 53 | 2 S33 | 1 36 | 25 32 52 | 5 S33 |
| 6 | W | 2 59 13 | 16 25 03 | 16 45 | 3 ♏ 05 37 | 4 18 | 8 30 | 1 33 | 10 ♏ 37 16 | 11 18 |
| 7 | Th | 3 03 10 | 17 23 06 | 17 01 | 18 06 38 | 3 26 | 13 56 | 1 30 | 25 32 33 | 16 20 |
| 8 | F | 3 07 07 | 18 21 07 | 17 17 | 2 ♐ 54 03 | 2 20 | 18 27 | 1 26 | 10 ♐ 10 15 | 20 16 |
| 9 | S | 3 11 03 | 19 19 07 | 17 33 | 17 20 31 | 1 N06 | 21 44 | 1 23 | 24 24 20 | 22 51 |
| 10 | Su | 3 15 00 | 20 17 05 | 17 49 | 1 ♑ 21 26 | 0 S09 | 23 35 | 1 20 | 8 ♑ 11 42 | 23 57 |
| 11 | M | 3 18 56 | 21 15 02 | 18 04 | 14 55 11 | 1 22 | 23 58 | 1 17 | 21 32 03 | 23 38 |
| 12 | T | 3 22 53 | 22 12 58 | 18 19 | 28 02 38 | 2 28 | 22 58 | 1 14 | 4 ♒ 27 20 | 22 01 |
| 13 | W | 3 26 49 | 23 10 52 | 18 34 | 10 ♒ 46 36 | 3 25 | 20 49 | 1 10 | 17 00 59 | 19 22 |
| 14 | Th | 3 30 46 | 24 08 45 | 18 48 | 23 11 01 | 4 11 | 17 44 | 1 07 | 29 17 19 | 15 55 |
| 15 | F | 3 34 42 | 25 06 37 | 19 02 | 5 ♓ 20 27 | 4 44 | 13 57 | 1 04 | 11 ♓ 21 00 | 11 52 |
| 16 | S | 3 38 39 | 26 04 27 | 19 16 | 17 19 33 | 5 04 | 9 40 | 1 01 | 23 16 37 | 7 24 |
| 17 | Su | 3 42 36 | 27 02 17 | 19 30 | 29 12 45 | 5 11 | 5 05 | 0 58 | 5 ♈ 08 25 | 2 S42 |
| 18 | M | 3 46 32 | 28 00 05 | 19 43 | 11 ♈ 04 05 | 5 05 | 0 S18 | 0 55 | 17 00 10 | 2 N06 |
| 19 | T | 3 50 29 | 28 57 52 | 19 56 | 22 57 01 | 4 46 | 4 N30 | 0 51 | 28 55 00 | 6 51 |
| 20 | W | 3 54 25 | 29 ♉ 55 37 | 20 08 | 4 ♉ 54 24 | 4 14 | 9 10 | 0 48 | 10 ♉ 55 28 | 11 24 |
| 21 | Th | 3 58 22 | 0 ♊ 53 22 | 20 20 | 16 58 28 | 3 31 | 13 32 | 0 45 | 23 03 33 | 15 33 |
| 22 | F | 4 02 18 | 1 51 05 | 20 32 | 29 10 56 | 2 37 | 17 25 | 0 42 | 5 ♊ 20 45 | 19 07 |
| 23 | S | 4 06 15 | 2 48 47 | 20 43 | 11 ♊ 33 10 | 1 35 | 20 36 | 0 39 | 17 48 17 | 21 51 |
| 24 | Su | 4 10 11 | 3 46 28 | 20 54 | 24 06 14 | 0 S28 | 22 51 | 0 36 | 0 ♋ 27 10 | 23 33 |
| 25 | M | 4 14 08 | 4 44 07 | 21 05 | 6 ♋ 51 12 | 0 N42 | 23 58 | 0 32 | 13 18 28 | 24 03 |
| 26 | T | 4 18 05 | 5 41 45 | 21 15 | 19 49 07 | 1 51 | 23 48 | 0 29 | 26 23 17 | 23 14 |
| 27 | W | 4 22 01 | 6 39 22 | 21 25 | 3 ♌ 01 07 | 2 56 | 22 20 | 0 26 | 9 ♌ 42 44 | 21 06 |
| 28 | Th | 4 25 58 | 7 36 57 | 21 35 | 16 28 17 | 3 52 | 19 35 | 0 23 | 23 17 51 | 17 46 |
| 29 | F | 4 29 54 | 8 34 30 | 21 44 | 0 ♍ 11 28 | 4 36 | 15 42 | 0 20 | 7 ♍ 09 09 | 13 24 |
| 30 | S | 4 33 51 | 9 32 03 | 21 53 | 14 10 50 | 5 04 | 10 54 | 0 16 | 21 16 22 | 8 14 |
| 31 | Su | 4 37 47 | 10 ♊ 29 33 | 22 N01 | 28 ♍ 25 31 | 5 N15 | 5 N27 | 0 ♋ 13 | 5 ♎ 37 57 | 2 N33 |

| D M | Mercury Lat. | Mercury Dec. | | Venus Lat. | Venus Dec. | | Mars Lat. | Mars Dec. | | Jupiter Lat. | Jupiter Dec. |
|---|---|---|---|---|---|---|---|---|---|---|---|
| | ° ′ | ° ′ | ° ′ | ° ′ | ° ′ | ° ′ | ° ′ | ° ′ | ° ′ | ° ′ | ° ′ |
| 1 | 0 S41 | 13 N24 | 14 N14 | 4 N48 | 27 N47 | 27 N48 | 1 S38 | 15 S44 | 15 S31 | 0 S08 | 20 S53 |
| 3 | 0 S21 | 15 03 | 15 52 | 4 46 | 27 49 | 27 49 | 1 41 | 15 19 | 15 07 | 0 08 | 20 53 |
| 5 | 0 00 | 16 40 | 17 27 | 4 42 | 27 48 | 27 47 | 1 44 | 14 54 | 14 42 | 0 09 | 20 52 |
| 7 | 0 N21 | 18 13 | 18 57 | 4 38 | 27 46 | 27 44 | 1 46 | 14 29 | 14 16 | 0 09 | 20 52 |
| 9 | 0 42 | 19 39 | 20 19 | 4 31 | 27 41 | 27 37 | 1 49 | 14 03 | 13 50 | 0 09 | 20 52 |
| 11 | 1 02 | 20 58 | 21 34 | 4 23 | 27 33 | 27 29 | 1 52 | 13 37 | 13 24 | 0 09 | 20 52 |
| 13 | 1 20 | 22 08 | 22 39 | 4 13 | 27 24 | 27 18 | 1 55 | 13 11 | 12 58 | 0 10 | 20 52 |
| 15 | 1 36 | 23 08 | 23 34 | 4 01 | 27 12 | 27 05 | 1 58 | 12 45 | 12 31 | 0 10 | 20 52 |
| 17 | 1 50 | 23 58 | 24 19 | 3 47 | 26 57 | 26 48 | 2 01 | 12 18 | 12 05 | 0 10 | 20 53 |
| 19 | 2 01 | 24 37 | 24 53 | 3 32 | 26 39 | 26 29 | 2 04 | 11 51 | 11 38 | 0 11 | 20 53 |
| 21 | 2 09 | 25 06 | 25 17 | 3 13 | 26 19 | 26 07 | 2 07 | 11 24 | 11 10 | 0 11 | 20 54 |
| 23 | 2 14 | 25 26 | 25 33 | 2 53 | 25 55 | 25 42 | 2 10 | 10 57 | 10 43 | 0 11 | 20 55 |
| 25 | 2 16 | 25 37 | 25 39 | 2 31 | 25 29 | 25 15 | 2 13 | 10 29 | 10 15 | 0 12 | 20 56 |
| 27 | 2 14 | 25 40 | 25 38 | 2 07 | 25 00 | 24 44 | 2 16 | 10 02 | 9 48 | 0 12 | 20 57 |
| 29 | 2 09 | 25 35 | 25 N30 | 1 41 | 24 28 | 24 N11 | 2 19 | 9 34 | 9 S20 | 0 12 | 20 59 |
| 31 | 2 N01 | 25 N24 | | 1 N15 | 23 N54 | | 2 S22 | 9 S06 | | 0 S13 | 21 S00 |

FIRST QUARTER–May 30,03h.30m. ( 9° ♍ 12′)

FULL MOON–May 7,10h.45m. (17°♏20′)

| EPHEMERIS ] | | | | MAY 2020 | | | | | | | | | | | | |  |
|---|---|---|---|---|---|---|---|---|---|---|---|---|---|---|---|---|---|
| D | ☿ | ♀ | ♂ | ♃ | ♄ | ♅ | ♆ | ♇ | Lunar Aspects | | | | | | | | |
| M | Long. | Long. | Long. | Long. | Long. | Long. | Long. | Long. | ☉ | ☿ | ♀ | ♂ | ♃ | ♄ | ♅ | ♆ | ♇ |
| | ° ′ | ° ′ | ° ′ | ° ′ | ° ′ | ° ′ | ° ′ | ° ′ | | | | | | | | | |
| 1 | 7♉36 | 19♊20 | 21♒59 | 26♑58 | 1♒53 | 6♉53 | 20♓14 | 24♑59 | | | ⚹ | ☍ | | | | | |
| 2 | 9 43 | 19 43 | 22 40 | 27 01 | 1 54 | 6 57 | 20 15 | 24R 59 | | △ | | | | | △ | | ⚼ |
| 3 | 11 51 | 20 05 | 23 21 | 27 03 | 1 55 | 7 00 | 20 17 | 24 59 | △ | | □ | | ⚼ | ⚼ | ⚼ | ☍ | △ |
| 4 | 14 00 | 20 25 | 24 03 | 27 05 | 1 55 | 7 04 | 20 19 | 24 58 | ⚼ | ⚼ | | ⚼ | △ | △ | | | |
| 5 | 16 10 | 20 42 | 24 44 | 27 07 | 1 56 | 7 07 | 20 20 | 24 58 | | | △ | △ | | | | | □ |
| 6 | 18 20 | 20 58 | 25 25 | 27 08 | 1 56 | 7 10 | 20 22 | 24 58 | | | ⚼ | | □ | □ | ☍ | ⚼ | |
| 7 | 20 30 | 21 12 | 26 06 | 27 10 | 1 57 | 7 14 | 20 23 | 24 58 | ☍ | ☍ | | | | | | △ | ⚹ |
| 8 | 22 40 | 21 24 | 26 48 | 27 11 | 1 57 | 7 17 | 20 24 | 24 57 | | | | □ | ⚹ | ⚹ | | | ∠ |
| 9 | 24 50 | 21 34 | 27 29 | 27 12 | 1 57 | 7 21 | 20 26 | 24 57 | | | ☍ | | ∠ | ∠ | ⚼ | □ | |
| 10 | 26 59 | 21 41 | 28 10 | 27 13 | 1 57 | 7 24 | 20 27 | 24 56 | ⚼ | | | ⚹ | ⊻ | ⊻ | △ | | ⊻ |
| 11 | 29♉07 | 21 47 | 28 51 | 27 14 | 1R 57 | 7 27 | 20 28 | 24 56 | | ⚼ | | ∠ | | | | ⚹ | |
| 12 | 1♊14 | 21 50 | 29♒32 | 27 14 | 1 57 | 7 31 | 20 30 | 24 56 | △ | △ | | ⊻ | ☌ | ☌ | | | ☌ |
| 13 | 3 20 | 21R 50 | 0♓13 | 27 14 | 1 57 | 7 34 | 20 31 | 24 55 | | | ⚼ | | | | □ | ∠ | |
| 14 | 5 23 | 21 49 | 0 54 | 27 14 | 1 57 | 7 37 | 20 32 | 24 55 | □ | | △ | | ⊻ | | | ⊻ | ⊻ |
| 15 | 7 25 | 21 45 | 1 35 | 27R 14 | 1 56 | 7 41 | 20 34 | 24 54 | | □ | | ☌ | | ⊻ | ⚹ | | ∠ |
| 16 | 9 24 | 21 38 | 2 16 | 27 14 | 1 56 | 7 44 | 20 35 | 24 53 | | | □ | | ∠ | ∠ | ∠ | ☌ | |
| 17 | 11 21 | 21 29 | 2 57 | 27 14 | 1 55 | 7 47 | 20 36 | 24 53 | ⚹ | | | ⊻ | ⚹ | ⚹ | | | ⚹ |
| 18 | 13 16 | 21 18 | 3 38 | 27 13 | 1 55 | 7 51 | 20 37 | 24 52 | ∠ | ⚹ | | | | | ⊻ | | |
| 19 | 15 08 | 21 04 | 4 18 | 27 12 | 1 54 | 7 54 | 20 38 | 24 52 | | | ⚹ | ∠ | □ | | | ⊻ | □ |
| 20 | 16 57 | 20 48 | 4 59 | 27 11 | 1 53 | 7 57 | 20 39 | 24 51 | ⊻ | ∠ | ∠ | ⚹ | | □ | ☌ | ∠ | |
| 21 | 18 43 | 20 30 | 5 40 | 27 10 | 1 52 | 8 01 | 20 40 | 24 50 | | ⊻ | ⊻ | | | | | ⚹ | |
| 22 | 20 26 | 20 09 | 6 20 | 27 08 | 1 51 | 8 04 | 20 41 | 24 50 | ☌ | | | | △ | △ | | | △ |
| 23 | 22 06 | 19 46 | 7 01 | 27 07 | 1 50 | 8 07 | 20 42 | 24 49 | | | | □ | ⚼ | ⚼ | ⊻ | | ⚼ |
| 24 | 23 43 | 19 21 | 7 41 | 27 05 | 1 49 | 8 10 | 20 43 | 24 48 | | ☌ | ☌ | | | | ∠ | □ | |
| 25 | 25 17 | 18 54 | 8 21 | 27 03 | 1 47 | 8 13 | 20 44 | 24 47 | ⊻ | | | △ | | | ⚹ | | |
| 26 | 26 47 | 18 25 | 9 02 | 27 01 | 1 46 | 8 17 | 20 45 | 24 46 | ∠ | | ⊻ | ⚼ | | | | △ | ☍ |
| 27 | 28 15 | 17 54 | 9 42 | 26 59 | 1 45 | 8 20 | 20 46 | 24 46 | ⚹ | ⊻ | ∠ | | ☍ | ☍ | □ | ⚼ | |
| 28 | 29♊39 | 17 21 | 10 22 | 26 56 | 1 43 | 8 23 | 20 47 | 24 45 | | ∠ | ⚹ | | | | | | |
| 29 | 1♋00 | 16 48 | 11 02 | 26 53 | 1 41 | 8 26 | 20 48 | 24 44 | | ⚹ | | | | | | | |
| 30 | 2 17 | 16 13 | 11 42 | 26 51 | 1 39 | 8 29 | 20 48 | 24 43 | □ | | □ | ☍ | ⚼ | ⚼ | △ | ☍ | ⚼ |
| 31 | 3♋31 | 15♊37 | 12♓22 | 26♑47 | 1♒38 | 8♉32 | 20♓49 | 24♑42 | | □ | | | △ | △ | ⚼ | | △ |

| D | Saturn | | Uranus | | Neptune | | Pluto | |
|---|---|---|---|---|---|---|---|---|
| M | Lat. | Dec. | Lat. | Dec. | Lat. | Dec. | Lat. | Dec. |
| | ° ′ | ° ′ | ° ′ | ° ′ | ° ′ | ° ′ | ° ′ | ° ′ |
| 1 | 0S06 | 19S51 | 0S27 | 13N22 | 1S02 | 4S50 | 0S52 | 21S59 |
| 3 | 0 06 | 19 50 | 0 27 | 13 25 | 1 02 | 4 49 | 0 52 | 21 59 |
| 5 | 0 07 | 19 50 | 0 27 | 13 27 | 1 02 | 4 48 | 0 52 | 21 59 |
| 7 | 0 07 | 19 50 | 0 27 | 13 29 | 1 02 | 4 46 | 0 52 | 22 00 |
| 9 | 0 07 | 19 50 | 0 27 | 13 31 | 1 02 | 4 45 | 0 53 | 22 00 |
| 11 | 0 07 | 19 50 | 0 27 | 13 33 | 1 03 | 4 44 | 0 53 | 22 00 |
| 13 | 0 07 | 19 50 | 0 27 | 13 36 | 1 03 | 4 43 | 0 53 | 22 01 |
| 15 | 0 08 | 19 51 | 0 27 | 13 38 | 1 03 | 4 43 | 0 53 | 22 01 |
| 17 | 0 08 | 19 51 | 0 27 | 13 40 | 1 03 | 4 42 | 0 54 | 22 02 |
| 19 | 0 08 | 19 52 | 0 27 | 13 42 | 1 03 | 4 41 | 0 54 | 22 02 |
| 21 | 0 08 | 19 52 | 0 27 | 13 44 | 1 03 | 4 40 | 0 54 | 22 03 |
| 23 | 0 08 | 19 53 | 0 27 | 13 46 | 1 03 | 4 39 | 0 54 | 22 03 |
| 25 | 0 08 | 19 53 | 0 27 | 13 48 | 1 03 | 4 39 | 0 55 | 22 04 |
| 27 | 0 09 | 19 54 | 0 27 | 13 50 | 1 03 | 4 38 | 0 55 | 22 04 |
| 29 | 0 09 | 19 55 | 0 27 | 13 52 | 1 03 | 4 37 | 0 55 | 22 05 |
| 31 | 0S09 | 19S56 | 0S27 | 13N54 | 1S03 | 4S37 | 0S55 | 22S05 |

**Mutual Aspects**

1 ☿☌♅. ☿∥♅.
2 ☉⋕♂. 3 ☿⋕♂.
4 ☉☌☿. ☉⊥♀. ☿⊥♀. ♀□♆.
5 ♂⊻♇. ☉∥☿.
6 ♂Q♅.
7 ☿⊻♀. ☿⚹♆. ♀±♃.
9 ☿△♇. ♂⊻♃. ☿⋕♄.
10 ☉⚹♆. ☿△♃.
11 ☿□♂. ☿⋕♃. ♂⋕♅. ♄ Stat.
12 ☉⊻♀. ☿△♄.
13 ☿Q♆. ☿⋕♇. ♀ Stat.
14 ♂⊥♇. ♃Stat.
15 ☉△♇. ☿⊻♅.
16 ☿⚼♇. ♂⊻♄.
17 ☉△♃. ☿⚼♃. ♂⊥♃.
18 ☿⊥♅. ♀±♃.
19 ☉⋕♄.
20 ☿⚼♄. ♀□♆.
21 ☿±♇.
22 ☉△♄. ☿☌♀. ☿±♃. ☿□♆.
23 ☉Q♆.
24 ☿∠♅. ♂⊥♄. ☉⋕♃.
25 ☿±♄. ☿⚻♇. ♀±♇. ♂⚹♅. ☿∥♀.
26 ☿⚻♃. 27 ♂∠♇.
29 ☉⊻♅. ♀⚼♄.
30 ☉⚼♇. ☿⚻♄. ♂∠♃.

LAST QUARTER–May 14,14h.03m. (24°♒14′)

NEW MOON–June21,06h.41m. ( 0°♋21′)



| D M | D W | Sidereal Time | ☉ Long. | ☉ Dec. | ☽ Long. | ☽ Lat. | ☽ Dec. | ☽ Node | 24h. ☽ Long. | 24h. ☽ Dec. |
|---|---|---|---|---|---|---|---|---|---|---|
| | | h m s | ° ′ ″ | ° ′ | ° ′ ″ | ° ′ | ° ′ | ° ′ | ° ′ ″ | ° ′ |
| 1 | M | 4 41 44 | 11 ♊ 27 03 | 22 N09 | 12 ♎ 53 13 | 5 N06 | 0 S23 | 0 ♋ 10 | 20 ♎ 10 46 | 3 S20 |
| 2 | T | 4 45 40 | 12 24 31 | 22 17 | 27 29 58 | 4 38 | 6 16 | 0 07 | 4 ♏ 50 05 | 9 06 |
| 3 | W | 4 49 37 | 13 21 58 | 22 24 | 12 ♏ 10 20 | 3 51 | 11 49 | 0 04 | 19 29 53 | 14 22 |
| 4 | Th | 4 53 34 | 14 19 24 | 22 31 | 26 47 55 | 2 49 | 16 42 | 0 ♋ 01 | 4 ♐ 03 35 | 18 46 |
| 5 | F | 4 57 30 | 15 16 49 | 22 37 | 11 ♐ 16 07 | 1 37 | 20 32 | 29 ♊ 57 | 18 24 49 | 21 57 |
| 6 | S | 5 01 27 | 16 14 13 | 22 44 | 25 29 04 | 0 N20 | 23 02 | 29 54 | 2 ♑ 28 22 | 23 44 |
| 7 | Su | 5 05 23 | 17 11 36 | 22 49 | 9 ♑ 22 21 | 0 S57 | 24 03 | 29 51 | 16 10 46 | 24 00 |
| 8 | M | 5 09 20 | 18 08 58 | 22 54 | 22 53 28 | 2 08 | 23 36 | 29 48 | 29 30 26 | 22 52 |
| 9 | T | 5 13 16 | 19 06 20 | 22 59 | 6 ♒ 01 48 | 3 10 | 21 50 | 29 45 | 12 ♒ 27 44 | 20 32 |
| 10 | W | 5 17 13 | 20 03 41 | 23 04 | 18 48 33 | 4 02 | 19 01 | 29 42 | 25 04 37 | 17 17 |
| 11 | Th | 5 21 09 | 21 01 01 | 23 08 | 1 ♓ 16 20 | 4 40 | 15 23 | 29 38 | 7 ♓ 24 12 | 13 20 |
| 12 | F | 5 25 06 | 21 58 21 | 23 12 | 13 28 44 | 5 05 | 11 11 | 29 35 | 19 30 29 | 8 56 |
| 13 | S | 5 29 03 | 22 55 41 | 23 15 | 25 30 00 | 5 16 | 6 37 | 29 32 | 1 ♈ 27 52 | 4 S15 |
| 14 | Su | 5 32 59 | 23 53 00 | 23 18 | 7 ♈ 24 38 | 5 13 | 1 S52 | 29 29 | 13 20 54 | 0 N33 |
| 15 | M | 5 36 56 | 24 50 19 | 23 20 | 19 17 11 | 4 57 | 2 N57 | 29 26 | 25 14 02 | 5 21 |
| 16 | T | 5 40 52 | 25 47 37 | 23 22 | 1 ♉ 11 57 | 4 29 | 7 41 | 29 22 | 7 ♉ 11 24 | 9 58 |
| 17 | W | 5 44 49 | 26 44 55 | 23 24 | 13 12 50 | 3 48 | 12 11 | 29 19 | 19 16 38 | 14 17 |
| 18 | Th | 5 48 45 | 27 42 13 | 23 25 | 25 23 10 | 2 56 | 16 15 | 29 16 | 1 ♊ 32 44 | 18 04 |
| 19 | F | 5 52 42 | 28 39 30 | 23 26 | 7 ♊ 45 36 | 1 56 | 19 42 | 29 13 | 14 01 58 | 21 07 |
| 20 | S | 5 56 38 | 29 ♊ 36 47 | 23 26 | 20 21 59 | 0 S48 | 22 17 | 29 10 | 26 45 46 | 23 11 |
| 21 | Su | 6 00 35 | 0 ♋ 34 04 | 23 26 | 3 ♋ 13 22 | 0 N23 | 23 47 | 29 07 | 9 ♋ 44 46 | 24 03 |
| 22 | M | 6 04 32 | 1 31 20 | 23 26 | 16 19 58 | 1 34 | 24 00 | 29 03 | 22 58 51 | 23 35 |
| 23 | T | 6 08 28 | 2 28 36 | 23 25 | 29 41 19 | 2 41 | 22 51 | 29 00 | 6 ♌ 27 12 | 21 46 |
| 24 | W | 6 12 25 | 3 25 51 | 23 24 | 13 ♌ 16 20 | 3 41 | 20 22 | 28 57 | 20 08 30 | 18 40 |
| 25 | Th | 6 16 21 | 4 23 05 | 23 22 | 27 03 31 | 4 29 | 16 42 | 28 54 | 4 ♍ 01 06 | 14 29 |
| 26 | F | 6 20 18 | 5 20 19 | 23 20 | 11 ♍ 01 02 | 5 01 | 12 04 | 28 51 | 18 03 03 | 9 29 |
| 27 | S | 6 24 14 | 6 17 33 | 23 17 | 25 06 54 | 5 16 | 6 46 | 28 47 | 2 ♎ 12 16 | 3 N57 |
| 28 | Su | 6 28 11 | 7 14 46 | 23 14 | 9 ♎ 18 54 | 5 12 | 1 N05 | 28 44 | 16 26 27 | 1 S49 |
| 29 | M | 6 32 07 | 8 11 58 | 23 11 | 23 34 38 | 4 48 | 4 S41 | 28 41 | 0 ♏ 43 06 | 7 30 |
| 30 | T | 6 36 04 | 9 ♋ 09 10 | 23 N07 | 7 ♏ 51 28 | 4 N07 | 10 S14 | 28 ♊ 38 | 14 ♏ 59 23 | 12 S49 |

| D M | Mercury Lat. | Mercury Dec. | Mercury Dec. | Venus Lat. | Venus Dec. | Venus Dec. | Mars Lat. | Mars Dec. | Mars Dec. | Jupiter Lat. | Jupiter Dec. |
|---|---|---|---|---|---|---|---|---|---|---|---|
| | ° ′ | ° ′ | ° ′ | ° ′ | ° ′ | ° ′ | ° ′ | ° ′ | ° ′ | ° ′ | ° ′ |
| 1 | 1 N55 | 25 N16 | 25 N 07 | 1 N 01 | 23 N36 | 23 N18 | 2 S 23 | 8 S52 | 8 S 38 | 0 S 13 | 21 S01 |
| 3 | 1 42 | 24 57 | 24 46 | 0 33 | 22 59 | 22 40 | 2 26 | 8 24 | 8 11 | 0 13 | 21 03 |
| 5 | 1 25 | 24 34 | 24 21 | 0 N 04 | 22 22 | 22 03 | 2 29 | 7 57 | 7 43 | 0 13 | 21 04 |
| 7 | 1 06 | 24 07 | 23 52 | 0 S 24 | 21 44 | 21 25 | 2 32 | 7 29 | 7 15 | 0 14 | 21 06 |
| 9 | 0 43 | 23 37 | 23 22 | 0 52 | 21 07 | 20 48 | 2 35 | 7 01 | 6 47 | 0 14 | 21 08 |
| 11 | 0 N18 | 23 05 | 22 49 | 1 18 | 20 31 | 20 13 | 2 39 | 6 33 | 6 19 | 0 14 | 21 10 |
| 13 | 0 S10 | 22 32 | 22 16 | 1 43 | 19 57 | 19 41 | 2 42 | 6 05 | 5 52 | 0 15 | 21 13 |
| 15 | 0 40 | 21 59 | 21 42 | 2 07 | 19 25 | 19 11 | 2 45 | 5 38 | 5 24 | 0 15 | 21 15 |
| 17 | 1 12 | 21 26 | 21 09 | 2 29 | 18 57 | 18 44 | 2 48 | 5 10 | 4 57 | 0 15 | 21 17 |
| 19 | 1 45 | 20 53 | 20 38 | 2 49 | 18 32 | 18 21 | 2 51 | 4 43 | 4 29 | 0 16 | 21 20 |
| 21 | 2 18 | 20 22 | 20 08 | 3 07 | 18 10 | 18 01 | 2 54 | 4 16 | 4 02 | 0 16 | 21 23 |
| 23 | 2 50 | 19 54 | 19 41 | 3 23 | 17 53 | 17 45 | 2 57 | 3 49 | 3 36 | 0 16 | 21 25 |
| 25 | 3 21 | 19 29 | 19 17 | 3 37 | 17 38 | 17 32 | 3 00 | 3 22 | 3 09 | 0 17 | 21 28 |
| 27 | 3 48 | 19 07 | 18 57 | 3 49 | 17 27 | 17 23 | 3 03 | 2 56 | 2 43 | 0 17 | 21 31 |
| 29 | 4 12 | 18 49 | 18 N 42 | 3 59 | 17 19 | 17 N17 | 3 06 | 2 30 | 2 S 17 | 0 17 | 21 33 |
| 31 | 4 S30 | 18 N36 | | 4 S 08 | 17 N15 | | 3 S 09 | 2 S04 | | 0 S 18 | 21 S36 |

FIRST QUARTER–June28,08h.16m. ( 7°♎06′)

FULL MOON–June 5,19h.12m. (15°♐34′)

| EPHEMERIS ] | | | | | | | | | JUNE 2020 | | | | | | | | | 13 |
|---|---|---|---|---|---|---|---|---|---|---|---|---|---|---|---|---|---|---|
| D | ☿ | ♀ | ♂ | ♃ | ♄ | ♅ | ♆ | ♇ | Lunar Aspects | | | | | | | | | |
| M | Long. | Long. | Long. | Long. | Long. | Long. | Long. | Long. | ☉ | ☿ | ♀ | ♂ | ♃ | ♄ | ♅ | ♆ | ♇ |
| | ° ′ | ° ′ | ° ′ | ° ′ | ° ′ | ° ′ | ° ′ | ° ′ | | | | | | | | | |
| 1 | 4♋42 | 15♊00 | 13♓02 | 26♑44 | 1♒36 | 8♉35 | 20♓50 | 24♑41 | △ | | △ | | | | | | |
| 2 | 5 49 | 14R 22 | 13 42 | 26R 41 | 1R 34 | 8 38 | 20 51 | 24R 40 | ⚼ | | ⚼ | ⚼ | □ | □ | | | □ |
| 3 | 6 53 | 13 45 | 14 21 | 26 37 | 1 31 | 8 41 | 20 51 | 24 39 | | △ | | △ | | | ☍ | ⚼ | |
| 4 | 7 53 | 13 07 | 15 01 | 26 34 | 1 29 | 8 44 | 20 52 | 24 38 | | ⚼ | | | ✱ | ✱ | | △ | ✱ |
| 5 | 8 49 | 12 29 | 15 40 | 26 30 | 1 27 | 8 47 | 20 53 | 24 37 | ☍ | | ☍ | □ | ∠ | ∠ | | | ∠ |
| 6 | 9 41 | 11 52 | 16 20 | 26 25 | 1 25 | 8 50 | 20 53 | 24 36 | | | | | ⚺ | ⚺ | ⚼ | □ | ⚺ |
| 7 | 10 30 | 11 16 | 16 59 | 26 21 | 1 22 | 8 53 | 20 54 | 24 35 | | ☍ | | | | | △ | | |
| 8 | 11 15 | 10 40 | 17 38 | 26 17 | 1 20 | 8 56 | 20 54 | 24 34 | | | ⚼ | ✱ | ☌ | | | ✱ | ☌ |
| 9 | 11 55 | 10 06 | 18 17 | 26 12 | 1 17 | 8 59 | 20 55 | 24 33 | ⚼ | | △ | ∠ | | ☌ | □ | ∠ | |
| 10 | 12 32 | 9 33 | 18 56 | 26 08 | 1 14 | 9 01 | 20 55 | 24 32 | △ | | | ⚺ | | | | ⚺ | ⚺ |
| 11 | 13 04 | 9 01 | 19 35 | 26 03 | 1 11 | 9 04 | 20 55 | 24 31 | | ⚼ | | | ⚺ | ⚺ | | | |
| 12 | 13 32 | 8 31 | 20 14 | 25 58 | 1 09 | 9 07 | 20 56 | 24 29 | | △ | □ | | ∠ | ∠ | ✱ | | ∠ |
| 13 | 13 55 | 8 03 | 20 53 | 25 52 | 1 06 | 9 10 | 20 56 | 24 28 | □ | | | ☌ | ✱ | ✱ | ∠ | ☌ | ✱ |
| 14 | 14 15 | 7 37 | 21 31 | 25 47 | 1 03 | 9 12 | 20 56 | 24 27 | | | ✱ | | | | ⚺ | | |
| 15 | 14 29 | 7 13 | 22 09 | 25 42 | 1 00 | 9 15 | 20 57 | 24 26 | | □ | ∠ | ⚺ | | | | ⚺ | □ |
| 16 | 14 39 | 6 51 | 22 48 | 25 36 | 0 56 | 9 18 | 20 57 | 24 25 | ✱ | | ⚺ | | □ | □ | | ∠ | |
| 17 | 14 45 | 6 32 | 23 26 | 25 30 | 0 53 | 9 20 | 20 57 | 24 23 | ∠ | ✱ | | ∠ | | | ☌ | | |
| 18 | 14R 46 | 6 14 | 24 04 | 25 24 | 0 50 | 9 23 | 20 57 | 24 22 | ⚺ | ∠ | | ✱ | △ | △ | | ✱ | △ |
| 19 | 14 42 | 6 00 | 24 42 | 25 18 | 0 47 | 9 25 | 20 57 | 24 21 | | | ☌ | | ⚼ | | ⚺ | | ⚼ |
| 20 | 14 34 | 5 47 | 25 20 | 25 12 | 0 43 | 9 28 | 20 57 | 24 20 | | ⚺ | | □ | | ⚼ | ∠ | □ | |
| 21 | 14 22 | 5 37 | 25 57 | 25 06 | 0 40 | 9 30 | 20 58 | 24 18 | ☌ | | ⚺ | | | | ✱ | | |
| 22 | 14 06 | 5 29 | 26 35 | 24 59 | 0 36 | 9 33 | 20 58 | 24 17 | | ☌ | ∠ | | | | | △ | |
| 23 | 13 45 | 5 24 | 27 12 | 24 53 | 0 33 | 9 35 | 20R 58 | 24 16 | ⚺ | | ✱ | △ | ☍ | ☍ | | ⚼ | ☍ |
| 24 | 13 22 | 5 21 | 27 49 | 24 46 | 0 29 | 9 37 | 20 58 | 24 14 | ∠ | ⚺ | | ⚼ | | | □ | | |
| 25 | 12 54 | 5D 20 | 28 26 | 24 40 | 0 25 | 9 40 | 20 58 | 24 13 | | ∠ | | | | | | | |
| 26 | 12 25 | 5 22 | 29 03 | 24 33 | 0 21 | 9 42 | 20 57 | 24 12 | ✱ | ✱ | □ | | ⚼ | ⚼ | △ | | ⚼ |
| 27 | 11 52 | 5 26 | 29♓39 | 24 26 | 0 18 | 9 44 | 20 57 | 24 10 | | | | ☍ | △ | △ | ⚼ | ☍ | △ |
| 28 | 11 18 | 5 32 | 0♈16 | 24 19 | 0 14 | 9 46 | 20 57 | 24 09 | □ | □ | △ | | | | | | |
| 29 | 10 43 | 5 40 | 0 52 | 24 12 | 0 10 | 9 49 | 20 57 | 24 08 | | | ⚼ | | □ | □ | | | □ |
| 30 | 10♋07 | 5♊51 | 1♈28 | 24♑05 | 0♒06 | 9♉51 | 20♓57 | 24♑06 | △ | △ | | | | | ☍ | ⚼ | |

| D | Saturn | | Uranus | | Neptune | | Pluto | | Mutual Aspects |
|---|---|---|---|---|---|---|---|---|---|
| M | Lat. | Dec. | Lat. | Dec. | Lat. | Dec. | Lat. | Dec. | |
| | ° ′ | ° ′ | ° ′ | ° ′ | ° ′ | ° ′ | ° ′ | ° ′ | |
| 1 | 0S09 | 19S57 | 0S27 | 13N55 | 1S03 | 4S37 | 0S55 | 22S05 | 1 ☉⚼♃. ☉♯♇. |
| 3 | 0 09 | 19 58 | 0 27 | 13 57 | 1 03 | 4 36 | 0 56 | 22 06 | 2 ♀⊥♅. |
| 5 | 0 10 | 19 59 | 0 27 | 13 59 | 1 04 | 4 36 | 0 56 | 22 07 | 3 ☉☌♀. ♀□♂. |
| 7 | 0 10 | 20 00 | 0 27 | 14 01 | 1 04 | 4 35 | 0 56 | 22 07 | 4 ☉⊥♅. ☉∥♀. |
| 9 | 0 10 | 20 01 | 0 27 | 14 03 | 1 04 | 4 35 | 0 56 | 22 08 | 5 ☿✱♅. |
| 11 | 0 10 | 20 03 | 0 27 | 14 05 | 1 04 | 4 35 | 0 56 | 22 08 | 6 ☉□♂. ☉⚼♄. ♂∠♄. ♀♯♇. |
| 13 | 0 10 | 20 04 | 0 27 | 14 06 | 1 04 | 4 34 | 0 57 | 22 09 | 7 ♀⚼♃. |
| 15 | 0 11 | 20 06 | 0 27 | 14 08 | 1 04 | 4 34 | 0 57 | 22 10 | 8 ☉±♇. ☿⚺♀. |
| 17 | 0 11 | 20 07 | 0 27 | 14 10 | 1 04 | 4 34 | 0 57 | 22 10 | 9 ♀♯♃. |
| 19 | 0 11 | 20 09 | 0 27 | 14 11 | 1 04 | 4 34 | 0 57 | 22 11 | 10 ☉±♃. ♀⚼♇. |
| 21 | 0 11 | 20 10 | 0 27 | 14 13 | 1 04 | 4 34 | 0 58 | 22 12 | 11 ☉□♆. ♀⚺♅. ☉∥☿. |
| 23 | 0 11 | 20 12 | 0 27 | 14 15 | 1 04 | 4 34 | 0 58 | 22 12 | 13 ☿⊥♀. ♂☌♆. ♀♯♄. |
| 25 | 0 11 | 20 14 | 0 27 | 14 16 | 1 04 | 4 34 | 0 58 | 22 13 | 14 ☉∠♅. ☿♯♇. |
| 27 | 0 12 | 20 16 | 0 27 | 14 17 | 1 05 | 4 34 | 0 58 | 22 14 | 15 ☉±♄. ☉▽♇. |
| 29 | 0 12 | 20 18 | 0 27 | 14 19 | 1 05 | 4 35 | 0 58 | 22 14 | 16 ☉▽♃. 17 ☿♯♃. |
| 31 | 0S12 | 20S19 | 0S27 | 14N20 | 1S05 | 4S35 | 0S59 | 22S15 | 18 ♀Q♂. ♂✱♇. ☿Stat. |
| | | | | | | | | | 19 ♂∠♅. |
| | | | | | | | | | 20 ♂✱♃. ♂∥♆. |
| | | | | | | | | | 21 ☉▽♄. 22 ☿♯♄. |
| | | | | | | | | | 23 ♆Stat. |
| | | | | | | | | | 25 ♀Stat. |
| | | | | | | | | | 26 ☉⚺♀. |
| | | | | | | | | | 28 ☿⊥♀. ♂✱♄. |
| | | | | | | | | | 30 ☿✱♅. ♃☌♇. |

LAST QUARTER–June13,06h.24m. (22°♓42′)

NEW MOON – July20,17h.33m. (28°♋27′)



| D M | D W | Sidereal Time | ☉ Long. | ☉ Dec. | ☽ Long. | ☽ Lat. | ☽ Dec. | ☽ Node | 24h. ☽ Long. | 24h. ☽ Dec. |
|---|---|---|---|---|---|---|---|---|---|---|
| | | h m s | ° ′ ″ | ° ′ | ° ′ ″ | ° ′ | ° ′ | ° ′ | ° ′ ″ | ° ′ |
| 1 | W | 6 40 01 | 10♋06 22 | 23 N03 | 22♏06 27 | 3 N11 | 15 S13 | 28♊35 | 29♏12 14 | 17 S24 |
| 2 | Th | 6 43 57 | 11 03 33 | 22 59 | 6♐16 20 | 2 03 | 19 20 | 28 32 | 13♐18 19 | 20 58 |
| 3 | F | 6 47 54 | 12 00 44 | 22 54 | 20 17 47 | 0 N49 | 22 16 | 28 28 | 27 14 18 | 23 14 |
| 4 | S | 6 51 50 | 12 57 55 | 22 48 | 4♑07 31 | 0 S28 | 23 50 | 28 25 | 10♑57 06 | 24 04 |
| 5 | Su | 6 55 47 | 13 55 06 | 22 43 | 17 42 44 | 1 41 | 23 56 | 28 22 | 24 24 12 | 23 27 |
| 6 | M | 6 59 43 | 14 52 17 | 22 36 | 1♒01 19 | 2 47 | 22 39 | 28 19 | 7♒33 59 | 21 32 |
| 7 | T | 7 03 40 | 15 49 28 | 22 30 | 14 02 10 | 3 43 | 20 10 | 28 16 | 20 25 55 | 18 34 |
| 8 | W | 7 07 36 | 16 46 39 | 22 23 | 26 45 21 | 4 26 | 16 46 | 28 13 | 3♓00 40 | 14 48 |
| 9 | Th | 7 11 33 | 17 43 50 | 22 16 | 9♓12 07 | 4 56 | 12 41 | 28 09 | 15 20 02 | 10 29 |
| 10 | F | 7 15 30 | 18 41 02 | 22 08 | 21 24 49 | 5 12 | 8 11 | 28 06 | 27 26 52 | 5 49 |
| 11 | S | 7 19 26 | 19 38 14 | 22 00 | 3♈26 42 | 5 14 | 3 S26 | 28 03 | 9♈24 50 | 1 S01 |
| 12 | Su | 7 23 23 | 20 35 27 | 21 52 | 15 21 48 | 5 02 | 1 N24 | 28 00 | 21 18 11 | 3 N48 |
| 13 | M | 7 27 19 | 21 32 40 | 21 43 | 27 14 34 | 4 37 | 6 11 | 27 57 | 3♉11 32 | 8 30 |
| 14 | T | 7 31 16 | 22 29 54 | 21 34 | 9♉09 42 | 4 00 | 10 45 | 27 53 | 15 09 39 | 12 54 |
| 15 | W | 7 35 12 | 23 27 08 | 21 24 | 21 11 56 | 3 13 | 14 57 | 27 50 | 27 17 06 | 16 52 |
| 16 | Th | 7 39 09 | 24 24 23 | 21 14 | 3♊25 40 | 2 16 | 18 37 | 27 47 | 9♊38 04 | 20 10 |
| 17 | F | 7 43 05 | 25 21 39 | 21 04 | 15 54 45 | 1 11 | 21 31 | 27 44 | 22 16 00 | 22 36 |
| 18 | S | 7 47 02 | 26 18 55 | 20 53 | 28 42 08 | 0 S02 | 23 24 | 27 41 | 5♋13 17 | 23 54 |
| 19 | Su | 7 50 59 | 27 16 12 | 20 42 | 11♋49 33 | 1 N10 | 24 04 | 27 38 | 18 30 54 | 23 53 |
| 20 | M | 7 54 55 | 28 13 29 | 20 31 | 25 17 14 | 2 19 | 23 21 | 27 34 | 2♌08 17 | 22 28 |
| 21 | T | 7 58 52 | 29♋10 47 | 20 19 | 9♌03 45 | 3 22 | 21 14 | 27 31 | 16 03 12 | 19 40 |
| 22 | W | 8 02 48 | 0♌08 05 | 20 07 | 23 06 08 | 4 13 | 17 48 | 27 28 | 0♍11 57 | 15 40 |
| 23 | Th | 8 06 45 | 1 05 24 | 19 55 | 7♍20 05 | 4 50 | 13 18 | 27 25 | 14 29 53 | 10 44 |
| 24 | F | 8 10 41 | 2 02 43 | 19 42 | 21 40 42 | 5 09 | 8 02 | 27 22 | 28 51 57 | 5 N13 |
| 25 | S | 8 14 38 | 3 00 02 | 19 29 | 6♎03 03 | 5 09 | 2 N19 | 27 19 | 13♎13 30 | 0 S35 |
| 26 | Su | 8 18 34 | 3 57 22 | 19 16 | 20 22 51 | 4 49 | 3 S30 | 27 15 | 27 30 43 | 6 20 |
| 27 | M | 8 22 31 | 4 54 42 | 19 02 | 4♏36 48 | 4 12 | 9 06 | 27 12 | 11♏40 50 | 11 43 |
| 28 | T | 8 26 28 | 5 52 03 | 18 48 | 18 42 39 | 3 20 | 14 11 | 27 09 | 25 42 07 | 16 26 |
| 29 | W | 8 30 24 | 6 49 24 | 18 34 | 2♐39 07 | 2 16 | 18 27 | 27 06 | 9♐33 34 | 20 12 |
| 30 | Th | 8 34 21 | 7 46 45 | 18 19 | 16 25 25 | 1 N06 | 21 39 | 27 03 | 23 14 36 | 22 47 |
| 31 | F | 8 38 17 | 8♌44 08 | 18 N04 | 0♑01 02 | 0 S08 | 23 S34 | 26♊59 | 6♑44 40 | 24 S00 |

| D M | Mercury Lat. | Mercury Dec. | Mercury Dec. | Venus Lat. | Venus Dec. | Venus Dec. | Mars Lat. | Mars Dec. | Mars Dec. | Jupiter Lat. | Jupiter Dec. |
|---|---|---|---|---|---|---|---|---|---|---|---|
| | ° ′ | ° ′ | ° ′ | ° ′ | ° ′ | ° ′ | ° ′ | ° ′ | ° ′ | ° ′ | ° ′ |
| 1 | 4 S30 | 18 N36 | 18 N32 | 4 S08 | 17 N15 | 17 N13 | 3 S09 | 2 S04 | 1 S51 | 0 S18 | 21 S36 |
| 3 | 4 42 | 18 29 | 18 27 | 4 15 | 17 13 | 17 13 | 3 12 | 1 38 | 1 26 | 0 18 | 21 39 |
| 5 | 4 48 | 18 26 | 18 27 | 4 21 | 17 13 | 17 14 | 3 15 | 1 13 | 1 01 | 0 18 | 21 42 |
| 7 | 4 48 | 18 29 | 18 33 | 4 25 | 17 16 | 17 18 | 3 18 | 0 49 | 0 36 | 0 19 | 21 45 |
| 9 | 4 42 | 18 37 | 18 43 | 4 28 | 17 21 | 17 24 | 3 20 | 0 S24 | 0 S12 | 0 19 | 21 48 |
| 11 | 4 30 | 18 50 | 18 57 | 4 30 | 17 28 | 17 32 | 3 23 | 0 00 | 0 N12 | 0 19 | 21 51 |
| 13 | 4 14 | 19 06 | 19 15 | 4 31 | 17 36 | 17 40 | 3 26 | 0 N23 | 0 35 | 0 20 | 21 53 |
| 15 | 3 53 | 19 25 | 19 36 | 4 31 | 17 45 | 17 50 | 3 29 | 0 46 | 0 58 | 0 20 | 21 56 |
| 17 | 3 29 | 19 47 | 19 58 | 4 30 | 17 55 | 18 01 | 3 32 | 1 09 | 1 20 | 0 20 | 21 59 |
| 19 | 3 03 | 20 09 | 20 21 | 4 28 | 18 06 | 18 12 | 3 34 | 1 31 | 1 42 | 0 20 | 22 02 |
| 21 | 2 36 | 20 32 | 20 42 | 4 26 | 18 18 | 18 23 | 3 37 | 1 52 | 2 03 | 0 21 | 22 04 |
| 23 | 2 07 | 20 52 | 21 01 | 4 22 | 18 29 | 18 35 | 3 40 | 2 13 | 2 24 | 0 21 | 22 07 |
| 25 | 1 37 | 21 10 | 21 17 | 4 18 | 18 41 | 18 47 | 3 42 | 2 34 | 2 44 | 0 21 | 22 09 |
| 27 | 1 08 | 21 22 | 21 27 | 4 14 | 18 52 | 18 58 | 3 45 | 2 53 | 3 03 | 0 21 | 22 12 |
| 29 | 0 40 | 21 29 | 21 N30 | 4 09 | 19 04 | 19 N09 | 3 48 | 3 12 | 3 N22 | 0 22 | 22 14 |
| 31 | 0 S13 | 21 N28 | | 4 S03 | 19 N14 | | 3 S50 | 3 N31 | | 0 S22 | 22 S17 |

FIRST QUARTER – July27,12h.33m. ( 4°♏56′)

FULL MOON–July 5,04h.44m. (13°♑38′)



| D M | ☿ Long. | ♀ Long. | ♂ Long. | ♃ Long. | ♄ Long. | ♅ Long. | ♆ Long. | ♇ Long. | ⊙ | ☿ | ♀ | ♂ | ♃ | ♄ | ♅ | ♆ | ♇ |
|---|---|---|---|---|---|---|---|---|---|---|---|---|---|---|---|---|---|
| | ° ′ | ° ′ | ° ′ | ° ′ | ° ′ | ° ′ | ° ′ | ° ′ | | | | | | | | | |
| 1 | 9♋31 | 6♊03 | 2♈04 | 23♑57 | 0♒02 | 9♉53 | 20♓56 | 24♑05 | ⚼ | ⚼ | | ⚼ | ✱ | | | △ | ✱ |
| 2 | 8R 55 | 6 17 | 2 39 | 23R 50 | 29♑58 | 9 55 | 20R 56 | 24R 03 | | | ☍ | △ | ∠ | ✱ | | | ∠ |
| 3 | 8 21 | 6 34 | 3 15 | 23 43 | 29R 54 | 9 57 | 20 56 | 24 02 | | | | | ⚺ | ∠ | ⚼ | □ | ⚺ |
| 4 | 7 48 | 6 52 | 3 50 | 23 35 | 29 50 | 9 59 | 20 56 | 24 01 | | ☍ | | □ | | ⚺ | △ | | |
| 5 | 7 18 | 7 12 | 4 25 | 23 28 | 29 46 | 10 01 | 20 55 | 23 59 | ☍ | | ⚼ | | ☌ | | | ✱ | ☌ |
| 6 | 6 50 | 7 34 | 5 00 | 23 20 | 29 41 | 10 03 | 20 55 | 23 58 | | | | ✱ | | ☌ | | ∠ | |
| 7 | 6 26 | 7 58 | 5 34 | 23 13 | 29 37 | 10 05 | 20 54 | 23 56 | | | △ | | | | □ | | |
| 8 | 6 06 | 8 23 | 6 09 | 23 05 | 29 33 | 10 06 | 20 54 | 23 55 | ⚼ | ⚼ | | ∠ | ⚺ | ⚺ | | ⚺ | ⚺ |
| 9 | 5 50 | 8 50 | 6 43 | 22 58 | 29 29 | 10 08 | 20 53 | 23 53 | | △ | □ | ⚺ | ∠ | ∠ | ✱ | | ∠ |
| 10 | 5 38 | 9 18 | 7 17 | 22 50 | 29 24 | 10 10 | 20 53 | 23 52 | △ | | | | ✱ | | ∠ | ☌ | ✱ |
| 11 | 5 31 | 9 48 | 7 51 | 22 42 | 29 20 | 10 12 | 20 52 | 23 51 | | □ | | ☌ | | ✱ | | | |
| 12 | 5D 30 | 10 19 | 8 24 | 22 34 | 29 16 | 10 13 | 20 52 | 23 49 | □ | | ✱ | | | | ⚺ | ⚺ | |
| 13 | 5 33 | 10 52 | 8 57 | 22 27 | 29 11 | 10 15 | 20 51 | 23 48 | | | ∠ | | □ | □ | | | □ |
| 14 | 5 42 | 11 26 | 9 30 | 22 19 | 29 07 | 10 16 | 20 50 | 23 46 | | ✱ | ⚺ | ⚺ | | | ☌ | ∠ | |
| 15 | 5 56 | 12 01 | 10 03 | 22 11 | 29 03 | 10 18 | 20 50 | 23 45 | ✱ | ∠ | | ∠ | △ | | | ✱ | △ |
| 16 | 6 15 | 12 38 | 10 35 | 22 04 | 28 58 | 10 19 | 20 49 | 23 43 | | ⚺ | | | ⚼ | △ | | | ⚼ |
| 17 | 6 41 | 13 15 | 11 07 | 21 56 | 28 54 | 10 21 | 20 48 | 23 42 | ∠ | | ☌ | ✱ | | ⚼ | ⚺ | □ | |
| 18 | 7 11 | 13 54 | 11 39 | 21 48 | 28 49 | 10 22 | 20 47 | 23 40 | ⚺ | | | | | | ∠ | | |
| 19 | 7 47 | 14 34 | 12 10 | 21 40 | 28 45 | 10 24 | 20 47 | 23 39 | | ☌ | ⚺ | □ | | | ✱ | | |
| 20 | 8 29 | 15 15 | 12 41 | 21 33 | 28 40 | 10 25 | 20 46 | 23 38 | ☌ | | ∠ | | ☍ | ☍ | | △ | ☍ |
| 21 | 9 16 | 15 57 | 13 12 | 21 25 | 28 36 | 10 26 | 20 45 | 23 36 | | ⚺ | | △ | | | □ | ⚼ | |
| 22 | 10 08 | 16 40 | 13 42 | 21 18 | 28 32 | 10 27 | 20 44 | 23 35 | | ∠ | ✱ | ⚼ | | | | | |
| 23 | 11 06 | 17 24 | 14 12 | 21 10 | 28 27 | 10 28 | 20 43 | 23 33 | ⚺ | ✱ | | | ⚼ | ⚼ | △ | | ⚼ |
| 24 | 12 09 | 18 08 | 14 42 | 21 03 | 28 23 | 10 30 | 20 42 | 23 32 | ∠ | | □ | | △ | △ | ⚼ | ☍ | △ |
| 25 | 13 17 | 18 54 | 15 11 | 20 55 | 28 18 | 10 31 | 20 41 | 23 30 | ✱ | | | | | | | | |
| 26 | 14 30 | 19 40 | 15 40 | 20 48 | 28 14 | 10 32 | 20 40 | 23 29 | | □ | △ | ☍ | □ | | | | □ |
| 27 | 15 47 | 20 28 | 16 09 | 20 40 | 28 09 | 10 33 | 20 39 | 23 27 | □ | | ⚼ | | | □ | ☍ | ⚼ | |
| 28 | 17 10 | 21 16 | 16 37 | 20 33 | 28 05 | 10 33 | 20 38 | 23 26 | | △ | | | ✱ | | | △ | ✱ |
| 29 | 18 37 | 22 04 | 17 05 | 20 26 | 28 01 | 10 34 | 20 37 | 23 25 | △ | ⚼ | | ⚼ | ∠ | ✱ | | | ∠ |
| 30 | 20 09 | 22 54 | 17 33 | 20 19 | 27 56 | 10 35 | 20 36 | 23 23 | | | | △ | ⚺ | ∠ | | □ | |
| 31 | 21♋45 | 23♊44 | 18♈00 | 20♑12 | 27♑52 | 10♉36 | 20♓35 | 23♑22 | ⚼ | | ☍ | | | ⚺ | ⚼ | | ⚺ |

| D | Saturn | | Uranus | | Neptune | | Pluto | |
|---|---|---|---|---|---|---|---|---|
| M | Lat. | Dec. | Lat. | Dec. | Lat. | Dec. | Lat. | Dec. |
| | ° ′ | ° ′ | ° ′ | ° ′ | ° ′ | ° ′ | ° ′ | ° ′ |
| 1 | 0S12 | 20S19 | 0S27 | 14N20 | 1S05 | 4S35 | 0S59 | 22S15 |
| 3 | 0 12 | 20 21 | 0 27 | 14 21 | 1 05 | 4 35 | 0 59 | 22 16 |
| 5 | 0 12 | 20 23 | 0 27 | 14 23 | 1 05 | 4 35 | 0 59 | 22 16 |
| 7 | 0 13 | 20 25 | 0 27 | 14 24 | 1 05 | 4 36 | 0 59 | 22 17 |
| 9 | 0 13 | 20 27 | 0 27 | 14 25 | 1 05 | 4 36 | 0 59 | 22 18 |
| 11 | 0 13 | 20 29 | 0 27 | 14 26 | 1 05 | 4 37 | 1 00 | 22 18 |
| 13 | 0 13 | 20 31 | 0 27 | 14 27 | 1 05 | 4 37 | 1 00 | 22 19 |
| 15 | 0 13 | 20 33 | 0 27 | 14 28 | 1 05 | 4 38 | 1 00 | 22 20 |
| 17 | 0 14 | 20 35 | 0 27 | 14 29 | 1 05 | 4 38 | 1 00 | 22 21 |
| 19 | 0 14 | 20 37 | 0 27 | 14 30 | 1 05 | 4 39 | 1 00 | 22 21 |
| 21 | 0 14 | 20 39 | 0 27 | 14 31 | 1 06 | 4 40 | 1 01 | 22 22 |
| 23 | 0 14 | 20 41 | 0 27 | 14 31 | 1 06 | 4 41 | 1 01 | 22 23 |
| 25 | 0 14 | 20 43 | 0 27 | 14 32 | 1 06 | 4 41 | 1 01 | 22 23 |
| 27 | 0 14 | 20 45 | 0 27 | 14 33 | 1 06 | 4 42 | 1 01 | 22 24 |
| 29 | 0 15 | 20 47 | 0 27 | 14 33 | 1 06 | 4 43 | 1 01 | 22 25 |
| 31 | 0S15 | 20S49 | 0S27 | 14N34 | 1S06 | 4S44 | 1S01 | 22S25 |

**Mutual Aspects**

1 ⊙☌☿. ⊙✱♅.
4 ⊙⊥♀. ♂⊥♅.
5 ☿⚺♀. 6 ♂Q♃.
7 ♀⚼♃.
8 ☿□♂. ♂Q♇.
9 ♀⚼♇. ⊙♯♇.
12 ⊙△♆. ♀⚺♅. ⊙♯♃. ☿Stat.
14 ⊙☍♃. ⊙Q♅.
15 ⊙☍♇. ♂⚺♅.
17 ♂Q♄. 18 ♀⚼♄.
19 ⊙♯♄.
20 ⊙☍♄. ♀±♃. ⊙∥☿.
22 ☿✱♅. ♀⊥♅. ☿♯♄.
23 ♀±♇.
27 ☿□♂. ♀∇♃. ♀□♆. ♃✱♆. ⊙∥♀.
28 ⊙⚼♆. 29 ♀±♄.
30 ☿☍♃. ☿△♆.
31 ⊙∠♀. ♀∇♇.

LAST QUARTER–July12,23h.29m. (21°♈03′)

NEW MOON – Aug.19,02h.42m. (26° ♌ 35′)



| D M | D W | Sidereal Time | ☉ Long. | ☉ Dec. | ☽ Long. | ☽ Lat. | ☽ Dec. | ☽ Node | 24h. ☽ Long. | 24h. ☽ Dec. |
|---|---|---|---|---|---|---|---|---|---|---|
| | | h m s | ° ′ ″ | ° ′ | ° ′ ″ | ° ′ | ° ′ | ° ′ | ° ′ ″ | ° ′ |
| 1 | S | 8 42 14 | 9 ♌ 41 31 | 17 N49 | 13 ♑ 25 25 | 1 S 19 | 24 S 05 | 26 ♊ 56 | 20 ♑ 03 12 | 23 S 49 |
| 2 | Su | 8 46 10 | 10 38 54 | 17 34 | 26 37 55 | 2 26 | 23 13 | 26 53 | 3 ♒ 09 28 | 22 18 |
| 3 | M | 8 50 07 | 11 36 19 | 17 18 | 9 ♒ 37 48 | 3 23 | 21 06 | 26 50 | 16 02 49 | 19 39 |
| 4 | T | 8 54 03 | 12 33 44 | 17 02 | 22 24 31 | 4 09 | 17 58 | 26 47 | 28 42 52 | 16 06 |
| 5 | W | 8 58 00 | 13 31 10 | 16 46 | 4 ♓ 57 55 | 4 43 | 14 04 | 26 44 | 11 ♓ 09 45 | 11 54 |
| 6 | Th | 9 01 57 | 14 28 38 | 16 29 | 17 18 30 | 5 02 | 9 39 | 26 40 | 23 24 21 | 7 18 |
| 7 | F | 9 05 53 | 15 26 06 | 16 12 | 29 27 33 | 5 07 | 4 55 | 26 37 | 5 ♈ 28 25 | 2 S 29 |
| 8 | S | 9 09 50 | 16 23 36 | 15 55 | 11 ♈ 27 19 | 4 59 | 0 S 03 | 26 34 | 17 24 39 | 2 N22 |
| 9 | Su | 9 13 46 | 17 21 07 | 15 38 | 23 20 54 | 4 38 | 4 N46 | 26 31 | 29 16 34 | 7 07 |
| 10 | M | 9 17 43 | 18 18 39 | 15 20 | 5 ♉ 12 13 | 4 04 | 9 25 | 26 28 | 11 ♉ 08 25 | 11 37 |
| 11 | T | 9 21 39 | 19 16 13 | 15 02 | 17 05 47 | 3 21 | 13 44 | 26 25 | 23 04 58 | 15 43 |
| 12 | W | 9 25 36 | 20 13 48 | 14 44 | 29 06 36 | 2 28 | 17 33 | 26 21 | 5 ♊ 11 19 | 19 13 |
| 13 | Th | 9 29 32 | 21 11 24 | 14 26 | 11 ♊ 19 45 | 1 27 | 20 42 | 26 18 | 17 32 31 | 21 57 |
| 14 | F | 9 33 29 | 22 09 02 | 14 08 | 23 50 09 | 0 S 21 | 22 57 | 26 15 | 0 ♋ 13 11 | 23 39 |
| 15 | S | 9 37 26 | 23 06 42 | 13 49 | 6 ♋ 42 01 | 0 N48 | 24 04 | 26 12 | 13 17 01 | 24 08 |
| 16 | Su | 9 41 22 | 24 04 23 | 13 30 | 19 58 22 | 1 56 | 23 52 | 26 09 | 26 46 09 | 23 14 |
| 17 | M | 9 45 19 | 25 02 06 | 13 11 | 3 ♌ 40 19 | 3 00 | 22 15 | 26 05 | 10 ♌ 40 36 | 20 54 |
| 18 | T | 9 49 15 | 25 59 50 | 12 51 | 17 46 36 | 3 54 | 19 13 | 26 02 | 24 57 46 | 17 14 |
| 19 | W | 9 53 12 | 26 57 35 | 12 31 | 2 ♍ 13 20 | 4 35 | 14 58 | 25 59 | 9 ♍ 32 27 | 12 27 |
| 20 | Th | 9 57 08 | 27 55 21 | 12 12 | 16 54 10 | 4 59 | 9 45 | 25 56 | 24 17 27 | 6 54 |
| 21 | F | 10 01 05 | 28 53 09 | 11 52 | 1 ♎ 41 16 | 5 03 | 3 N57 | 25 53 | 9 ♎ 04 37 | 0 N57 |
| 22 | S | 10 05 01 | 29 ♌ 50 58 | 11 31 | 16 26 33 | 4 47 | 2 S 03 | 25 50 | 23 46 14 | 5 S 01 |
| 23 | Su | 10 08 58 | 0 ♍ 48 48 | 11 11 | 1 ♏ 02 59 | 4 12 | 7 54 | 25 46 | 8 ♏ 16 13 | 10 39 |
| 24 | M | 10 12 55 | 1 46 40 | 10 50 | 15 25 33 | 3 21 | 13 15 | 25 43 | 22 30 41 | 15 38 |
| 25 | T | 10 16 51 | 2 44 32 | 10 30 | 29 31 31 | 2 20 | 17 46 | 25 40 | 6 ♐ 28 00 | 19 39 |
| 26 | W | 10 20 48 | 3 42 26 | 10 09 | 13 ♐ 20 12 | 1 N11 | 21 13 | 25 37 | 20 08 15 | 22 29 |
| 27 | Th | 10 24 44 | 4 40 21 | 9 48 | 26 52 19 | 0 00 | 23 24 | 25 34 | 3 ♑ 32 37 | 23 59 |
| 28 | F | 10 28 41 | 5 38 18 | 9 27 | 10 ♑ 09 21 | 1 S 10 | 24 13 | 25 31 | 16 42 44 | 24 06 |
| 29 | S | 10 32 37 | 6 36 16 | 9 05 | 23 12 57 | 2 15 | 23 40 | 25 27 | 29 40 10 | 22 54 |
| 30 | Su | 10 36 34 | 7 34 15 | 8 44 | 6 ♒ 04 32 | 3 12 | 21 51 | 25 24 | 12 ♒ 26 10 | 20 32 |
| 31 | M | 10 40 30 | 8 ♍ 32 15 | 8 N22 | 18 ♒ 45 10 | 3 S 59 | 18 S 59 | 25 ♊ 21 | 25 ♒ 01 35 | 17 S 13 |

| D M | Mercury Lat. | Mercury Dec. | Mercury Dec. | Venus Lat. | Venus Dec. | Venus Dec. | Mars Lat. | Mars Dec. | Mars Dec. | Jupiter Lat. | Jupiter Dec. |
|---|---|---|---|---|---|---|---|---|---|---|---|
| | ° ′ | ° ′ | ° ′ | ° ′ | ° ′ | ° ′ | ° ′ | ° ′ | ° ′ | ° ′ | ° ′ |
| 1 | 0 00 | 21 N24 | 21 N 18 | 4 S 00 | 19 N20 | 19 N25 | 3 S 51 | 3 N40 | 3 N 48 | 0 S 22 | 22 S 18 |
| 3 | 0 N24 | 21 10 | 20 59 | 3 54 | 19 29 | 19 34 | 3 54 | 3 57 | 4 05 | 0 22 | 22 20 |
| 5 | 0 46 | 20 45 | 20 28 | 3 47 | 19 38 | 19 42 | 3 56 | 4 14 | 4 22 | 0 22 | 22 22 |
| 7 | 1 04 | 20 09 | 19 47 | 3 40 | 19 46 | 19 50 | 3 58 | 4 30 | 4 37 | 0 23 | 22 24 |
| 9 | 1 19 | 19 23 | 18 56 | 3 33 | 19 53 | 19 56 | 4 00 | 4 45 | 4 52 | 0 23 | 22 26 |
| 11 | 1 31 | 18 27 | 17 56 | 3 25 | 19 59 | 20 01 | 4 02 | 4 59 | 5 06 | 0 23 | 22 28 |
| 13 | 1 39 | 17 23 | 16 48 | 3 17 | 20 03 | 20 04 | 4 04 | 5 13 | 5 19 | 0 23 | 22 30 |
| 15 | 1 44 | 16 11 | 15 33 | 3 09 | 20 05 | 20 06 | 4 06 | 5 26 | 5 32 | 0 23 | 22 31 |
| 17 | 1 46 | 14 53 | 14 12 | 3 00 | 20 07 | 20 07 | 4 08 | 5 38 | 5 43 | 0 24 | 22 33 |
| 19 | 1 45 | 13 30 | 12 47 | 2 51 | 20 06 | 20 05 | 4 09 | 5 49 | 5 54 | 0 24 | 22 34 |
| 21 | 1 42 | 12 03 | 11 19 | 2 43 | 20 04 | 20 02 | 4 11 | 5 59 | 6 04 | 0 24 | 22 36 |
| 23 | 1 36 | 10 34 | 9 48 | 2 34 | 20 00 | 19 57 | 4 12 | 6 08 | 6 13 | 0 24 | 22 37 |
| 25 | 1 29 | 9 02 | 8 16 | 2 25 | 19 54 | 19 51 | 4 13 | 6 17 | 6 21 | 0 24 | 22 38 |
| 27 | 1 20 | 7 30 | 6 43 | 2 16 | 19 47 | 19 42 | 4 14 | 6 24 | 6 28 | 0 24 | 22 39 |
| 29 | 1 09 | 5 57 | 5 N 10 | 2 06 | 19 37 | 19 N32 | 4 15 | 6 31 | 6 N 34 | 0 24 | 22 40 |
| 31 | 0 N57 | 4 N24 | | 1 S 57 | 19 N25 | | 4 S 15 | 6 N37 | | 0 S 25 | 22 S 41 |

FIRST QUARTER – Aug.25,17h.58m. ( 2° ♐ 59′)

| EPHEMERIS ] | | | | AUGUST 2020 | | | | | | | | | | | | | | 17 |
|---|---|---|---|---|---|---|---|---|---|---|---|---|---|---|---|---|---|---|
| D | ☿ | ♀ | ♂ | ♃ | ♄ | ♅ | ♆ | ♇ | Lunar Aspects | | | | | | | | | |
| M | Long. | Long. | Long. | Long. | Long. | Long. | Long. | Long. | ☉ | ☿ | ♀ | ♂ | ♃ | ♄ | ♅ | ♆ | ♇ |
| | ° ′ | ° ′ | ° ′ | ° ′ | ° ′ | ° ′ | ° ′ | ° ′ | | | | | | | | | |
| 1 | 23♋25 | 24♊35 | 18♈26 | 20♑05 | 27♑48 | 10♉37 | 20♓34 | 23♑21 | | | | □ | ☌ | | △ | | |
| 2 | 25 09 | 25 26 | 18 52 | 19R 58 | 27R 43 | 10 37 | 20R 33 | 23R 19 | | ☍ | | | | ☌ | | ⚹ | ☌ |
| 3 | 26 57 | 26 18 | 19 18 | 19 52 | 27 39 | 10 38 | 20 32 | 23 18 | ☍ | | ⚼ | | | | □ | ∠ | |
| 4 | 28♋47 | 27 11 | 19 43 | 19 45 | 27 35 | 10 38 | 20 30 | 23 16 | | | △ | ⚹ | ⊻ | ⊻ | | ⊻ | ⊻ |
| 5 | 0♌40 | 28 04 | 20 08 | 19 38 | 27 31 | 10 39 | 20 29 | 23 15 | | | | ∠ | ∠ | | ⚹ | | ∠ |
| 6 | 2 36 | 28 58 | 20 33 | 19 32 | 27 27 | 10 39 | 20 28 | 23 14 | | ⚼ | | ⊻ | ⚹ | ∠ | | ☌ | ⚹ |
| 7 | 4 34 | 29♊52 | 20 57 | 19 26 | 27 23 | 10 40 | 20 27 | 23 12 | ⚼ | | □ | | | ⚹ | ∠ | | |
| 8 | 6 34 | 0♋47 | 21 20 | 19 20 | 27 18 | 10 40 | 20 25 | 23 11 | △ | △ | | | | | ⊻ | | |
| 9 | 8 34 | 1 43 | 21 43 | 19 14 | 27 14 | 10 41 | 20 24 | 23 10 | | | | ☌ | □ | □ | | ⊻ | □ |
| 10 | 10 36 | 2 39 | 22 05 | 19 08 | 27 10 | 10 41 | 20 23 | 23 09 | | | ⚹ | | | | ☌ | ∠ | |
| 11 | 12 39 | 3 35 | 22 27 | 19 02 | 27 06 | 10 41 | 20 21 | 23 07 | □ | □ | ∠ | ⊻ | △ | | | ⚹ | |
| 12 | 14 42 | 4 32 | 22 48 | 18 56 | 27 03 | 10 41 | 20 20 | 23 06 | | | ⊻ | | ⚼ | △ | | | △ |
| 13 | 16 45 | 5 29 | 23 09 | 18 51 | 26 59 | 10 41 | 20 19 | 23 05 | | | | ∠ | | ⚼ | ⊻ | | ⚼ |
| 14 | 18 48 | 6 27 | 23 29 | 18 45 | 26 55 | 10 41 | 20 17 | 23 04 | ⚹ | ⚹ | | ⚹ | | | ∠ | □ | |
| 15 | 20 51 | 7 26 | 23 49 | 18 40 | 26 51 | 10 42 | 20 16 | 23 02 | ∠ | ∠ | ☌ | | | | ⚹ | | |
| 16 | 22 53 | 8 24 | 24 08 | 18 35 | 26 47 | 10R 41 | 20 14 | 23 01 | ⊻ | ⊻ | | □ | ☍ | ☍ | | △ | ☍ |
| 17 | 24 54 | 9 23 | 24 26 | 18 30 | 26 44 | 10 41 | 20 13 | 23 00 | | | ⊻ | | | | | ⚼ | |
| 18 | 26 54 | 10 23 | 24 44 | 18 26 | 26 40 | 10 41 | 20 12 | 22 59 | | | | △ | | | □ | | |
| 19 | 28♌53 | 11 23 | 25 01 | 18 21 | 26 37 | 10 41 | 20 10 | 22 58 | ☌ | ☌ | ∠ | | ⚼ | | | | ⚼ |
| 20 | 0♍52 | 12 23 | 25 17 | 18 17 | 26 33 | 10 41 | 20 09 | 22 56 | | | ⚹ | ⚼ | △ | ⚼ | △ | ☍ | △ |
| 21 | 2 49 | 13 23 | 25 33 | 18 12 | 26 30 | 10 41 | 20 07 | 22 55 | ⊻ | ⊻ | | | | △ | ⚼ | | |
| 22 | 4 44 | 14 24 | 25 48 | 18 08 | 26 26 | 10 40 | 20 06 | 22 54 | ∠ | ∠ | □ | | □ | | | | □ |
| 23 | 6 39 | 15 25 | 26 02 | 18 04 | 26 23 | 10 40 | 20 04 | 22 53 | ⚹ | ⚹ | | ☍ | | □ | | ⚼ | |
| 24 | 8 32 | 16 27 | 26 16 | 18 01 | 26 20 | 10 40 | 20 02 | 22 52 | | | △ | | ⚹ | | ☍ | △ | |
| 25 | 10 24 | 17 29 | 26 29 | 17 57 | 26 17 | 10 39 | 20 01 | 22 51 | □ | | ⚼ | | ∠ | ⚹ | | | ⚹ |
| 26 | 12 14 | 18 31 | 26 41 | 17 54 | 26 14 | 10 39 | 19 59 | 22 50 | | □ | | ⚼ | ⊻ | ∠ | | □ | ∠ |
| 27 | 14 03 | 19 33 | 26 52 | 17 50 | 26 11 | 10 38 | 19 58 | 22 49 | | | | △ | | ⊻ | ⚼ | | ⊻ |
| 28 | 15 51 | 20 36 | 27 03 | 17 47 | 26 08 | 10 37 | 19 56 | 22 48 | △ | | | | | | △ | | |
| 29 | 17 38 | 21 39 | 27 13 | 17 45 | 26 05 | 10 37 | 19 55 | 22 47 | ⚼ | △ | ☍ | □ | ☌ | ☌ | | ⚹ | ☌ |
| 30 | 19 23 | 22 42 | 27 22 | 17 42 | 26 02 | 10 36 | 19 53 | 22 46 | | ⚼ | | | | | □ | ∠ | |
| 31 | 21♍07 | 23♋46 | 27♈30 | 17♑39 | 26♑00 | 10♉35 | 19♓51 | 22♑45 | | | | | ⊻ | | | ⊻ | ⊻ |

| D | Saturn | | Uranus | | Neptune | | Pluto | |
|---|---|---|---|---|---|---|---|---|
| M | Lat. | Dec. | Lat. | Dec. | Lat. | Dec. | Lat. | Dec. |
| | ° ′ | ° ′ | ° ′ | ° ′ | ° ′ | ° ′ | ° ′ | ° ′ |
| 1 | 0S15 | 20S50 | 0S28 | 14N34 | 1S06 | 4S44 | 1S02 | 22S26 |
| 3 | 0 15 | 20 52 | 0 28 | 14 34 | 1 06 | 4 45 | 1 02 | 22 26 |
| 5 | 0 15 | 20 53 | 0 28 | 14 35 | 1 06 | 4 46 | 1 02 | 22 27 |
| 7 | 0 15 | 20 55 | 0 28 | 14 35 | 1 06 | 4 47 | 1 02 | 22 27 |
| 9 | 0 15 | 20 57 | 0 28 | 14 35 | 1 06 | 4 49 | 1 02 | 22 28 |
| 11 | 0 16 | 20 59 | 0 28 | 14 35 | 1 06 | 4 50 | 1 02 | 22 29 |
| 13 | 0 16 | 21 00 | 0 28 | 14 35 | 1 06 | 4 51 | 1 03 | 22 29 |
| 15 | 0 16 | 21 02 | 0 28 | 14 35 | 1 06 | 4 52 | 1 03 | 22 30 |
| 17 | 0 16 | 21 04 | 0 28 | 14 35 | 1 06 | 4 53 | 1 03 | 22 30 |
| 19 | 0 16 | 21 05 | 0 28 | 14 35 | 1 06 | 4 54 | 1 03 | 22 31 |
| 21 | 0 16 | 21 07 | 0 28 | 14 35 | 1 07 | 4 55 | 1 03 | 22 31 |
| 23 | 0 17 | 21 08 | 0 28 | 14 35 | 1 07 | 4 57 | 1 03 | 22 32 |
| 25 | 0 17 | 21 09 | 0 28 | 14 35 | 1 07 | 4 58 | 1 03 | 22 32 |
| 27 | 0 17 | 21 11 | 0 28 | 14 34 | 1 07 | 4 59 | 1 04 | 22 33 |
| 29 | 0 17 | 21 12 | 0 28 | 14 34 | 1 07 | 5 00 | 1 04 | 22 33 |
| 31 | 0S17 | 21S13 | 0S28 | 14N33 | 1S07 | 5S02 | 1S04 | 22S34 |

**Mutual Aspects**

1 ☿Q♅. ☿☍♇.
2 ☉□♅. ☿⊻♀. ♀∠♅.
3 ☿☍♄.
4 ♀∇♄. ♂□♃. ☿#♄.
6 ☉±♆. ♂⊻♆.
7 ☿⚼♆.
8 ☿⊥♀. ☿∥♀.
10 ☿□♅. ♂#♆.
11 ☉∇♃.
12 ☉∇♆. ☿±♆. ♀Q♂. ☉∥♅.
13 ♂□♇. ♃∥♇.
14 ☿∇♃.
15 ☉∇♇. ☿∇♆. ♅Stat.
16 ☉△♂. ☉±♃. ☿∇♇.
17 ☉☌☿. ☿∠♀. ☿△♂. ☿±♃. ☿∥♅.
18 ☿∇♄. ♀⚹♅.
19 ☉∇♄. ☿±♇.
21 ☉±♇. ☿⚼♃. ☿±♄. ☉∥☿.
23 ♂⊥♆.
24 ☿⚼♇. ♂□♄.
25 ☉⚼♃. ☉±♄. ☿⚼♄. ☿△♅. ♀☍♃.
26 ☿⚼♂. 27 ♀△♆.
28 ☉∠♀. ☿∥♂.
29 ☿△♃.
30 ☉⚼♇. ☿☍♆. ♀Q♅. ♀☍♇. ☿#♆.
31 ☿±♂.

LAST QUARTER–Aug.11,16h.45m. (19°♉28′)

NEW MOON–Sep.17,11h.00m. (25°♍01′)



| D M | D W | Sidereal Time | ☉ Long. | ☉ Dec. | ☽ Long. | ☽ Lat. | ☽ Dec. | ☽ Node | 24h. ☽ Long. | 24h. ☽ Dec. |
|---|---|---|---|---|---|---|---|---|---|---|
| | | h m s | ° ′ ″ | ° ′ | ° ′ ″ | ° ′ | ° ′ | ° ′ | ° ′ ″ | ° ′ |
| 1 | T | 10 44 27 | 9♍30 17 | 8 N00 | 1♓15 29 | 4 S 33 | 15 S 16 | 25 ♊ 18 | 7♓26 56 | 13 S 11 |
| 2 | W | 10 48 24 | 10 28 21 | 7 38 | 13 35 59 | 4 53 | 10 58 | 25 15 | 19 42 42 | 8 39 |
| 3 | Th | 10 52 20 | 11 26 26 | 7 16 | 25 47 11 | 5 00 | 6 16 | 25 11 | 1♈49 33 | 3 S 51 |
| 4 | F | 10 56 17 | 12 24 33 | 6 54 | 7♈49 58 | 4 54 | 1 S 24 | 25 08 | 13 48 38 | 1 N03 |
| 5 | S | 11 00 13 | 13 22 42 | 6 32 | 19 45 48 | 4 34 | 3 N29 | 25 05 | 25 41 47 | 5 53 |
| 6 | Su | 11 04 10 | 14 20 52 | 6 10 | 1♉36 54 | 4 03 | 8 14 | 25 02 | 7♉31 36 | 10 30 |
| 7 | M | 11 08 06 | 15 19 05 | 5 47 | 13 26 20 | 3 22 | 12 40 | 24 59 | 19 21 36 | 14 43 |
| 8 | T | 11 12 03 | 16 17 20 | 5 25 | 25 17 57 | 2 31 | 16 39 | 24 56 | 1♊16 00 | 18 24 |
| 9 | W | 11 15 59 | 17 15 36 | 5 02 | 7♊16 22 | 1 33 | 19 59 | 24 52 | 13 19 41 | 21 22 |
| 10 | Th | 11 19 56 | 18 13 55 | 4 39 | 19 26 39 | 0 S 30 | 22 31 | 24 49 | 25 37 55 | 23 24 |
| 11 | F | 11 23 53 | 19 12 16 | 4 16 | 1♋54 09 | 0 N36 | 24 01 | 24 46 | 8♋15 57 | 24 19 |
| 12 | S | 11 27 49 | 20 10 39 | 3 53 | 14 43 55 | 1 42 | 24 18 | 24 43 | 21 18 32 | 23 57 |
| 13 | Su | 11 31 46 | 21 09 04 | 3 30 | 28 00 10 | 2 44 | 23 14 | 24 40 | 4♌49 06 | 22 11 |
| 14 | M | 11 35 42 | 22 07 32 | 3 07 | 11♌45 25 | 3 40 | 20 46 | 24 36 | 18 49 01 | 19 02 |
| 15 | T | 11 39 39 | 23 06 01 | 2 44 | 25 59 36 | 4 23 | 16 59 | 24 33 | 3♍16 40 | 14 39 |
| 16 | W | 11 43 35 | 24 04 32 | 2 21 | 10♍39 27 | 4 51 | 12 04 | 24 30 | 18 07 01 | 9 16 |
| 17 | Th | 11 47 32 | 25 03 05 | 1 58 | 25 38 15 | 5 00 | 6 19 | 24 27 | 3♎11 53 | 3 N16 |
| 18 | F | 11 51 28 | 26 01 40 | 1 35 | 10♎46 36 | 4 48 | 0 N09 | 24 24 | 18 21 04 | 2 S 58 |
| 19 | S | 11 55 25 | 27 00 17 | 1 11 | 25 53 58 | 4 16 | 6 S 02 | 24 21 | 3♏24 09 | 9 00 |
| 20 | Su | 11 59 22 | 27 58 56 | 0 48 | 10♏50 35 | 3 26 | 11 48 | 24 17 | 18 12 25 | 14 25 |
| 21 | M | 12 03 18 | 28 57 36 | 0 25 | 25 29 02 | 2 24 | 16 48 | 24 14 | 2♐39 59 | 18 54 |
| 22 | T | 12 07 15 | 29♍56 18 | 0 N01 | 9♐45 01 | 1 14 | 20 41 | 24 11 | 16 44 04 | 22 09 |
| 23 | W | 12 11 11 | 0♎55 02 | 0 S 22 | 23 37 13 | 0 N02 | 23 15 | 24 08 | 0♑24 38 | 24 00 |
| 24 | Th | 12 15 08 | 1 53 48 | 0 45 | 7♑06 36 | 1 S 09 | 24 24 | 24 05 | 13 43 28 | 24 26 |
| 25 | F | 12 19 04 | 2 52 35 | 1 09 | 20 15 36 | 2 14 | 24 07 | 24 02 | 26 43 23 | 23 30 |
| 26 | S | 12 23 01 | 3 51 24 | 1 32 | 3♒07 13 | 3 11 | 22 34 | 23 58 | 9♒27 29 | 21 21 |
| 27 | Su | 12 26 57 | 4 50 15 | 1 55 | 15 44 31 | 3 58 | 19 54 | 23 55 | 21 58 39 | 18 13 |
| 28 | M | 12 30 54 | 5 49 07 | 2 19 | 28 10 10 | 4 32 | 16 21 | 23 52 | 4♓19 19 | 14 20 |
| 29 | T | 12 34 51 | 6 48 01 | 2 42 | 10♓26 20 | 4 53 | 12 10 | 23 49 | 16 31 23 | 9 54 |
| 30 | W | 12 38 47 | 7♎46 57 | 3 S 05 | 22♓34 40 | 5 S 00 | 7 S 33 | 23 ♊ 46 | 28♓36 18 | 5 S 08 |

| D M | Mercury Lat. | Mercury Dec. | | Venus Lat. | Venus Dec. | | Mars Lat. | Mars Dec. | | Jupiter Lat. | Jupiter Dec. |
|---|---|---|---|---|---|---|---|---|---|---|---|
| | ° ′ | ° ′ | ° ′ | ° ′ | ° ′ | ° ′ | ° ′ | ° ′ | ° ′ | ° ′ | ° ′ |
| 1 | 0 N51 | 3 N38 | 2 N 52 | 1 S 52 | 19 N19 | 19 N12 | 4 S 15 | 6 N39 | 6 N 41 | 0 S 25 | 22 S 41 |
| 3 | 0 38 | 2 06 | 1 N 20 | 1 43 | 19 05 | 18 57 | 4 16 | 6 44 | 6 45 | 0 25 | 22 42 |
| 5 | 0 24 | 0 N35 | 0 S 10 | 1 34 | 18 48 | 18 39 | 4 15 | 6 47 | 6 48 | 0 25 | 22 42 |
| 7 | 0 N10 | 0 S 55 | 1 39 | 1 25 | 18 30 | 18 20 | 4 15 | 6 49 | 6 50 | 0 25 | 22 43 |
| 9 | 0 S 06 | 2 23 | 3 07 | 1 15 | 18 09 | 17 58 | 4 14 | 6 51 | 6 51 | 0 25 | 22 43 |
| 11 | 0 21 | 3 50 | 4 32 | 1 06 | 17 47 | 17 35 | 4 13 | 6 52 | 6 51 | 0 25 | 22 43 |
| 13 | 0 37 | 5 14 | 5 55 | 0 57 | 17 22 | 17 09 | 4 12 | 6 51 | 6 51 | 0 25 | 22 43 |
| 15 | 0 53 | 6 36 | 7 16 | 0 48 | 16 56 | 16 42 | 4 10 | 6 50 | 6 49 | 0 25 | 22 43 |
| 17 | 1 08 | 7 56 | 8 35 | 0 39 | 16 27 | 16 12 | 4 08 | 6 48 | 6 46 | 0 25 | 22 43 |
| 19 | 1 24 | 9 13 | 9 50 | 0 31 | 15 57 | 15 41 | 4 06 | 6 45 | 6 43 | 0 25 | 22 43 |
| 21 | 1 40 | 10 27 | 11 02 | 0 22 | 15 25 | 15 08 | 4 03 | 6 41 | 6 39 | 0 26 | 22 43 |
| 23 | 1 55 | 11 37 | 12 11 | 0 14 | 14 51 | 14 33 | 3 59 | 6 37 | 6 34 | 0 26 | 22 42 |
| 25 | 2 10 | 12 44 | 13 16 | 0 S 06 | 14 15 | 13 57 | 3 56 | 6 31 | 6 29 | 0 26 | 22 42 |
| 27 | 2 24 | 13 47 | 14 17 | 0 N 02 | 13 38 | 13 18 | 3 51 | 6 26 | 6 22 | 0 26 | 22 41 |
| 29 | 2 37 | 14 46 | 15 S 13 | 0 10 | 12 59 | 12 N38 | 3 47 | 6 19 | 6 N 16 | 0 26 | 22 41 |
| 31 | 2 S 50 | 15 S 40 | | 0 N 17 | 12 N18 | | 3 S 41 | 6 N13 | | 0 S 26 | 22 S 40 |

FIRST QUARTER–Sep.24,01h.55m. ( 1°♑29′)

FULL MOON – Sep. 2,05h.22m. (10° ♓ 12′)



| D M | ☿ Long. | ♀ Long. | ♂ Long. | ♃ Long. | ♄ Long. | ♅ Long. | ♆ Long. | ♇ Long. |
|---|---|---|---|---|---|---|---|---|
| | ° ′ | ° ′ | ° ′ | ° ′ | ° ′ | ° ′ | ° ′ | ° ′ |
| 1 | 22♍50 | 24♋50 | 27♈38 | 17♑37 | 25♑57 | 10♉34 | 19♓50 | 22♑44 |
| 2 | 24 31 | 25 54 | 27 45 | 17R 35 | 25R 54 | 10R 34 | 19R 48 | 22R 44 |
| 3 | 26 12 | 26 58 | 27 51 | 17 33 | 25 52 | 10 33 | 19 47 | 22 43 |
| 4 | 27 51 | 28 03 | 27 56 | 17 31 | 25 50 | 10 32 | 19 45 | 22 42 |
| 5 | 29♍29 | 29♋08 | 28 00 | 17 30 | 25 47 | 10 31 | 19 43 | 22 41 |
| 6 | 1♎05 | 0♌13 | 28 03 | 17 29 | 25 45 | 10 30 | 19 42 | 22 40 |
| 7 | 2 41 | 1 18 | 28 06 | 17 27 | 25 43 | 10 29 | 19 40 | 22 40 |
| 8 | 4 15 | 2 24 | 28 08 | 17 26 | 25 41 | 10 28 | 19 38 | 22 39 |
| 9 | 5 48 | 3 29 | 28 08 | 17 26 | 25 39 | 10 26 | 19 37 | 22 38 |
| 10 | 7 20 | 4 35 | 28R 08 | 17 25 | 25 37 | 10 25 | 19 35 | 22 37 |
| 11 | 8 51 | 5 42 | 28 07 | 17 25 | 25 36 | 10 24 | 19 33 | 22 37 |
| 12 | 10 21 | 6 48 | 28 06 | 17 24 | 25 34 | 10 23 | 19 32 | 22 36 |
| 13 | 11 49 | 7 55 | 28 03 | 17D 24 | 25 32 | 10 21 | 19 30 | 22 36 |
| 14 | 13 16 | 9 02 | 27 59 | 17 25 | 25 31 | 10 20 | 19 28 | 22 35 |
| 15 | 14 43 | 10 09 | 27 55 | 17 25 | 25 29 | 10 19 | 19 27 | 22 34 |
| 16 | 16 07 | 11 16 | 27 49 | 17 26 | 25 28 | 10 17 | 19 25 | 22 34 |
| 17 | 17 31 | 12 23 | 27 43 | 17 26 | 25 27 | 10 16 | 19 23 | 22 33 |
| 18 | 18 54 | 13 31 | 27 36 | 17 27 | 25 26 | 10 14 | 19 22 | 22 33 |
| 19 | 20 15 | 14 39 | 27 28 | 17 28 | 25 25 | 10 12 | 19 20 | 22 32 |
| 20 | 21 35 | 15 47 | 27 19 | 17 30 | 25 24 | 10 11 | 19 19 | 22 32 |
| 21 | 22 53 | 16 55 | 27 10 | 17 31 | 25 23 | 10 09 | 19 17 | 22 32 |
| 22 | 24 11 | 18 03 | 26 59 | 17 33 | 25 22 | 10 08 | 19 15 | 22 31 |
| 23 | 25 26 | 19 11 | 26 48 | 17 35 | 25 22 | 10 06 | 19 14 | 22 31 |
| 24 | 26 40 | 20 20 | 26 36 | 17 37 | 25 21 | 10 04 | 19 12 | 22 31 |
| 25 | 27 53 | 21 29 | 26 24 | 17 39 | 25 21 | 10 02 | 19 10 | 22 30 |
| 26 | 29♎03 | 22 38 | 26 10 | 17 42 | 25 21 | 10 00 | 19 09 | 22 30 |
| 27 | 0♏12 | 23 47 | 25 56 | 17 45 | 25 20 | 9 59 | 19 07 | 22 30 |
| 28 | 1 19 | 24 56 | 25 42 | 17 47 | 25 20 | 9 57 | 19 06 | 22 30 |
| 29 | 2 24 | 26 05 | 25 27 | 17 51 | 25D 20 | 9 55 | 19 04 | 22 30 |
| 30 | 3♏27 | 27♌15 | 25♈11 | 17♑54 | 25♑20 | 9♉53 | 19♓03 | 22♑29 |

Lunar Aspects

| D M | ☉ | ☿ | ♀ | ♂ | ♃ | ♄ | ♅ | ♆ | ♇ |
|---|---|---|---|---|---|---|---|---|---|
| 1 | | | | ✱ | ∠ | ⚺ | | | |
| 2 | ☍ | | ⚼ | ∠ | ✱ | ∠ | ✱ | | ∠ |
| 3 | | ☍ | △ | ⚺ | | ✱ | ∠ | ☌ | ✱ |
| 4 | | | | | | | ⚺ | | |
| 5 | | | | | □ | | | ⚺ | □ |
| 6 | ⚼ | | □ | ☌ | | □ | | ∠ | |
| 7 | △ | ⚼ | | | △ | | ☌ | | |
| 8 | | | | ⚺ | | △ | | ✱ | △ |
| 9 | | △ | ✱ | ∠ | ⚼ | ⚼ | ⚺ | | ⚼ |
| 10 | □ | | ∠ | | | | ∠ | □ | |
| 11 | | | ⚺ | ✱ | | | | | |
| 12 | ✱ | □ | | | ☍ | | ✱ | △ | |
| 13 | | | | □ | | ☍ | | ⚼ | ☍ |
| 14 | ∠ | ✱ | ☌ | | | | □ | | |
| 15 | ⚺ | ∠ | | △ | ⚼ | | | | |
| 16 | | ⚺ | ⚺ | ⚼ | △ | ⚼ | △ | | ⚼ |
| 17 | ☌ | | ∠ | | | △ | ⚼ | ☍ | △ |
| 18 | | | ✱ | | □ | | | | |
| 19 | ⚺ | ☌ | | ☍ | | □ | | | □ |
| 20 | ∠ | | □ | | ✱ | | ☍ | ⚼ | |
| 21 | ✱ | ⚺ | | | ∠ | ✱ | | △ | ✱ |
| 22 | | ∠ | | ⚼ | | ∠ | | | ∠ |
| 23 | | ✱ | △ | △ | ⚺ | ⚺ | ⚼ | □ | ⚺ |
| 24 | □ | | ⚼ | | | | △ | | |
| 25 | | | | □ | ☌ | ☌ | | ✱ | ☌ |
| 26 | △ | □ | | | | | | ∠ | |
| 27 | ⚼ | | | | ⚺ | | □ | ⚺ | |
| 28 | | △ | ☍ | ✱ | ∠ | ⚺ | | | ⚺ |
| 29 | | | | ∠ | | ∠ | ✱ | | ∠ |
| 30 | | ⚼ | | ⚺ | ✱ | ✱ | ∠ | ☌ | ✱ |

| D M | Saturn Lat. | Saturn Dec. | Uranus Lat. | Uranus Dec. | Neptune Lat. | Neptune Dec. | Pluto Lat. | Pluto Dec. |
|---|---|---|---|---|---|---|---|---|
| | ° ′ | ° ′ | ° ′ | ° ′ | ° ′ | ° ′ | ° ′ | ° ′ |
| 1 | 0S17 | 21S14 | 0S28 | 14N33 | 1S07 | 5S02 | 1S04 | 22S34 |
| 3 | 0 17 | 21 15 | 0 28 | 14 33 | 1 07 | 5 04 | 1 04 | 22 35 |
| 5 | 0 17 | 21 16 | 0 28 | 14 32 | 1 07 | 5 05 | 1 04 | 22 35 |
| 7 | 0 17 | 21 17 | 0 28 | 14 31 | 1 07 | 5 06 | 1 04 | 22 35 |
| 9 | 0 18 | 21 18 | 0 28 | 14 31 | 1 07 | 5 08 | 1 04 | 22 36 |
| 11 | 0 18 | 21 18 | 0 28 | 14 30 | 1 07 | 5 09 | 1 05 | 22 36 |
| 13 | 0 18 | 21 19 | 0 28 | 14 29 | 1 07 | 5 10 | 1 05 | 22 36 |
| 15 | 0 18 | 21 20 | 0 28 | 14 28 | 1 07 | 5 12 | 1 05 | 22 37 |
| 17 | 0 18 | 21 20 | 0 28 | 14 27 | 1 07 | 5 13 | 1 05 | 22 37 |
| 19 | 0 18 | 21 21 | 0 28 | 14 26 | 1 07 | 5 14 | 1 05 | 22 37 |
| 21 | 0 18 | 21 21 | 0 28 | 14 25 | 1 07 | 5 15 | 1 05 | 22 38 |
| 23 | 0 18 | 21 22 | 0 28 | 14 24 | 1 07 | 5 17 | 1 05 | 22 38 |
| 25 | 0 19 | 21 22 | 0 28 | 14 23 | 1 07 | 5 18 | 1 05 | 22 38 |
| 27 | 0 19 | 21 22 | 0 28 | 14 22 | 1 07 | 5 19 | 1 06 | 22 38 |
| 29 | 0 19 | 21 22 | 0 28 | 14 21 | 1 07 | 5 21 | 1 06 | 22 38 |
| 31 | 0S19 | 21S23 | 0S28 | 14N20 | 1S07 | 5S22 | 1S06 | 22S39 |

Mutual Aspects

1 ☿△♇.
2 ☉⚼♄. ☉△♅. ♀☍♄.
3 ☿△♄. ☿⚼♅.
4 ☿✱♀. ☿⊽♂. ♀□♂. ☉‖♂.
5 ☉⚼♂. 8 ☿±♅.
9 ☉△♃. ☉#♆. ♂Stat.
10 ♀⚼♆.
11 ☉☍♆. ☉#☿.
12 ☿⊽♅.
13 ☿‖♆. ♃Stat.
14 ☉±♂. ☉△♇.
15 ♀□♅. ☿#♂.
17 ☉△♄. ☉⚼♅. ☿□♃.
18 ☿⊽♆. ♀±♆.
19 ☉⊽♂. 21 ☿□♇.
22 ♀⊽♃.
23 ☿□♄. ☿±♆. ♀⊽♆.
24 ☿☍♂. 25 ♀‖♅.
26 ☉±♅. ♀⊽♇.
27 ♀±♃. ☿#♀.
28 ♀⊽♄. ☿#♅.
29 ♀△♂. ♂□♄. ♄Stat.

LAST QUARTER – Sep.10,09h.26m. (18° ♊ 08′)

NEW MOON – Oct.16,19h.31m. (23°♎53′)



| D M | D W | Sidereal Time | ☉ Long. | ☉ Dec. | ☽ Long. | ☽ Lat. | ☽ Dec. | ☽ Node | 24h. ☽ Long. | 24h. ☽ Dec. |
|---|---|---|---|---|---|---|---|---|---|---|
| | | h m s | ° ′ ″ | ° ′ | ° ′ ″ | ° ′ | ° ′ | ° ′ | ° ′ ″ | ° ′ |
| 1 | Th | 12 42 44 | 8 ♎ 45 55 | 3 S 29 | 4 ♈ 36 26 | 4 S 54 | 2 S 40 | 23 ♊ 42 | 10 ♈ 35 14 | 0 S 12 |
| 2 | F | 12 46 40 | 9 44 55 | 3 52 | 16 32 49 | 4 36 | 2 N 16 | 23 39 | 22 29 22 | 4 N 42 |
| 3 | S | 12 50 37 | 10 43 57 | 4 15 | 28 25 04 | 4 05 | 7 06 | 23 36 | 4 ♉ 20 09 | 9 26 |
| 4 | Su | 12 54 33 | 11 43 02 | 4 38 | 10 ♉ 14 51 | 3 23 | 11 40 | 23 33 | 16 09 29 | 13 49 |
| 5 | M | 12 58 30 | 12 42 08 | 5 01 | 22 04 24 | 2 33 | 15 49 | 23 30 | 27 59 58 | 17 41 |
| 6 | T | 13 02 26 | 13 41 17 | 5 24 | 3 ♊ 56 38 | 1 36 | 19 22 | 23 27 | 9 ♊ 54 53 | 20 52 |
| 7 | W | 13 06 23 | 14 40 28 | 5 47 | 15 55 14 | 0 S 34 | 22 08 | 23 23 | 21 58 15 | 23 10 |
| 8 | Th | 13 10 20 | 15 39 41 | 6 10 | 28 04 32 | 0 N 31 | 23 57 | 23 20 | 4 ♋ 14 43 | 24 26 |
| 9 | F | 13 14 16 | 16 38 57 | 6 33 | 10 ♋ 29 24 | 1 36 | 24 37 | 23 17 | 16 49 13 | 24 29 |
| 10 | S | 13 18 13 | 17 38 14 | 6 55 | 23 14 46 | 2 38 | 24 01 | 23 14 | 29 46 37 | 23 14 |
| 11 | Su | 13 22 09 | 18 37 35 | 7 18 | 6 ♌ 25 14 | 3 33 | 22 06 | 23 11 | 13 ♌ 11 02 | 20 39 |
| 12 | M | 13 26 06 | 19 36 57 | 7 40 | 20 04 15 | 4 18 | 18 52 | 23 08 | 27 05 00 | 16 48 |
| 13 | T | 13 30 02 | 20 36 22 | 8 03 | 4 ♍ 13 12 | 4 50 | 14 28 | 23 04 | 11 ♍ 28 31 | 11 52 |
| 14 | W | 13 33 59 | 21 35 49 | 8 25 | 18 50 26 | 5 04 | 9 04 | 23 01 | 26 18 11 | 6 N 07 |
| 15 | Th | 13 37 55 | 22 35 18 | 8 47 | 3 ♎ 50 46 | 4 58 | 3 N 02 | 22 58 | 11 ♎ 27 02 | 0 S 08 |
| 16 | F | 13 41 52 | 23 34 49 | 9 09 | 19 05 38 | 4 31 | 3 S 18 | 22 55 | 26 45 10 | 6 26 |
| 17 | S | 13 45 49 | 24 34 23 | 9 31 | 4 ♏ 24 10 | 3 44 | 9 28 | 22 52 | 12 ♏ 01 17 | 12 21 |
| 18 | Su | 13 49 45 | 25 33 58 | 9 53 | 19 35 12 | 2 41 | 15 02 | 22 48 | 27 04 49 | 17 27 |
| 19 | M | 13 53 42 | 26 33 36 | 10 15 | 4 ♐ 29 10 | 1 29 | 19 35 | 22 45 | 11 ♐ 47 34 | 21 22 |
| 20 | T | 13 57 38 | 27 33 15 | 10 36 | 18 59 30 | 0 N 12 | 22 46 | 22 42 | 26 04 41 | 23 48 |
| 21 | W | 14 01 35 | 28 32 56 | 10 57 | 3 ♑ 03 01 | 1 S 03 | 24 27 | 22 39 | 9 ♑ 54 33 | 24 42 |
| 22 | Th | 14 05 31 | 29 ♎ 32 39 | 11 19 | 16 39 30 | 2 12 | 24 35 | 22 36 | 23 18 10 | 24 07 |
| 23 | F | 14 09 28 | 0 ♏ 32 23 | 11 40 | 29 50 57 | 3 12 | 23 19 | 22 33 | 6 ♒ 18 18 | 22 13 |
| 24 | S | 14 13 24 | 1 32 09 | 12 00 | 12 ♒ 40 40 | 4 01 | 20 51 | 22 29 | 18 58 34 | 19 15 |
| 25 | Su | 14 17 21 | 2 31 57 | 12 21 | 25 12 29 | 4 37 | 17 27 | 22 26 | 1 ♓ 22 54 | 15 29 |
| 26 | M | 14 21 18 | 3 31 46 | 12 41 | 7 ♓ 30 16 | 4 59 | 13 22 | 22 23 | 13 35 01 | 11 09 |
| 27 | T | 14 25 14 | 4 31 37 | 13 02 | 19 37 32 | 5 08 | 8 49 | 22 20 | 25 38 12 | 6 25 |
| 28 | W | 14 29 11 | 5 31 30 | 13 22 | 1 ♈ 37 19 | 5 02 | 3 S 59 | 22 17 | 7 ♈ 35 13 | 1 S 30 |
| 29 | Th | 14 33 07 | 6 31 24 | 13 42 | 13 32 09 | 4 44 | 0 N 59 | 22 14 | 19 28 22 | 3 N 27 |
| 30 | F | 14 37 04 | 7 31 21 | 14 01 | 25 24 05 | 4 14 | 5 53 | 22 10 | 1 ♉ 19 31 | 8 16 |
| 31 | S | 14 41 00 | 8 ♏ 31 19 | 14 S 21 | 7 ♉ 14 53 | 3 S 32 | 10 N 35 | 22 ♊ 07 | 13 ♉ 10 22 | 12 N 48 |

| D M | Mercury Lat. | Mercury Dec. | | Venus Lat. | Venus Dec. | | Mars Lat. | Mars Dec. | | Jupiter Lat. | Jupiter Dec. |
|---|---|---|---|---|---|---|---|---|---|---|---|
| | ° ′ | ° ′ | ° ′ | ° ′ | ° ′ | ° ′ | ° ′ | ° ′ | ° ′ | ° ′ | ° ′ |
| 1 | 2 S 50 | 15 S 40 | 16 S 04 | 0 N 17 | 12 N 18 | 11 N 57 | 3 S 41 | 6 N 13 | 6 N 09 | 0 S 26 | 22 S 40 |
| 3 | 3 01 | 16 28 | 16 50 | 0 25 | 11 36 | 11 14 | 3 36 | 6 05 | 6 02 | 0 26 | 22 39 |
| 5 | 3 10 | 17 10 | 17 28 | 0 32 | 10 52 | 10 30 | 3 30 | 5 58 | 5 54 | 0 26 | 22 38 |
| 7 | 3 17 | 17 44 | 17 58 | 0 38 | 10 07 | 9 44 | 3 23 | 5 51 | 5 47 | 0 26 | 22 37 |
| 9 | 3 22 | 18 10 | 18 19 | 0 45 | 9 21 | 8 57 | 3 16 | 5 43 | 5 39 | 0 26 | 22 35 |
| 11 | 3 23 | 18 26 | 18 30 | 0 51 | 8 33 | 8 09 | 3 09 | 5 36 | 5 32 | 0 26 | 22 34 |
| 13 | 3 21 | 18 31 | 18 28 | 0 57 | 7 44 | 7 20 | 3 02 | 5 28 | 5 25 | 0 26 | 22 33 |
| 15 | 3 14 | 18 21 | 18 11 | 1 03 | 6 55 | 6 29 | 2 54 | 5 21 | 5 18 | 0 26 | 22 31 |
| 17 | 3 00 | 17 57 | 17 38 | 1 08 | 6 04 | 5 38 | 2 46 | 5 15 | 5 12 | 0 26 | 22 29 |
| 19 | 2 41 | 17 14 | 16 46 | 1 13 | 5 12 | 4 46 | 2 38 | 5 09 | 5 06 | 0 26 | 22 28 |
| 21 | 2 13 | 16 14 | 15 38 | 1 18 | 4 20 | 3 53 | 2 29 | 5 04 | 5 01 | 0 27 | 22 26 |
| 23 | 1 40 | 14 58 | 14 15 | 1 22 | 3 27 | 3 00 | 2 21 | 4 59 | 4 57 | 0 27 | 22 24 |
| 25 | 1 01 | 13 31 | 12 45 | 1 26 | 2 33 | 2 06 | 2 12 | 4 55 | 4 54 | 0 27 | 22 22 |
| 27 | 0 S 20 | 12 00 | 11 17 | 1 29 | 1 38 | 1 11 | 2 04 | 4 52 | 4 51 | 0 27 | 22 19 |
| 29 | 0 N 21 | 10 37 | 10 S 01 | 1 33 | 0 N 44 | 0 N 16 | 1 55 | 4 50 | 4 N 50 | 0 27 | 22 17 |
| 31 | 0 N 57 | 9 S 29 | | 1 N 36 | 0 S 11 | | 1 S 47 | 4 N 49 | | 0 S 27 | 22 S 15 |

FIRST QUARTER – Oct.23,13h.23m. ( 0°♒36′)

FULL MOON – Oct. 1,21h.05m. ( 9°♈08′) & Oct.31,14h.49m. ( 8°♉38′)



| D M | ☿ Long. | ♀ Long. | ♂ Long. | ♃ Long. | ♄ Long. | ♅ Long. | ♆ Long. | ♇ Long. | ☉ | ☿ | ♀ | ♂ | ♃ | ♄ | ♅ | ♆ | ♇ |
|---|---|---|---|---|---|---|---|---|---|---|---|---|---|---|---|---|---|
| | ° ′ | ° ′ | ° ′ | ° ′ | ° ′ | ° ′ | ° ′ | ° ′ | | | | | | | | | |
| 1 | 4♏27 | 28♌25 | 24♈55 | 17♑57 | 25♑20 | 9♉51 | 19♓01 | 22♑29 | ☍ | | | | | | ⊻ | | |
| 2 | 5 24 | 29♌34 | 24R 38 | 18 01 | 25 21 | 9R 49 | 19R 00 | 22R 29 | | | ⚼ | | □ | | | ⊻ | |
| 3 | 6 19 | 0♍44 | 24 21 | 18 05 | 25 21 | 9 47 | 18 58 | 22 29 | | | △ | ☌ | | □ | | ∠ | □ |
| 4 | 7 10 | 1 54 | 24 03 | 18 08 | 25 22 | 9 45 | 18 57 | 22 29 | | ☍ | | | | | ☌ | | |
| 5 | 7 59 | 3 05 | 23 45 | 18 13 | 25 22 | 9 43 | 18 55 | 22D 29 | | | | ⊻ | △ | △ | | ⚹ | △ |
| 6 | 8 43 | 4 15 | 23 27 | 18 17 | 25 23 | 9 40 | 18 54 | 22 29 | ⚼ | | □ | ∠ | ⚼ | | ⊻ | | ⚼ |
| 7 | 9 24 | 5 25 | 23 08 | 18 21 | 25 24 | 9 38 | 18 52 | 22 29 | △ | | | | | ⚼ | | □ | |
| 8 | 10 00 | 6 36 | 22 49 | 18 26 | 25 25 | 9 36 | 18 51 | 22 29 | | ⚼ | | ⚹ | | | ∠ | | |
| 9 | 10 31 | 7 47 | 22 30 | 18 31 | 25 25 | 9 34 | 18 49 | 22 30 | | △ | ⚹ | | | | ⚹ | | |
| 10 | 10 57 | 8 58 | 22 11 | 18 36 | 25 27 | 9 32 | 18 48 | 22 30 | □ | | ∠ | □ | ☍ | ☍ | | △ | ☍ |
| 11 | 11 17 | 10 09 | 21 52 | 18 41 | 25 28 | 9 29 | 18 46 | 22 30 | | □ | ⊻ | | | | □ | ⚼ | |
| 12 | 11 32 | 11 20 | 21 33 | 18 46 | 25 29 | 9 27 | 18 45 | 22 30 | ⚹ | | | △ | | | | | |
| 13 | 11 39 | 12 31 | 21 14 | 18 52 | 25 30 | 9 25 | 18 44 | 22 30 | ∠ | | | ⚼ | ⚼ | ⚼ | △ | | ⚼ |
| 14 | 11R 39 | 13 42 | 20 55 | 18 58 | 25 32 | 9 23 | 18 42 | 22 31 | ⊻ | ⚹ | ☌ | | △ | △ | ⚼ | ☍ | △ |
| 15 | 11 32 | 14 54 | 20 36 | 19 04 | 25 33 | 9 20 | 18 41 | 22 31 | | ⊻ | | | | | | | |
| 16 | 11 17 | 16 05 | 20 17 | 19 10 | 25 35 | 9 18 | 18 40 | 22 31 | ☌ | | ⊻ | ☍ | □ | □ | | | □ |
| 17 | 10 53 | 17 17 | 19 58 | 19 16 | 25 37 | 9 16 | 18 39 | 22 32 | | ☌ | ∠ | | | | ☍ | ⚼ | |
| 18 | 10 20 | 18 29 | 19 40 | 19 22 | 25 39 | 9 13 | 18 37 | 22 32 | ⊻ | | ⚹ | | ⚹ | ⚹ | | △ | ⚹ |
| 19 | 9 39 | 19 41 | 19 22 | 19 29 | 25 41 | 9 11 | 18 36 | 22 33 | | ⊻ | | ⚼ | ∠ | ∠ | | | ∠ |
| 20 | 8 50 | 20 53 | 19 05 | 19 35 | 25 43 | 9 08 | 18 35 | 22 33 | ∠ | ∠ | □ | △ | ⊻ | ⊻ | ⚼ | □ | ⊻ |
| 21 | 7 52 | 22 05 | 18 47 | 19 42 | 25 45 | 9 06 | 18 34 | 22 33 | ⚹ | ⚹ | | | | | △ | | |
| 22 | 6 48 | 23 17 | 18 31 | 19 49 | 25 47 | 9 04 | 18 33 | 22 34 | | | | □ | ☌ | | | ⚹ | ☌ |
| 23 | 5 38 | 24 29 | 18 15 | 19 56 | 25 49 | 9 01 | 18 31 | 22 35 | □ | □ | △ | | | ☌ | | ∠ | |
| 24 | 4 24 | 25 41 | 17 59 | 20 03 | 25 52 | 8 59 | 18 30 | 22 35 | | | ⚼ | ⚹ | | | □ | ⊻ | |
| 25 | 3 08 | 26 54 | 17 44 | 20 11 | 25 54 | 8 56 | 18 29 | 22 36 | | | | | ⊻ | ⊻ | | | ⊻ |
| 26 | 1 52 | 28 06 | 17 29 | 20 18 | 25 57 | 8 54 | 18 28 | 22 36 | △ | △ | | ∠ | ∠ | ∠ | ⚹ | | ∠ |
| 27 | 0♏39 | 29♍19 | 17 16 | 20 26 | 26 00 | 8 51 | 18 27 | 22 37 | ⚼ | ⚼ | | ⊻ | ⚹ | | ∠ | ☌ | ⚹ |
| 28 | 29♎31 | 0♎31 | 17 02 | 20 34 | 26 03 | 8 49 | 18 26 | 22 38 | | | ☍ | | | ⚹ | | | |
| 29 | 28 30 | 1 44 | 16 50 | 20 42 | 26 05 | 8 46 | 18 25 | 22 38 | | | | ☌ | | | ⊻ | ⊻ | |
| 30 | 27 37 | 2 57 | 16 38 | 20 50 | 26 08 | 8 44 | 18 24 | 22 39 | | ☍ | | | □ | □ | | | □ |
| 31 | 26♎54 | 4♎10 | 16♈27 | 20♑58 | 26♑11 | 8♉41 | 18♓23 | 22♑40 | ☍ | | | | | | ☌ | ∠ | |

| D M | Saturn Lat. | Saturn Dec. | Uranus Lat. | Uranus Dec. | Neptune Lat. | Neptune Dec. | Pluto Lat. | Pluto Dec. |
|---|---|---|---|---|---|---|---|---|
| | ° ′ | ° ′ | ° ′ | ° ′ | ° ′ | ° ′ | ° ′ | ° ′ |
| 1 | 0S19 | 21S23 | 0S28 | 14N20 | 1S07 | 5S22 | 1S06 | 22S39 |
| 3 | 0 19 | 21 23 | 0 28 | 14 18 | 1 07 | 5 23 | 1 06 | 22 39 |
| 5 | 0 19 | 21 23 | 0 28 | 14 17 | 1 07 | 5 24 | 1 06 | 22 39 |
| 7 | 0 19 | 21 22 | 0 28 | 14 16 | 1 07 | 5 25 | 1 06 | 22 39 |
| 9 | 0 19 | 21 22 | 0 28 | 14 14 | 1 07 | 5 26 | 1 06 | 22 39 |
| 11 | 0 19 | 21 22 | 0 28 | 14 13 | 1 07 | 5 27 | 1 06 | 22 39 |
| 13 | 0 19 | 21 22 | 0 28 | 14 11 | 1 07 | 5 29 | 1 07 | 22 39 |
| 15 | 0 19 | 21 21 | 0 28 | 14 10 | 1 07 | 5 30 | 1 07 | 22 39 |
| 17 | 0 20 | 21 21 | 0 28 | 14 09 | 1 07 | 5 31 | 1 07 | 22 39 |
| 19 | 0 20 | 21 20 | 0 28 | 14 07 | 1 07 | 5 31 | 1 07 | 22 39 |
| 21 | 0 20 | 21 19 | 0 28 | 14 06 | 1 07 | 5 32 | 1 07 | 22 39 |
| 23 | 0 20 | 21 19 | 0 28 | 14 04 | 1 07 | 5 33 | 1 07 | 22 39 |
| 25 | 0 20 | 21 18 | 0 28 | 14 02 | 1 07 | 5 34 | 1 07 | 22 39 |
| 27 | 0 20 | 21 17 | 0 28 | 14 01 | 1 07 | 5 35 | 1 07 | 22 39 |
| 29 | 0 20 | 21 16 | 0 28 | 13 59 | 1 07 | 5 36 | 1 07 | 22 39 |
| 31 | 0S20 | 21S15 | 0S28 | 13N58 | 1S07 | 5S36 | 1S08 | 22S39 |

**Mutual Aspects**

1 ☿⚼♆. ♀±♇. ♂⊥♆.
2 ☉▽♅.
3 ☿Q♃. ♃||♇.
4 ♀±♄. ♇Stat.
5 ♀⚼♃.
6 ☉||♆.
7 ☿☍♅. ☉#♂.
9 ☿Q♇. ♀⚼♂. ♀⚼♇. ♂□♇.
10 ♀△♅.
11 ☉□♃. ☉▽♆. ♀⚼♄.
12 ☿⚹♀. ♃⚹♆.
13 ☉☍♂. ☉#♀. ♂#♆.
14 ☿Stat.
15 ☉□♇. ♀±♂.
17 ☉±♆.
18 ☉□♄. ☿Q♇. ♀☍♆. ♀#♆.
19 ♀▽♂. ♀△♃. ♂□♃. ♀||♂.
20 ☿☍♅.
21 ☿∠♀. ☿Q♃. ♀△♇.
22 ♂⊻♆.
23 ☉⊥♀. ♀⚼♅.
24 ♀△♄. ☿#♅.
25 ☉☌☿. ☿⊥♀. ☿⚼♆.
26 ☉⚼♆. ☉||☿.
28 ☿⊻♀.
30 ♀±♅. ☉#♅.
31 ☉☍♅.

LAST QUARTER – Oct.10,00h.40m. (17°♋10′)

NEW MOON – Nov.15,05h.07m. (23° ♏ 18′)



| D M | D W | Sidereal Time | ☉ Long. | ☉ Dec. | ☽ Long. | ☽ Lat. | ☽ Dec. | ☽ Node | 24h. ☽ Long. | 24h. ☽ Dec. |
|---|---|---|---|---|---|---|---|---|---|---|
| | | h m s | ° ′ ″ | ° ′ | ° ′ ″ | ° ′ | ° ′ | ° ′ | ° ′ ″ | ° ′ |
| 1 | Su | 14 44 57 | 9 ♏ 31 19 | 14 S 40 | 19 ♉ 06 12 | 2 S 41 | 14 N55 | 22 ♊ 04 | 25 ♉ 02 36 | 16 N52 |
| 2 | M | 14 48 53 | 10 31 21 | 14 59 | 0 ♊ 59 48 | 1 43 | 18 40 | 22 01 | 6 ♊ 58 06 | 20 17 |
| 3 | T | 14 52 50 | 11 31 25 | 15 17 | 12 57 48 | 0 S 40 | 21 41 | 21 58 | 18 59 12 | 22 52 |
| 4 | W | 14 56 47 | 12 31 32 | 15 36 | 25 02 41 | 0 N26 | 23 46 | 21 54 | 1 ♋ 08 38 | 24 25 |
| 5 | Th | 15 00 43 | 13 31 40 | 15 54 | 7 ♋ 17 30 | 1 31 | 24 45 | 21 51 | 13 29 44 | 24 48 |
| 6 | F | 15 04 40 | 14 31 50 | 16 12 | 19 45 47 | 2 34 | 24 31 | 21 48 | 26 06 09 | 23 55 |
| 7 | S | 15 08 36 | 15 32 02 | 16 29 | 2 ♌ 31 19 | 3 30 | 23 00 | 21 45 | 9 ♌ 01 44 | 21 46 |
| 8 | Su | 15 12 33 | 16 32 16 | 16 47 | 15 37 51 | 4 17 | 20 14 | 21 42 | 22 20 02 | 18 25 |
| 9 | M | 15 16 29 | 17 32 33 | 17 04 | 29 08 35 | 4 52 | 16 19 | 21 39 | 6 ♍ 03 41 | 13 59 |
| 10 | T | 15 20 26 | 18 32 51 | 17 21 | 13 ♍ 05 24 | 5 10 | 11 25 | 21 35 | 20 13 39 | 8 40 |
| 11 | W | 15 24 22 | 19 33 11 | 17 37 | 27 28 09 | 5 10 | 5 N45 | 21 32 | 4 ♎ 48 26 | 2 N43 |
| 12 | Th | 15 28 19 | 20 33 33 | 17 53 | 12 ♎ 13 52 | 4 50 | 0 S 23 | 21 29 | 19 43 36 | 3 S 30 |
| 13 | F | 15 32 16 | 21 33 57 | 18 09 | 27 16 37 | 4 10 | 6 37 | 21 26 | 4 ♏ 51 47 | 9 38 |
| 14 | S | 15 36 12 | 22 34 23 | 18 25 | 12 ♏ 27 51 | 3 12 | 12 32 | 21 23 | 20 03 32 | 15 14 |
| 15 | Su | 15 40 09 | 23 34 51 | 18 40 | 27 37 35 | 2 00 | 17 41 | 21 20 | 5 ♐ 08 46 | 19 50 |
| 16 | M | 15 44 05 | 24 35 20 | 18 55 | 12 ♐ 36 01 | 0 N41 | 21 38 | 21 16 | 19 58 22 | 23 03 |
| 17 | T | 15 48 02 | 25 35 51 | 19 09 | 27 15 04 | 0 S 40 | 24 04 | 21 13 | 4 ♑ 25 32 | 24 40 |
| 18 | W | 15 51 58 | 26 36 23 | 19 24 | 11 ♑ 29 22 | 1 55 | 24 51 | 21 10 | 18 26 23 | 24 39 |
| 19 | Th | 15 55 55 | 27 36 57 | 19 38 | 25 16 30 | 3 02 | 24 04 | 21 07 | 1 ♒ 59 51 | 23 08 |
| 20 | F | 15 59 51 | 28 37 32 | 19 51 | 8 ♒ 36 40 | 3 57 | 21 55 | 21 04 | 15 07 16 | 20 25 |
| 21 | S | 16 03 48 | 29 ♏ 38 08 | 20 04 | 21 32 05 | 4 37 | 18 42 | 21 00 | 27 51 35 | 16 47 |
| 22 | Su | 16 07 45 | 0 ♐ 38 45 | 20 17 | 4 ♓ 06 16 | 5 03 | 14 43 | 20 57 | 10 ♓ 16 41 | 12 30 |
| 23 | M | 16 11 41 | 1 39 23 | 20 29 | 16 23 23 | 5 15 | 10 12 | 20 54 | 22 26 55 | 7 49 |
| 24 | T | 16 15 38 | 2 40 02 | 20 41 | 28 27 48 | 5 12 | 5 23 | 20 51 | 4 ♈ 26 35 | 2 S 55 |
| 25 | W | 16 19 34 | 3 40 42 | 20 53 | 10 ♈ 23 44 | 4 56 | 0 S 26 | 20 48 | 16 19 45 | 2 N04 |
| 26 | Th | 16 23 31 | 4 41 24 | 21 04 | 22 15 02 | 4 27 | 4 N31 | 20 45 | 28 10 01 | 6 57 |
| 27 | F | 16 27 27 | 5 42 07 | 21 15 | 4 ♉ 05 04 | 3 47 | 9 19 | 20 41 | 10 ♉ 00 30 | 11 36 |
| 28 | S | 16 31 24 | 6 42 51 | 21 26 | 15 56 40 | 2 57 | 13 47 | 20 38 | 21 53 49 | 15 50 |
| 29 | Su | 16 35 20 | 7 43 36 | 21 36 | 27 52 12 | 1 59 | 17 45 | 20 35 | 3 ♊ 52 05 | 19 29 |
| 30 | M | 16 39 17 | 8 ♐ 44 22 | 21 S 45 | 9 ♊ 53 41 | 0 S 55 | 21 N01 | 20 ♊ 32 | 15 ♊ 57 11 | 22 N20 |

| D M | Mercury Lat. | Mercury Dec. | | Venus Lat. | Venus Dec. | | Mars Lat. | Mars Dec. | | Jupiter Lat. | Jupiter Dec. |
|---|---|---|---|---|---|---|---|---|---|---|---|
| | ° ′ | ° ′ | ° ′ | ° ′ | ° ′ | ° ′ | ° ′ | ° ′ | ° ′ | ° ′ | ° ′ |
| 1 | 1 N13 | 9 S 03 | 8 S 43 | 1 N 37 | 0 S 39 | 1 S 07 | 1 S 43 | 4 N49 | 4 N 49 | 0 S 27 | 22 S 13 |
| 3 | 1 39 | 8 28 | 8 20 | 1 39 | 1 35 | 2 02 | 1 35 | 4 50 | 4 51 | 0 27 | 22 11 |
| 5 | 1 58 | 8 17 | 8 19 | 1 41 | 2 30 | 2 58 | 1 26 | 4 51 | 4 53 | 0 27 | 22 08 |
| 7 | 2 10 | 8 26 | 8 37 | 1 43 | 3 26 | 3 54 | 1 19 | 4 54 | 4 56 | 0 27 | 22 05 |
| 9 | 2 16 | 8 52 | 9 11 | 1 45 | 4 21 | 4 49 | 1 11 | 4 58 | 5 00 | 0 27 | 22 02 |
| 11 | 2 17 | 9 33 | 9 57 | 1 46 | 5 17 | 5 44 | 1 03 | 5 02 | 5 05 | 0 27 | 21 59 |
| 13 | 2 14 | 10 23 | 10 51 | 1 46 | 6 12 | 6 39 | 0 56 | 5 08 | 5 11 | 0 27 | 21 56 |
| 15 | 2 08 | 11 20 | 11 50 | 1 47 | 7 07 | 7 34 | 0 49 | 5 15 | 5 19 | 0 27 | 21 52 |
| 17 | 2 00 | 12 21 | 12 53 | 1 47 | 8 01 | 8 28 | 0 42 | 5 23 | 5 27 | 0 27 | 21 49 |
| 19 | 1 50 | 13 25 | 13 58 | 1 46 | 8 55 | 9 21 | 0 36 | 5 32 | 5 36 | 0 27 | 21 45 |
| 21 | 1 38 | 14 30 | 15 03 | 1 46 | 9 48 | 10 14 | 0 29 | 5 41 | 5 46 | 0 28 | 21 42 |
| 23 | 1 25 | 15 35 | 16 07 | 1 45 | 10 40 | 11 06 | 0 23 | 5 52 | 5 58 | 0 28 | 21 38 |
| 25 | 1 12 | 16 38 | 17 09 | 1 44 | 11 31 | 11 56 | 0 18 | 6 03 | 6 10 | 0 28 | 21 34 |
| 27 | 0 58 | 17 39 | 18 09 | 1 42 | 12 21 | 12 46 | 0 12 | 6 16 | 6 22 | 0 28 | 21 30 |
| 29 | 0 44 | 18 38 | 19 S 06 | 1 40 | 13 11 | 13 S 35 | 0 07 | 6 29 | 6 N 36 | 0 28 | 21 26 |
| 31 | 0 N30 | 19 S 33 | | 1 N 38 | 13 S 59 | | 0 S 02 | 6 N43 | | 0 S 28 | 21 S 21 |

FIRST QUARTER – Nov.22,04h.45m. ( 0° ♓ 20′)

FULL MOON–Nov.30,09h.30m. ( 8°♊38′)



| D M | ☿ Long. | ♀ Long. | ♂ Long. | ♃ Long. | ♄ Long. | ♅ Long. | ♆ Long. | ♇ Long. | ☉ | ☿ | ♀ | ♂ | ♃ | ♄ | ♅ | ♆ | ♇ |
|---|---|---|---|---|---|---|---|---|---|---|---|---|---|---|---|---|---|
| | ° ′ | ° ′ | ° ′ | ° ′ | ° ′ | ° ′ | ° ′ | ° ′ | | | | | | | | | |
| 1 | 26♎23 | 5♎23 | 16♈17 | 21♑07 | 26♑15 | 8♉39 | 18♓22 | 22♑41 | | | ⚼ | ⚺ | △ | | | ⚹ | △ |
| 2 | 26R 03 | 6 36 | 16R 07 | 21 15 | 26 18 | 8R 36 | 18R 21 | 22 42 | | | | ∠ | ⚼ | △ | | | |
| 3 | 25 54 | 7 49 | 15 59 | 21 24 | 26 21 | 8 34 | 18 21 | 22 42 | | ⚼ | △ | ⚹ | | ⚼ | ⚺ | □ | ⚼ |
| 4 | 25D 57 | 9 02 | 15 51 | 21 33 | 26 25 | 8 32 | 18 20 | 22 43 | ⚼ | △ | | | | | ∠ | | |
| 5 | 26 11 | 10 15 | 15 43 | 21 42 | 26 28 | 8 29 | 18 19 | 22 44 | | | □ | | | | ⚹ | | |
| 6 | 26 35 | 11 29 | 15 37 | 21 51 | 26 32 | 8 27 | 18 18 | 22 45 | △ | | | □ | ☍ | | | △ | ☍ |
| 7 | 27 08 | 12 42 | 15 31 | 22 00 | 26 35 | 8 24 | 18 18 | 22 46 | | □ | | | | ☍ | □ | ⚼ | |
| 8 | 27 50 | 13 55 | 15 26 | 22 09 | 26 39 | 8 22 | 18 17 | 22 47 | □ | | ⚹ | △ | | | | | |
| 9 | 28 39 | 15 09 | 15 22 | 22 19 | 26 43 | 8 19 | 18 16 | 22 48 | | ⚹ | ∠ | ⚼ | | | | | |
| 10 | 29♎35 | 16 23 | 15 19 | 22 28 | 26 47 | 8 17 | 18 16 | 22 49 | ⚹ | ∠ | ⚺ | | ⚼ | ⚼ | △ | ☍ | ⚼ |
| 11 | 0♏37 | 17 36 | 15 17 | 22 38 | 26 51 | 8 14 | 18 15 | 22 50 | | ⚺ | | | △ | △ | ⚼ | | △ |
| 12 | 1 44 | 18 50 | 15 15 | 22 48 | 26 55 | 8 12 | 18 14 | 22 51 | ∠ | | ☌ | ☍ | | | | | |
| 13 | 2 56 | 20 04 | 15 14 | 22 58 | 26 59 | 8 10 | 18 14 | 22 53 | ⚺ | ☌ | | | □ | □ | | ⚼ | □ |
| 14 | 4 11 | 21 18 | 15D 14 | 23 08 | 27 04 | 8 07 | 18 13 | 22 54 | | | | | | | ☍ | △ | |
| 15 | 5 29 | 22 31 | 15 15 | 23 18 | 27 08 | 8 05 | 18 13 | 22 55 | ☌ | | ⚺ | ⚼ | ⚹ | ⚹ | | | ⚹ |
| 16 | 6 51 | 23 45 | 15 16 | 23 28 | 27 12 | 8 03 | 18 12 | 22 56 | | ⚺ | ∠ | △ | ∠ | ∠ | | □ | ∠ |
| 17 | 8 14 | 24 59 | 15 19 | 23 39 | 27 17 | 8 00 | 18 12 | 22 57 | ⚺ | ∠ | ⚹ | | ⚺ | ⚺ | ⚼ | | ⚺ |
| 18 | 9 40 | 26 13 | 15 22 | 23 49 | 27 21 | 7 58 | 18 12 | 22 59 | ∠ | ⚹ | | □ | | | △ | ⚹ | |
| 19 | 11 07 | 27 28 | 15 26 | 24 00 | 27 26 | 7 56 | 18 11 | 23 00 | ⚹ | | □ | | ☌ | ☌ | | | ☌ |
| 20 | 12 35 | 28 42 | 15 31 | 24 10 | 27 31 | 7 53 | 18 11 | 23 01 | | □ | | | | | □ | ∠ | |
| 21 | 14 05 | 29♎56 | 15 36 | 24 21 | 27 35 | 7 51 | 18 11 | 23 02 | | | | ⚹ | ⚺ | ⚺ | | ⚺ | ⚺ |
| 22 | 15 35 | 1♏10 | 15 42 | 24 32 | 27 40 | 7 49 | 18 10 | 23 04 | □ | | △ | ∠ | ∠ | | ⚹ | | ∠ |
| 23 | 17 07 | 2 24 | 15 49 | 24 43 | 27 45 | 7 47 | 18 10 | 23 05 | | △ | ⚼ | ⚺ | | ∠ | | ☌ | |
| 24 | 18 38 | 3 39 | 15 57 | 24 54 | 27 50 | 7 45 | 18 10 | 23 07 | △ | ⚼ | | | ⚹ | ⚹ | ∠ | | ⚹ |
| 25 | 20 11 | 4 53 | 16 05 | 25 06 | 27 55 | 7 42 | 18 10 | 23 08 | | | | ☌ | | | ⚺ | | |
| 26 | 21 43 | 6 07 | 16 14 | 25 17 | 28 00 | 7 40 | 18 10 | 23 09 | ⚼ | | | | □ | □ | | ⚺ | □ |
| 27 | 23 16 | 7 22 | 16 24 | 25 28 | 28 06 | 7 38 | 18 10 | 23 11 | | | ☍ | | | | ☌ | ∠ | |
| 28 | 24 49 | 8 36 | 16 34 | 25 40 | 28 11 | 7 36 | 18 10 | 23 12 | | | | ⚺ | | | | ⚹ | |
| 29 | 26 22 | 9 51 | 16 45 | 25 51 | 28 16 | 7 34 | 18D 10 | 23 14 | | ☍ | | ∠ | △ | △ | | | △ |
| 30 | 27♏56 | 11♏05 | 16♈57 | 26♑03 | 28♑22 | 7♉32 | 18♓10 | 23♑15 | ☍ | | | | ⚼ | ⚼ | ⚺ | | ⚼ |

| D M | Saturn Lat. | Saturn Dec. | Uranus Lat. | Uranus Dec. | Neptune Lat. | Neptune Dec. | Pluto Lat. | Pluto Dec. |
|---|---|---|---|---|---|---|---|---|
| | ° ′ | ° ′ | ° ′ | ° ′ | ° ′ | ° ′ | ° ′ | ° ′ |
| 1 | 0S20 | 21S15 | 0S28 | 13N57 | 1S07 | 5S37 | 1S08 | 22S39 |
| 3 | 0 20 | 21 13 | 0 28 | 13 55 | 1 06 | 5 37 | 1 08 | 22 38 |
| 5 | 0 20 | 21 12 | 0 28 | 13 54 | 1 06 | 5 38 | 1 08 | 22 38 |
| 7 | 0 21 | 21 11 | 0 28 | 13 52 | 1 06 | 5 39 | 1 08 | 22 38 |
| 9 | 0 21 | 21 10 | 0 28 | 13 51 | 1 06 | 5 39 | 1 08 | 22 38 |
| 11 | 0 21 | 21 08 | 0 28 | 13 49 | 1 06 | 5 40 | 1 08 | 22 38 |
| 13 | 0 21 | 21 07 | 0 28 | 13 48 | 1 06 | 5 40 | 1 08 | 22 37 |
| 15 | 0 21 | 21 05 | 0 28 | 13 46 | 1 06 | 5 40 | 1 08 | 22 37 |
| 17 | 0 21 | 21 04 | 0 28 | 13 45 | 1 06 | 5 41 | 1 09 | 22 37 |
| 19 | 0 21 | 21 02 | 0 28 | 13 43 | 1 06 | 5 41 | 1 09 | 22 37 |
| 21 | 0 21 | 21 00 | 0 28 | 13 42 | 1 06 | 5 41 | 1 09 | 22 36 |
| 23 | 0 21 | 20 58 | 0 28 | 13 40 | 1 06 | 5 41 | 1 09 | 22 36 |
| 25 | 0 21 | 20 56 | 0 28 | 13 39 | 1 06 | 5 41 | 1 09 | 22 36 |
| 27 | 0 21 | 20 55 | 0 28 | 13 38 | 1 06 | 5 41 | 1 09 | 22 35 |
| 29 | 0 22 | 20 52 | 0 28 | 13 36 | 1 06 | 5 41 | 1 09 | 22 35 |
| 31 | 0S22 | 20S50 | 0S28 | 13N35 | 1S06 | 5S41 | 1S09 | 22S34 |

Mutual Aspects

1 ☉Q♃. ☿□♄.
2 ☉Q♇. 3 ☿Stat.
4 ♀∇♅.
6 ☉Q♄. ☿□♄.
7 ☉∇♂. 9 ♀☍♂.
10 ☉△♆. ♀#♂.
12 ♀∇♆. ♃☌♇. ♀||♆.
13 ☉±♂. ☿⚼♆.
14 ☉⚹♇. ♂Stat.
15 ☉⚹♃. ♀□♇.
16 ♀□♃. ♀±♆.
17 ☿☍♅.
19 ☉⚹♄. ☿Q♇. ♀□♄.
20 ☉⚺♀. ☿Q♃. ☿#♅.
21 ♂#♆.
22 ☉⚼♂. ☿∇♂. ☿Q♄.
24 ☿△♆. ♀⚼♆.
25 ☉||♄. 26 ☿±♂.
27 ☿⚹♇. ♀☍♅.
28 ☉||♃.
29 ☉∇♅. ☿⚹♃. ♆Stat.
30 ☉∠♇. ☿⚹♄. ♀Q♇. ♀#♅.

LAST QUARTER–Nov. 8,13h.46m. (16°♌37′)

NEW MOON – Dec.14,16h.17m. (23°♐08′)



| D M | D W | Sidereal Time | ☉ Long. | ☉ Dec. | ☽ Long. | ☽ Lat. | ☽ Dec. | ☽ Node | 24h. ☽ Long. | 24h. ☽ Dec. |
|---|---|---|---|---|---|---|---|---|---|---|
| | | h m s | ° ′ ″ | ° ′ | ° ′ ″ | ° ′ | ° ′ | ° ′ | ° ′ ″ | ° ′ |
| 1 | T | 16 43 14 | 9♐45 10 | 21 S 55 | 22♊02 47 | 0 N12 | 23 N24 | 20♊29 | 28♊10 42 | 24 N11 |
| 2 | W | 16 47 10 | 10 45 59 | 22 03 | 4♋21 07 | 1 19 | 24 41 | 20 25 | 10♋34 14 | 24 53 |
| 3 | Th | 16 51 07 | 11 46 49 | 22 12 | 16 50 16 | 2 24 | 24 45 | 20 22 | 23 09 24 | 24 19 |
| 4 | F | 16 55 03 | 12 47 40 | 22 20 | 29 31 54 | 3 23 | 23 33 | 20 19 | 5♌57 57 | 22 28 |
| 5 | S | 16 59 00 | 13 48 33 | 22 27 | 12♌27 48 | 4 12 | 21 06 | 20 16 | 19 01 41 | 19 26 |
| 6 | Su | 17 02 56 | 14 49 27 | 22 34 | 25 39 48 | 4 50 | 17 30 | 20 13 | 2♍22 21 | 15 20 |
| 7 | M | 17 06 53 | 15 50 22 | 22 41 | 9♍09 30 | 5 12 | 12 57 | 20 10 | 16 01 20 | 10 23 |
| 8 | T | 17 10 49 | 16 51 19 | 22 47 | 22 57 55 | 5 17 | 7 39 | 20 06 | 29 59 14 | 4 N47 |
| 9 | W | 17 14 46 | 17 52 16 | 22 53 | 7♎05 08 | 5 04 | 1 N50 | 20 03 | 14♎15 25 | 1 S10 |
| 10 | Th | 17 18 43 | 18 53 15 | 22 58 | 21 29 44 | 4 31 | 4 S11 | 20 00 | 28 47 37 | 7 11 |
| 11 | F | 17 22 39 | 19 54 15 | 23 03 | 6♏08 29 | 3 40 | 10 06 | 19 57 | 13♏31 39 | 12 54 |
| 12 | S | 17 26 36 | 20 55 16 | 23 08 | 20 56 18 | 2 34 | 15 30 | 19 54 | 28 21 34 | 17 53 |
| 13 | Su | 17 30 32 | 21 56 19 | 23 11 | 5♐46 31 | 1 N18 | 19 59 | 19 51 | 13♐10 11 | 21 45 |
| 14 | M | 17 34 29 | 22 57 22 | 23 15 | 20 31 39 | 0 S03 | 23 09 | 19 47 | 27 50 00 | 24 09 |
| 15 | T | 17 38 25 | 23 58 26 | 23 18 | 5♑04 24 | 1 23 | 24 43 | 19 44 | 12♑14 10 | 24 53 |
| 16 | W | 17 42 22 | 24 59 31 | 23 21 | 19 18 39 | 2 36 | 24 37 | 19 41 | 26 17 26 | 23 58 |
| 17 | Th | 17 46 18 | 26 00 36 | 23 23 | 3♒10 10 | 3 38 | 22 58 | 19 38 | 9♒56 41 | 21 40 |
| 18 | F | 17 50 15 | 27 01 41 | 23 24 | 16 36 57 | 4 25 | 20 04 | 19 35 | 23 11 04 | 18 15 |
| 19 | S | 17 54 12 | 28 02 47 | 23 25 | 29 39 14 | 4 58 | 16 14 | 19 31 | 6♓01 45 | 14 04 |
| 20 | Su | 17 58 08 | 29♐03 53 | 23 26 | 12♓19 01 | 5 14 | 11 47 | 19 28 | 18 31 30 | 9 24 |
| 21 | M | 18 02 05 | 0♑05 00 | 23 26 | 24 39 44 | 5 16 | 6 57 | 19 25 | 0♈44 14 | 4 S28 |
| 22 | T | 18 06 01 | 1 06 06 | 23 26 | 6♈45 37 | 5 04 | 1 S58 | 19 22 | 12 44 27 | 0 N33 |
| 23 | W | 18 09 58 | 2 07 13 | 23 25 | 18 41 23 | 4 38 | 3 N02 | 19 19 | 24 36 58 | 5 29 |
| 24 | Th | 18 13 54 | 3 08 20 | 23 24 | 0♉31 49 | 4 01 | 7 54 | 19 16 | 6♉26 29 | 10 14 |
| 25 | F | 18 17 51 | 4 09 27 | 23 22 | 12 21 31 | 3 14 | 12 28 | 19 12 | 18 17 25 | 14 36 |
| 26 | S | 18 21 47 | 5 10 34 | 23 20 | 24 14 41 | 2 18 | 16 36 | 19 09 | 0♊13 43 | 18 27 |
| 27 | Su | 18 25 44 | 6 11 42 | 23 18 | 6♊14 56 | 1 15 | 20 07 | 19 06 | 12 18 40 | 21 34 |
| 28 | M | 18 29 41 | 7 12 49 | 23 14 | 18 25 12 | 0 S09 | 22 47 | 19 03 | 24 34 49 | 23 45 |
| 29 | T | 18 33 37 | 8 13 57 | 23 11 | 0♋47 40 | 0 N59 | 24 26 | 19 00 | 7♋03 55 | 24 48 |
| 30 | W | 18 37 34 | 9 15 05 | 23 07 | 13 23 40 | 2 06 | 24 51 | 18 57 | 19 46 57 | 24 34 |
| 31 | Th | 18 41 30 | 10♑16 13 | 23 S 02 | 26♋13 47 | 3 N07 | 23 N58 | 18♊53 | 2♌44 07 | 23 N01 |

| D M | Mercury Lat. | Mercury Dec. | | Venus Lat. | Venus Dec. | | Mars Lat. | Mars Dec. | | Jupiter Lat. | Jupiter Dec. |
|---|---|---|---|---|---|---|---|---|---|---|---|
| | ° ′ | ° ′ | ° ′ | ° ′ | ° ′ | ° ′ | ° ′ | ° ′ | ° ′ | ° ′ | ° ′ |
| 1 | 0 N30 | 19 S 33 | 20 S 00 | 1 N 38 | 13 S 59 | 14 S 22 | 0 S 02 | 6 N43 | 6 N 50 | 0 S 28 | 21 S 21 |
| 3 | 0 16 | 20 25 | 20 50 | 1 36 | 14 45 | 15 08 | 0 N 03 | 6 57 | 7 05 | 0 28 | 21 17 |
| 5 | 0 N02 | 21 14 | 21 37 | 1 33 | 15 30 | 15 52 | 0 08 | 7 13 | 7 20 | 0 28 | 21 12 |
| 7 | 0 S12 | 21 58 | 22 19 | 1 30 | 16 14 | 16 35 | 0 12 | 7 29 | 7 37 | 0 28 | 21 08 |
| 9 | 0 25 | 22 39 | 22 57 | 1 27 | 16 56 | 17 16 | 0 17 | 7 45 | 7 53 | 0 28 | 21 03 |
| 11 | 0 38 | 23 14 | 23 31 | 1 24 | 17 36 | 17 56 | 0 21 | 8 02 | 8 11 | 0 28 | 20 58 |
| 13 | 0 51 | 23 45 | 23 59 | 1 20 | 18 15 | 18 33 | 0 24 | 8 20 | 8 28 | 0 28 | 20 53 |
| 15 | 1 02 | 24 12 | 24 23 | 1 17 | 18 51 | 19 09 | 0 28 | 8 38 | 8 47 | 0 28 | 20 48 |
| 17 | 1 14 | 24 33 | 24 42 | 1 13 | 19 26 | 19 42 | 0 32 | 8 56 | 9 05 | 0 29 | 20 42 |
| 19 | 1 24 | 24 49 | 24 55 | 1 08 | 19 58 | 20 13 | 0 35 | 9 15 | 9 25 | 0 29 | 20 37 |
| 21 | 1 34 | 25 00 | 25 03 | 1 04 | 20 28 | 20 42 | 0 38 | 9 34 | 9 44 | 0 29 | 20 32 |
| 23 | 1 42 | 25 05 | 25 05 | 1 00 | 20 56 | 21 09 | 0 41 | 9 54 | 10 04 | 0 29 | 20 26 |
| 25 | 1 50 | 25 04 | 25 01 | 0 55 | 21 21 | 21 33 | 0 44 | 10 14 | 10 24 | 0 29 | 20 20 |
| 27 | 1 56 | 24 58 | 24 52 | 0 50 | 21 44 | 21 54 | 0 47 | 10 34 | 10 44 | 0 29 | 20 14 |
| 29 | 2 02 | 24 45 | 24 S 37 | 0 46 | 22 04 | 22 S 13 | 0 49 | 10 55 | 11 N 05 | 0 29 | 20 08 |
| 31 | 2 S 05 | 24 S 27 | | 0 N 41 | 22 S 22 | | 0 N 52 | 11 N15 | | 0 S 29 | 20 S 02 |

FIRST QUARTER – Dec.21,23h.41m. ( 0°♈35′)

FULL MOON–Dec.30,03h.28m. ( 8°♋53′)

| EPHEMERIS ] | | | | DECEMBER | 2020 | | | | | | | | | | | | 25 |
|---|---|---|---|---|---|---|---|---|---|---|---|---|---|---|---|---|---|
| D | ☿ | ♀ | ♂ | ♃ | ♄ | ♅ | ♆ | ♇ | Lunar Aspects | | | | | | | | |
| M | Long. | Long. | Long. | Long. | Long. | Long. | Long. | Long. | ⊙ | ☿ | ♀ | ♂ | ♃ | ♄ | ♅ | ♆ | ♇ |
| | ° ′ | ° ′ | ° ′ | ° ′ | ° ′ | ° ′ | ° ′ | ° ′ | | | | | | | | | |
| 1 | 29♏29 | 12♏20 | 17♈09 | 26♑15 | 28♑27 | 7♉30 | 18♓10 | 23♑17 | | | ⚼ | ✱ | | | ∠ | □ | |
| 2 | 1♐03 | 13 34 | 17 22 | 26 27 | 28 33 | 7R 28 | 18 10 | 23 18 | | | | | | | ✱ | | |
| 3 | 2 37 | 14 49 | 17 36 | 26 38 | 28 38 | 7 26 | 18 10 | 23 20 | | ⚼ | △ | □ | | | | △ | |
| 4 | 4 10 | 16 03 | 17 50 | 26 50 | 28 44 | 7 24 | 18 10 | 23 22 | ⚼ | △ | | | ☍ | ☍ | | ⚼ | ☍ |
| 5 | 5 44 | 17 18 | 18 04 | 27 03 | 28 49 | 7 22 | 18 10 | 23 23 | △ | | □ | △ | | | □ | | |
| 6 | 7 18 | 18 33 | 18 20 | 27 15 | 28 55 | 7 21 | 18 11 | 23 25 | | | | | | | | | |
| 7 | 8 51 | 19 48 | 18 35 | 27 27 | 29 01 | 7 19 | 18 11 | 23 26 | | □ | | ⚼ | ⚼ | ⚼ | △ | | ⚼ |
| 8 | 10 25 | 21 02 | 18 52 | 27 39 | 29 07 | 7 17 | 18 11 | 23 28 | □ | | ✱ | | △ | △ | ⚼ | ☍ | △ |
| 9 | 11 59 | 22 17 | 19 08 | 27 52 | 29 13 | 7 15 | 18 12 | 23 30 | | ✱ | ∠ | | | | | | |
| 10 | 13 33 | 23 32 | 19 26 | 28 04 | 29 19 | 7 14 | 18 12 | 23 32 | ✱ | | ⚺ | ☍ | □ | | | | □ |
| 11 | 15 07 | 24 47 | 19 44 | 28 17 | 29 25 | 7 12 | 18 12 | 23 33 | ∠ | ∠ | | | | □ | ☍ | ⚼ | |
| 12 | 16 41 | 26 02 | 20 02 | 28 29 | 29 31 | 7 10 | 18 13 | 23 35 | ⚺ | ⚺ | ☌ | | | | | △ | ✱ |
| 13 | 18 15 | 27 17 | 20 21 | 28 42 | 29 37 | 7 09 | 18 13 | 23 37 | | | | ⚼ | ✱ | ✱ | | | ∠ |
| 14 | 19 49 | 28 31 | 20 40 | 28 55 | 29 43 | 7 07 | 18 14 | 23 38 | ☌ | ☌ | | △ | ∠ | ∠ | ⚼ | □ | ⚺ |
| 15 | 21 23 | 29♏46 | 21 00 | 29 08 | 29 49 | 7 06 | 18 14 | 23 40 | | | ⚺ | | ⚺ | ⚺ | △ | | |
| 16 | 22 57 | 1♐01 | 21 20 | 29 20 | 29♑56 | 7 04 | 18 15 | 23 42 | ⚺ | ⚺ | ∠ | □ | | | | ✱ | ☌ |
| 17 | 24 32 | 2 16 | 21 40 | 29 33 | 0♒02 | 7 03 | 18 16 | 23 44 | | | ✱ | | ☌ | ☌ | □ | ∠ | |
| 18 | 26 06 | 3 31 | 22 01 | 29 46 | 0 08 | 7 02 | 18 16 | 23 46 | ∠ | ∠ | | ✱ | | | | ⚺ | |
| 19 | 27 41 | 4 46 | 22 23 | 29♑59 | 0 15 | 7 00 | 18 17 | 23 48 | ✱ | ✱ | □ | | ⚺ | ⚺ | | | ⚺ |
| 20 | 29♐16 | 6 01 | 22 45 | 0♒13 | 0 21 | 6 59 | 18 18 | 23 49 | | | | ∠ | ∠ | ∠ | ✱ | ☌ | ∠ |
| 21 | 0♑51 | 7 16 | 23 07 | 0 26 | 0 27 | 6 58 | 18 18 | 23 51 | □ | | | ⚺ | ✱ | ✱ | ∠ | | ✱ |
| 22 | 2 26 | 8 31 | 23 29 | 0 39 | 0 34 | 6 57 | 18 19 | 23 53 | | □ | △ | | | | ⚺ | | |
| 23 | 4 02 | 9 46 | 23 52 | 0 52 | 0 40 | 6 56 | 18 20 | 23 55 | | | | ☌ | | | | ⚺ | □ |
| 24 | 5 37 | 11 01 | 24 16 | 1 06 | 0 47 | 6 54 | 18 21 | 23 57 | △ | △ | ⚼ | | □ | □ | | ∠ | |
| 25 | 7 13 | 12 17 | 24 39 | 1 19 | 0 54 | 6 53 | 18 22 | 23 59 | | | | | | | ☌ | | |
| 26 | 8 50 | 13 32 | 25 04 | 1 32 | 1 00 | 6 52 | 18 23 | 24 01 | ⚼ | ⚼ | | ⚺ | | | | ✱ | △ |
| 27 | 10 26 | 14 47 | 25 28 | 1 46 | 1 07 | 6 52 | 18 24 | 24 03 | | | | ∠ | △ | △ | ⚺ | | ⚼ |
| 28 | 12 03 | 16 02 | 25 53 | 1 59 | 1 14 | 6 51 | 18 25 | 24 04 | | | ☍ | | ⚼ | ⚼ | ∠ | □ | |
| 29 | 13 39 | 17 17 | 26 18 | 2 13 | 1 20 | 6 50 | 18 26 | 24 06 | | | | ✱ | | | ✱ | | |
| 30 | 15 17 | 18 32 | 26 43 | 2 26 | 1 27 | 6 49 | 18 27 | 24 08 | ☍ | ☍ | | | | | | △ | |
| 31 | 16♑54 | 19♐47 | 27♈09 | 2♒40 | 1♒34 | 6♉48 | 18♓28 | 24♑10 | | | | □ | | ☍ | | | ☍ |

| D | Saturn | | Uranus | | Neptune | | Pluto | |
|---|---|---|---|---|---|---|---|---|
| M | Lat. | Dec. | Lat. | Dec. | Lat. | Dec. | Lat. | Dec. |
| | ° ′ | ° ′ | ° ′ | ° ′ | ° ′ | ° ′ | ° ′ | ° ′ |
| 1 | 0S22 | 20S50 | 0S28 | 13N35 | 1S06 | 5S41 | 1S09 | 22S34 |
| 3 | 0 22 | 20 48 | 0 28 | 13 34 | 1 06 | 5 41 | 1 10 | 22 34 |
| 5 | 0 22 | 20 46 | 0 28 | 13 33 | 1 06 | 5 41 | 1 10 | 22 34 |
| 7 | 0 22 | 20 44 | 0 28 | 13 31 | 1 06 | 5 41 | 1 10 | 22 33 |
| 9 | 0 22 | 20 42 | 0 28 | 13 30 | 1 06 | 5 41 | 1 10 | 22 33 |
| 11 | 0 22 | 20 39 | 0 28 | 13 29 | 1 05 | 5 40 | 1 10 | 22 32 |
| 13 | 0 22 | 20 37 | 0 28 | 13 28 | 1 05 | 5 40 | 1 10 | 22 32 |
| 15 | 0 22 | 20 34 | 0 28 | 13 27 | 1 05 | 5 39 | 1 10 | 22 31 |
| 17 | 0 22 | 20 32 | 0 27 | 13 26 | 1 05 | 5 39 | 1 11 | 22 31 |
| 19 | 0 23 | 20 29 | 0 27 | 13 26 | 1 05 | 5 38 | 1 11 | 22 30 |
| 21 | 0 23 | 20 27 | 0 27 | 13 25 | 1 05 | 5 38 | 1 11 | 22 30 |
| 23 | 0 23 | 20 24 | 0 27 | 13 24 | 1 05 | 5 37 | 1 11 | 22 29 |
| 25 | 0 23 | 20 21 | 0 27 | 13 23 | 1 05 | 5 36 | 1 11 | 22 29 |
| 27 | 0 23 | 20 18 | 0 27 | 13 23 | 1 05 | 5 36 | 1 11 | 22 28 |
| 29 | 0 23 | 20 16 | 0 27 | 13 22 | 1 05 | 5 35 | 1 11 | 22 28 |
| 31 | 0S23 | 20S13 | 0S27 | 13N22 | 1S05 | 5S34 | 1S12 | 22S27 |

**Mutual Aspects**

3 ⊙∠♃. ☿⚼♂. ♀Q♃.
4 ☿∥♄.
5 ⊙∠♄. ⊙±♅. ♀Q♄. ♂⚺♆. ☿∥♃.
6 ☿▽♅. ♀▽♂. ♀△♆. ⊙∥♇.
7 ☿∠♇.
9 ⊙□♆. ⊙⊥♇. ☿∥♇.
10 ☿∠♃. ☿±♅. ♀✱♇. ⊙∥☿.
11 ⊙△♂. ☿∠♄.
12 ♀±♂.
13 ⊙⚼♅. ☿□♆. ☿⊥♇.
14 ⊙⊥♃. ♀✱♃.
15 ⊙⊥♄. ⊙⚺♇. ☿△♂. ☿⚼♅. ♀✱♄.
16 ☿⊥♃. ☿⚺♇.
17 ☿⊥♄. 20 ⊙☌☿.
21 ⊙⚺♃. ⊙⚺♄. ☿⚺♃. ☿⚺♄. ♀▽♅.
♃☌♄. ♀∥♃. ♀∥♄.
22 ♀⚼♂. ♀∠♇.
23 ♂□♇.
24 ☿Q♆. ♂⊥♆.
25 ☿△♅. ♀±♅. ♃∥♄.
27 ⊙Q♆.
28 ⊙△♅. ♀∠♄.
29 ♀∠♃.
30 ♀□♆. ♀⊥♇.

LAST QUARTER–Dec. 8,00h.37m. (16°♍22′)

## JANUARY

| D | ☉ | ☽ | ☽Dec. | ☿ | ♀ | ♂ |
|---|---|---|---|---|---|---|
| | ° ′ ″ | ° ′ ″ | ° ′ | ° ′ | ° ′ | ′ |
| 1 | 1 01 10 | 11 52 01 | 4 32 | 1 35 | 1 14 | 40 |
| 2 | 1 01 10 | 11 53 50 | 4 40 | 1 35 | 1 13 | 40 |
| 3 | 1 01 10 | 12 00 24 | 4 39 | 1 35 | 1 13 | 40 |
| 4 | 1 01 09 | 12 11 35 | 4 30 | 1 36 | 1 13 | 40 |
| 5 | 1 01 09 | 12 27 00 | 4 10 | 1 36 | 1 13 | 40 |
| 6 | 1 01 09 | 12 45 51 | 3 37 | 1 36 | 1 13 | 40 |
| 7 | 1 01 09 | 13 07 02 | 2 48 | 1 37 | 1 13 | 40 |
| 8 | 1 01 08 | 13 29 03 | 1 42 | 1 37 | 1 13 | 40 |
| 9 | 1 01 08 | 13 50 08 | 0 22 | 1 38 | 1 13 | 41 |
| 10 | 1 01 08 | 14 08 27 | 1 07 | 1 38 | 1 13 | 41 |
| 11 | 1 01 07 | 14 22 20 | 2 33 | 1 38 | 1 13 | 41 |
| 12 | 1 01 07 | 14 30 38 | 3 48 | 1 39 | 1 13 | 41 |
| 13 | 1 01 07 | 14 32 54 | 4 45 | 1 39 | 1 13 | 41 |
| 14 | 1 01 07 | 14 29 31 | 5 20 | 1 40 | 1 13 | 41 |
| 15 | 1 01 07 | 14 21 30 | 5 35 | 1 40 | 1 13 | 41 |
| 16 | 1 01 06 | 14 10 15 | 5 31 | 1 41 | 1 13 | 41 |
| 17 | 1 01 06 | 13 57 08 | 5 10 | 1 41 | 1 13 | 41 |
| 18 | 1 01 06 | 13 43 19 | 4 33 | 1 42 | 1 13 | 41 |
| 19 | 1 01 06 | 13 29 33 | 3 42 | 1 42 | 1 12 | 41 |
| 20 | 1 01 06 | 13 16 15 | 2 38 | 1 42 | 1 12 | 41 |
| 21 | 1 01 05 | 13 03 29 | 1 26 | 1 43 | 1 12 | 41 |
| 22 | 1 01 05 | 12 51 14 | 0 11 | 1 43 | 1 12 | 41 |
| 23 | 1 01 04 | 12 39 24 | 1 01 | 1 43 | 1 12 | 41 |
| 24 | 1 01 03 | 12 28 02 | 2 06 | 1 43 | 1 12 | 41 |
| 25 | 1 01 03 | 12 17 20 | 3 00 | 1 43 | 1 12 | 41 |
| 26 | 1 01 02 | 12 07 42 | 3 41 | 1 43 | 1 12 | 41 |
| 27 | 1 01 01 | 11 59 42 | 4 10 | 1 43 | 1 12 | 41 |
| 28 | 1 01 00 | 11 53 59 | 4 29 | 1 43 | 1 12 | 41 |
| 29 | 1 00 58 | 11 51 18 | 4 38 | 1 42 | 1 12 | 41 |
| 30 | 1 00 57 | 11 52 19 | 4 39 | 1 41 | 1 12 | 41 |
| 31 | 1 00 56 | 11 57 38 | 4 31 | 1 40 | 1 11 | 41 |

## FEBRUARY

| D | ☉ | ☽ | ☽Dec. | ☿ | ♀ | ♂ |
|---|---|---|---|---|---|---|
| | ° ′ ″ | ° ′ ″ | ° ′ | ° ′ | ° ′ | ′ |
| 1 | 1 00 55 | 12 07 40 | 4 14 | 1 38 | 1 11 | 41 |
| 2 | 1 00 54 | 12 22 36 | 3 46 | 1 37 | 1 11 | 41 |
| 3 | 1 00 52 | 12 42 13 | 3 05 | 1 34 | 1 11 | 41 |
| 4 | 1 00 51 | 13 05 51 | 2 08 | 1 31 | 1 11 | 41 |
| 5 | 1 00 50 | 13 32 13 | 0 56 | 1 28 | 1 11 | 41 |
| 6 | 1 00 48 | 13 59 20 | 0 29 | 1 24 | 1 11 | 41 |
| 7 | 1 00 47 | 14 24 33 | 1 59 | 1 19 | 1 11 | 41 |
| 8 | 1 00 45 | 14 44 58 | 3 24 | 1 14 | 1 10 | 41 |
| 9 | 1 00 44 | 14 57 55 | 4 34 | 1 08 | 1 10 | 41 |
| 10 | 1 00 43 | 15 01 40 | 5 22 | 1 01 | 1 10 | 41 |
| 11 | 1 00 42 | 14 56 03 | 5 46 | 0 53 | 1 10 | 41 |
| 12 | 1 00 40 | 14 42 25 | 5 47 | 0 45 | 1 10 | 41 |
| 13 | 1 00 39 | 14 23 12 | 5 26 | 0 36 | 1 10 | 41 |
| 14 | 1 00 38 | 14 01 12 | 4 48 | 0 26 | 1 10 | 41 |
| 15 | 1 00 37 | 13 38 54 | 3 56 | 0 16 | 1 09 | 41 |
| 16 | 1 00 36 | 13 18 08 | 2 52 | 0 06 | 1 09 | 41 |
| 17 | 1 00 35 | 12 59 53 | 1 41 | 0 05 | 1 09 | 41 |
| 18 | 1 00 34 | 12 44 31 | 0 27 | 0 15 | 1 09 | 41 |
| 19 | 1 00 32 | 12 31 55 | 0 45 | 0 25 | 1 09 | 41 |
| 20 | 1 00 31 | 12 21 39 | 1 51 | 0 34 | 1 09 | 41 |
| 21 | 1 00 29 | 12 13 14 | 2 47 | 0 43 | 1 08 | 41 |
| 22 | 1 00 28 | 12 06 13 | 3 31 | 0 50 | 1 08 | 41 |
| 23 | 1 00 26 | 12 00 22 | 4 04 | 0 56 | 1 08 | 41 |
| 24 | 1 00 24 | 11 55 41 | 4 26 | 1 01 | 1 08 | 41 |
| 25 | 1 00 23 | 11 52 25 | 4 38 | 1 04 | 1 08 | 41 |
| 26 | 1 00 21 | 11 51 02 | 4 41 | 1 05 | 1 08 | 41 |
| 27 | 1 00 19 | 11 52 12 | 4 34 | 1 05 | 1 07 | 41 |
| 28 | 1 00 17 | 11 56 39 | 4 18 | 1 03 | 1 07 | 41 |
| 29 | 1 00 15 | 12 05 05 | 3 53 | 1 00 | 1 07 | 41 |

## MARCH

| D | ☉ | ☽ | ☽Dec. | ☿ | ♀ | ♂ |
|---|---|---|---|---|---|---|
| | ° ′ ″ | ° ′ ″ | ° ′ | ° ′ | ° ′ | ′ |
| 1 | 1 00 13 | 12 18 08 | 3 16 | 0 55 | 1 07 | 41 |
| 2 | 1 00 11 | 12 36 05 | 2 26 | 0 50 | 1 06 | 41 |
| 3 | 1 00 09 | 12 58 53 | 1 22 | 0 44 | 1 06 | 41 |
| 4 | 1 00 07 | 13 25 47 | 0 05 | 0 38 | 1 06 | 41 |
| 5 | 1 00 05 | 13 55 16 | 1 21 | 0 31 | 1 06 | 41 |
| 6 | 1 00 03 | 14 24 46 | 2 48 | 0 24 | 1 05 | 42 |
| 7 | 1 00 01 | 14 50 57 | 4 07 | 0 17 | 1 05 | 42 |
| 8 | 0 59 59 | 15 10 06 | 5 09 | 0 11 | 1 05 | 42 |
| 9 | 0 59 57 | 15 19 07 | 5 49 | 0 04 | 1 05 | 42 |
| 10 | 0 59 55 | 15 16 32 | 6 03 | 0 02 | 1 04 | 42 |
| 11 | 0 59 53 | 15 03 00 | 5 51 | 0 08 | 1 04 | 42 |
| 12 | 0 59 51 | 14 41 04 | 5 17 | 0 14 | 1 04 | 42 |
| 13 | 0 59 49 | 14 14 17 | 4 24 | 0 19 | 1 03 | 42 |
| 14 | 0 59 48 | 13 46 11 | 3 17 | 0 24 | 1 03 | 42 |
| 15 | 0 59 46 | 13 19 33 | 2 02 | 0 29 | 1 03 | 42 |
| 16 | 0 59 44 | 12 56 09 | 0 44 | 0 34 | 1 02 | 42 |
| 17 | 0 59 43 | 12 36 50 | 0 30 | 0 38 | 1 02 | 42 |
| 18 | 0 59 41 | 12 21 45 | 1 38 | 0 42 | 1 02 | 42 |
| 19 | 0 59 39 | 12 10 34 | 2 36 | 0 46 | 1 01 | 42 |
| 20 | 0 59 37 | 12 02 41 | 3 23 | 0 49 | 1 01 | 42 |
| 21 | 0 59 35 | 11 57 25 | 3 59 | 0 52 | 1 01 | 42 |
| 22 | 0 59 33 | 11 54 09 | 4 24 | 0 55 | 1 00 | 42 |
| 23 | 0 59 32 | 11 52 24 | 4 39 | 0 58 | 1 00 | 42 |
| 24 | 0 59 29 | 11 51 56 | 4 44 | 1 01 | 0 59 | 42 |
| 25 | 0 59 27 | 11 52 50 | 4 40 | 1 04 | 0 59 | 42 |
| 26 | 0 59 25 | 11 55 24 | 4 26 | 1 06 | 0 59 | 42 |
| 27 | 0 59 23 | 12 00 10 | 4 02 | 1 08 | 0 58 | 42 |
| 28 | 0 59 21 | 12 07 49 | 3 26 | 1 11 | 0 58 | 42 |
| 29 | 0 59 19 | 12 19 02 | 2 39 | 1 13 | 0 57 | 42 |
| 30 | 0 59 17 | 12 34 23 | 1 40 | 1 15 | 0 57 | 42 |
| 31 | 0 59 14 | 12 54 12 | 0 29 | 1 17 | 0 56 | 42 |

## APRIL

| D | ☉ | ☽ | ☽Dec. | ☿ | ♀ | ♂ |
|---|---|---|---|---|---|---|
| | ° ′ ″ | ° ′ ″ | ° ′ | ° ′ | ° ′ | ′ |
| 1 | 0 59 12 | 13 18 14 | 0 50 | 1 19 | 0 55 | 42 |
| 2 | 0 59 10 | 13 45 34 | 2 12 | 1 20 | 0 55 | 42 |
| 3 | 0 59 07 | 14 14 19 | 3 32 | 1 22 | 0 54 | 42 |
| 4 | 0 59 05 | 14 41 36 | 4 41 | 1 24 | 0 54 | 42 |
| 5 | 0 59 02 | 15 03 50 | 5 33 | 1 26 | 0 53 | 42 |
| 6 | 0 59 00 | 15 17 28 | 6 03 | 1 27 | 0 52 | 42 |
| 7 | 0 58 58 | 15 20 01 | 6 07 | 1 29 | 0 52 | 42 |
| 8 | 0 58 56 | 15 10 58 | 5 45 | 1 31 | 0 51 | 42 |
| 9 | 0 58 54 | 14 51 53 | 5 00 | 1 32 | 0 50 | 42 |
| 10 | 0 58 52 | 14 25 55 | 3 54 | 1 34 | 0 49 | 42 |
| 11 | 0 58 51 | 13 56 45 | 2 36 | 1 35 | 0 49 | 42 |
| 12 | 0 58 49 | 13 27 41 | 1 12 | 1 37 | 0 48 | 42 |
| 13 | 0 58 47 | 13 01 07 | 0 10 | 1 39 | 0 47 | 42 |
| 14 | 0 58 46 | 12 38 33 | 1 23 | 1 40 | 0 46 | 42 |
| 15 | 0 58 44 | 12 20 37 | 2 25 | 1 42 | 0 45 | 42 |
| 16 | 0 58 42 | 12 07 22 | 3 15 | 1 43 | 0 44 | 42 |
| 17 | 0 58 40 | 11 58 28 | 3 53 | 1 45 | 0 43 | 42 |
| 18 | 0 58 39 | 11 53 18 | 4 20 | 1 47 | 0 42 | 42 |
| 19 | 0 58 37 | 11 51 13 | 4 38 | 1 48 | 0 41 | 42 |
| 20 | 0 58 35 | 11 51 33 | 4 46 | 1 50 | 0 40 | 42 |
| 21 | 0 58 33 | 11 53 45 | 4 45 | 1 51 | 0 39 | 42 |
| 22 | 0 58 31 | 11 57 28 | 4 34 | 1 53 | 0 38 | 42 |
| 23 | 0 58 29 | 12 02 33 | 4 12 | 1 55 | 0 36 | 42 |
| 24 | 0 58 28 | 12 09 06 | 3 39 | 1 56 | 0 35 | 42 |
| 25 | 0 58 26 | 12 17 28 | 2 54 | 1 58 | 0 34 | 42 |
| 26 | 0 58 24 | 12 28 05 | 1 56 | 2 00 | 0 32 | 42 |
| 27 | 0 58 22 | 12 41 26 | 0 48 | 2 01 | 0 31 | 41 |
| 28 | 0 58 20 | 12 57 53 | 0 28 | 2 03 | 0 29 | 41 |
| 29 | 0 58 18 | 13 17 27 | 1 47 | 2 04 | 0 28 | 41 |
| 30 | 0 58 16 | 13 39 39 | 3 04 | 2 05 | 0 26 | 41 |

## MAY

| D | ☉ | ☽ | ☽Dec. | ☿ | ♀ | ♂ |
|---|---|---|---|---|---|---|
| | ° ′ ″ | ° ′ ″ | ° ′ | ° ′ | ° ′ | ′ |
| 1 | 0 58 13 | 14 03 16 | 4 12 | 2 07 | 0 24 | 41 |
| 2 | 0 58 11 | 14 26 21 | 5 08 | 2 08 | 0 23 | 41 |
| 3 | 0 58 09 | 14 46 14 | 5 46 | 2 09 | 0 21 | 41 |
| 4 | 0 58 07 | 15 00 02 | 6 03 | 2 09 | 0 19 | 41 |
| 5 | 0 58 05 | 15 05 22 | 5 57 | 2 10 | 0 17 | 41 |
| 6 | 0 58 04 | 15 01 01 | 5 26 | 2 10 | 0 15 | 41 |
| 7 | 0 58 02 | 14 47 25 | 4 31 | 2 10 | 0 13 | 41 |
| 8 | 0 58 00 | 14 26 28 | 3 17 | 2 10 | 0 11 | 41 |
| 9 | 0 57 59 | 14 00 55 | 1 51 | 2 09 | 0 09 | 41 |
| 10 | 0 57 58 | 13 33 44 | 0 23 | 2 09 | 0 06 | 41 |
| 11 | 0 57 56 | 13 07 28 | 0 59 | 2 08 | 0 04 | 41 |
| 12 | 0 57 55 | 12 43 58 | 2 09 | 2 06 | 0 02 | 41 |
| 13 | 0 57 54 | 12 24 25 | 3 05 | 2 05 | 0 01 | 41 |
| 14 | 0 57 52 | 12 09 26 | 3 47 | 2 03 | 0 03 | 41 |
| 15 | 0 57 51 | 11 59 06 | 4 17 | 2 01 | 0 05 | 41 |
| 16 | 0 57 50 | 11 53 12 | 4 36 | 1 58 | 0 08 | 41 |
| 17 | 0 57 49 | 11 51 20 | 4 46 | 1 56 | 0 10 | 41 |
| 18 | 0 57 47 | 11 52 56 | 4 48 | 1 53 | 0 13 | 41 |
| 19 | 0 57 46 | 11 57 22 | 4 40 | 1 50 | 0 15 | 41 |
| 20 | 0 57 45 | 12 04 04 | 4 22 | 1 48 | 0 17 | 41 |
| 21 | 0 57 44 | 12 12 29 | 3 53 | 1 45 | 0 20 | 41 |
| 22 | 0 57 43 | 12 22 13 | 3 11 | 1 42 | 0 22 | 41 |
| 23 | 0 57 41 | 12 33 05 | 2 15 | 1 39 | 0 24 | 40 |
| 24 | 0 57 40 | 12 44 58 | 1 07 | 1 35 | 0 26 | 40 |
| 25 | 0 57 39 | 12 57 55 | 0 09 | 1 32 | 0 28 | 40 |
| 26 | 0 57 37 | 13 12 00 | 1 29 | 1 29 | 0 30 | 40 |
| 27 | 0 57 36 | 13 27 11 | 2 45 | 1 26 | 0 32 | 40 |
| 28 | 0 57 34 | 13 43 11 | 3 53 | 1 23 | 0 33 | 40 |
| 29 | 0 57 33 | 13 59 22 | 4 48 | 1 19 | 0 34 | 40 |
| 30 | 0 57 31 | 14 14 41 | 5 28 | 1 16 | 0 36 | 40 |
| 31 | 0 57 30 | 14 27 42 | 5 50 | 1 12 | 0 36 | 40 |

## JUNE

| D | ☉ | ☽ | ☽Dec. | ☿ | ♀ | ♂ |
|---|---|---|---|---|---|---|
| | ° ′ ″ | ° ′ ″ | ° ′ | ° ′ | ° ′ | ′ |
| 1 | 0 57 29 | 14 36 45 | 5 52 | 1 09 | 0 37 | 40 |
| 2 | 0 57 28 | 14 40 22 | 5 34 | 1 05 | 0 38 | 40 |
| 3 | 0 57 26 | 14 37 35 | 4 53 | 1 02 | 0 38 | 40 |
| 4 | 0 57 25 | 14 28 12 | 3 50 | 0 58 | 0 38 | 40 |
| 5 | 0 57 24 | 14 12 57 | 2 30 | 0 54 | 0 37 | 39 |
| 6 | 0 57 24 | 13 53 18 | 1 01 | 0 51 | 0 37 | 39 |
| 7 | 0 57 23 | 13 31 06 | 0 27 | 0 47 | 0 36 | 39 |
| 8 | 0 57 22 | 13 08 20 | 1 46 | 0 43 | 0 35 | 39 |
| 9 | 0 57 21 | 12 46 45 | 2 50 | 0 39 | 0 34 | 39 |
| 10 | 0 57 21 | 12 27 47 | 3 38 | 0 34 | 0 32 | 39 |
| 11 | 0 57 20 | 12 12 24 | 4 12 | 0 30 | 0 31 | 39 |
| 12 | 0 57 20 | 12 01 16 | 4 34 | 0 26 | 0 29 | 39 |
| 13 | 0 57 19 | 11 54 38 | 4 46 | 0 21 | 0 27 | 39 |
| 14 | 0 57 19 | 11 52 33 | 4 49 | 0 17 | 0 25 | 38 |
| 15 | 0 57 19 | 11 54 46 | 4 44 | 0 12 | 0 23 | 38 |
| 16 | 0 57 18 | 12 00 53 | 4 29 | 0 08 | 0 21 | 38 |
| 17 | 0 57 18 | 12 10 20 | 4 04 | 0 03 | 0 18 | 38 |
| 18 | 0 57 18 | 12 22 26 | 3 27 | 0 01 | 0 16 | 38 |
| 19 | 0 57 17 | 12 36 23 | 2 35 | 0 06 | 0 14 | 38 |
| 20 | 0 57 17 | 12 51 23 | 1 30 | 0 10 | 0 11 | 38 |
| 21 | 0 57 16 | 13 06 36 | 0 13 | 0 14 | 0 09 | 37 |
| 22 | 0 57 16 | 13 21 21 | 1 09 | 0 18 | 0 07 | 37 |
| 23 | 0 57 15 | 13 35 01 | 2 29 | 0 22 | 0 04 | 37 |
| 24 | 0 57 15 | 13 47 11 | 3 40 | 0 25 | 0 02 | 37 |
| 25 | 0 57 14 | 13 57 32 | 4 37 | 0 28 | 0 00 | 37 |
| 26 | 0 57 14 | 14 05 52 | 5 18 | 0 31 | 0 03 | 37 |
| 27 | 0 57 13 | 14 12 00 | 5 41 | 0 33 | 0 05 | 36 |
| 28 | 0 57 13 | 14 15 45 | 5 46 | 0 35 | 0 07 | 36 |
| 29 | 0 57 12 | 14 16 50 | 5 33 | 0 36 | 0 09 | 36 |
| 30 | 0 57 12 | 14 14 58 | 4 59 | 0 36 | 0 11 | 36 |

## JULY

| D | ☉ | ☽ | ☽Dec. | ☿ | ♀ | ♂ |
|---|---|---|---|---|---|---|
| | ° ′ ″ | ° ′ ″ | ° ′ | ° ′ | ° ′ | ′ |
| 1 | 0 57 11 | 14 09 53 | 4 07 | 0 36 | 0 13 | 36 |
| 2 | 0 57 11 | 14 01 27 | 2 56 | 0 35 | 0 15 | 36 |
| 3 | 0 57 11 | 13 49 45 | 1 34 | 0 34 | 0 17 | 35 |
| 4 | 0 57 11 | 13 35 13 | 0 06 | 0 32 | 0 19 | 35 |
| 5 | 0 57 11 | 13 18 35 | 1 17 | 0 29 | 0 21 | 35 |
| 6 | 0 57 11 | 13 00 51 | 2 28 | 0 26 | 0 23 | 35 |
| 7 | 0 57 11 | 12 43 11 | 3 24 | 0 22 | 0 24 | 35 |
| 8 | 0 57 11 | 12 26 46 | 4 04 | 0 18 | 0 26 | 34 |
| 9 | 0 57 12 | 12 12 41 | 4 31 | 0 14 | 0 28 | 34 |
| 10 | 0 57 12 | 12 01 54 | 4 45 | 0 09 | 0 29 | 34 |
| 11 | 0 57 12 | 11 55 06 | 4 50 | 0 04 | 0 31 | 34 |
| 12 | 0 57 13 | 11 52 46 | 4 46 | 0 01 | 0 32 | 33 |
| 13 | 0 57 13 | 11 55 09 | 4 34 | 0 06 | 0 33 | 33 |
| 14 | 0 57 14 | 12 02 14 | 4 13 | 0 11 | 0 35 | 33 |
| 15 | 0 57 15 | 12 13 44 | 3 40 | 0 17 | 0 36 | 32 |
| 16 | 0 57 15 | 12 29 05 | 2 54 | 0 22 | 0 37 | 32 |
| 17 | 0 57 16 | 12 47 23 | 1 54 | 0 28 | 0 38 | 32 |
| 18 | 0 57 16 | 13 07 25 | 0 40 | 0 33 | 0 39 | 32 |
| 19 | 0 57 17 | 13 27 41 | 0 43 | 0 39 | 0 40 | 31 |
| 20 | 0 57 18 | 13 46 32 | 2 08 | 0 44 | 0 41 | 31 |
| 21 | 0 57 18 | 14 02 22 | 3 26 | 0 50 | 0 42 | 31 |
| 22 | 0 57 18 | 14 13 58 | 4 30 | 0 55 | 0 43 | 30 |
| 23 | 0 57 19 | 14 20 37 | 5 16 | 1 00 | 0 44 | 30 |
| 24 | 0 57 19 | 14 22 21 | 5 42 | 1 05 | 0 45 | 30 |
| 25 | 0 57 20 | 14 19 48 | 5 49 | 1 11 | 0 46 | 29 |
| 26 | 0 57 20 | 14 13 56 | 5 36 | 1 15 | 0 47 | 29 |
| 27 | 0 57 20 | 14 05 52 | 5 05 | 1 20 | 0 48 | 28 |
| 28 | 0 57 21 | 13 56 28 | 4 16 | 1 25 | 0 48 | 28 |
| 29 | 0 57 21 | 13 46 18 | 3 12 | 1 30 | 0 49 | 28 |
| 30 | 0 57 22 | 13 35 37 | 1 55 | 1 34 | 0 50 | 27 |
| 31 | 0 57 23 | 13 24 23 | 0 31 | 1 38 | 0 50 | 27 |

## AUGUST

| D | ☉ | ☽ | ☽Dec. | ☿ | ♀ | ♂ |
|---|---|---|---|---|---|---|
| | ° ′ ″ | ° ′ ″ | ° ′ | ° ′ | ° ′ | ′ |
| 1 | 0 57 23 | 13 12 29 | 0 52 | 1 42 | 0 51 | 26 |
| 2 | 0 57 24 | 12 59 53 | 2 07 | 1 46 | 0 52 | 26 |
| 3 | 0 57 25 | 12 46 43 | 3 08 | 1 49 | 0 52 | 26 |
| 4 | 0 57 26 | 12 33 24 | 3 54 | 1 52 | 0 53 | 25 |
| 5 | 0 57 27 | 12 20 34 | 4 26 | 1 55 | 0 54 | 25 |
| 6 | 0 57 28 | 12 09 04 | 4 44 | 1 57 | 0 54 | 24 |
| 7 | 0 57 29 | 11 59 46 | 4 51 | 1 59 | 0 55 | 24 |
| 8 | 0 57 30 | 11 53 35 | 4 49 | 2 00 | 0 55 | 23 |
| 9 | 0 57 32 | 11 51 19 | 4 39 | 2 02 | 0 56 | 23 |
| 10 | 0 57 33 | 11 53 35 | 4 19 | 2 02 | 0 56 | 22 |
| 11 | 0 57 34 | 12 00 49 | 3 50 | 2 03 | 0 57 | 22 |
| 12 | 0 57 36 | 12 13 09 | 3 09 | 2 03 | 0 57 | 21 |
| 13 | 0 57 37 | 12 30 24 | 2 15 | 2 03 | 0 58 | 20 |
| 14 | 0 57 39 | 12 51 52 | 1 07 | 2 03 | 0 58 | 20 |
| 15 | 0 57 40 | 13 16 20 | 0 12 | 2 02 | 0 58 | 19 |
| 16 | 0 57 42 | 13 41 57 | 1 37 | 2 02 | 0 59 | 19 |
| 17 | 0 57 43 | 14 06 18 | 3 01 | 2 01 | 0 59 | 18 |
| 18 | 0 57 45 | 14 26 44 | 4 15 | 2 00 | 1 00 | 17 |
| 19 | 0 57 46 | 14 40 50 | 5 12 | 1 59 | 1 00 | 17 |
| 20 | 0 57 47 | 14 47 06 | 5 48 | 1 58 | 1 00 | 16 |
| 21 | 0 57 48 | 14 45 16 | 6 01 | 1 56 | 1 01 | 15 |
| 22 | 0 57 50 | 14 36 26 | 5 51 | 1 55 | 1 01 | 15 |
| 23 | 0 57 51 | 14 22 34 | 5 21 | 1 54 | 1 01 | 14 |
| 24 | 0 57 52 | 14 05 59 | 4 32 | 1 53 | 1 02 | 13 |
| 25 | 0 57 53 | 13 48 41 | 3 27 | 1 51 | 1 02 | 13 |
| 26 | 0 57 55 | 13 32 07 | 2 11 | 1 50 | 1 02 | 12 |
| 27 | 0 57 56 | 13 17 02 | 0 49 | 1 49 | 1 03 | 11 |
| 28 | 0 57 57 | 13 03 36 | 0 33 | 1 47 | 1 03 | 10 |
| 29 | 0 57 58 | 12 51 35 | 1 49 | 1 46 | 1 03 | 10 |
| 30 | 0 58 00 | 12 40 37 | 2 52 | 1 45 | 1 03 | 9 |
| 31 | 0 58 01 | 12 30 19 | 3 43 | 1 43 | 1 04 | 8 |

## SEPTEMBER

| D | ☉ | ☽ | ☽Dec. | ☿ | ♀ | ♂ |
|---|---|---|---|---|---|---|
| | ° ′ ″ | ° ′ ″ | ° ′ | ° ′ | ° ′ | ′ |
| 1 | 0 58 03 | 12 20 30 | 4 19 | 1 42 | 1 04 | 7 |
| 2 | 0 58 04 | 12 11 12 | 4 41 | 1 41 | 1 04 | 6 |
| 3 | 0 58 06 | 12 02 47 | 4 52 | 1 40 | 1 04 | 6 |
| 4 | 0 58 08 | 11 55 50 | 4 53 | 1 38 | 1 05 | 5 |
| 5 | 0 58 10 | 11 51 06 | 4 44 | 1 37 | 1 05 | 4 |
| 6 | 0 58 12 | 11 49 26 | 4 26 | 1 36 | 1 05 | 3 |
| 7 | 0 58 14 | 11 51 37 | 3 59 | 1 35 | 1 05 | 2 |
| 8 | 0 58 16 | 11 58 24 | 3 21 | 1 34 | 1 06 | 1 |
| 9 | 0 58 18 | 12 10 17 | 2 32 | 1 33 | 1 06 | 0 |
| 10 | 0 58 20 | 12 27 30 | 1 30 | 1 31 | 1 06 | 1 |
| 11 | 0 58 22 | 12 49 46 | 0 17 | 1 30 | 1 06 | 1 |
| 12 | 0 58 24 | 13 16 15 | 1 04 | 1 29 | 1 07 | 2 |
| 13 | 0 58 26 | 13 45 15 | 2 28 | 1 28 | 1 07 | 3 |
| 14 | 0 58 28 | 14 14 12 | 3 48 | 1 27 | 1 07 | 4 |
| 15 | 0 58 30 | 14 39 51 | 4 55 | 1 26 | 1 07 | 5 |
| 16 | 0 58 32 | 14 58 48 | 5 44 | 1 24 | 1 07 | 6 |
| 17 | 0 58 34 | 15 08 21 | 6 10 | 1 23 | 1 08 | 7 |
| 18 | 0 58 36 | 15 07 22 | 6 11 | 1 22 | 1 08 | 8 |
| 19 | 0 58 38 | 14 56 37 | 5 47 | 1 21 | 1 08 | 8 |
| 20 | 0 58 40 | 14 38 27 | 4 59 | 1 19 | 1 08 | 9 |
| 21 | 0 58 41 | 14 15 59 | 3 53 | 1 18 | 1 08 | 10 |
| 22 | 0 58 43 | 13 52 12 | 2 34 | 1 16 | 1 08 | 11 |
| 23 | 0 58 45 | 13 29 23 | 1 08 | 1 15 | 1 09 | 12 |
| 24 | 0 58 46 | 13 09 00 | 0 16 | 1 13 | 1 09 | 12 |
| 25 | 0 58 48 | 12 51 38 | 1 34 | 1 12 | 1 09 | 13 |
| 26 | 0 58 50 | 12 37 18 | 2 40 | 1 10 | 1 09 | 14 |
| 27 | 0 58 52 | 12 25 39 | 3 32 | 1 08 | 1 09 | 14 |
| 28 | 0 58 53 | 12 16 10 | 4 11 | 1 06 | 1 09 | 15 |
| 29 | 0 58 55 | 12 08 20 | 4 37 | 1 04 | 1 09 | 15 |
| 30 | 0 58 57 | 12 01 47 | 4 52 | 1 01 | 1 10 | 16 |

## OCTOBER

| D | ☉ | ☽ | ☽Dec. | ☿ | ♀ | ♂ |
|---|---|---|---|---|---|---|
| | ° ′ ″ | ° ′ ″ | ° ′ | ° ′ | ° ′ | ′ |
| 1 | 0 58 59 | 11 56 23 | 4 56 | 0 59 | 1 10 | 17 |
| 2 | 0 59 01 | 11 52 15 | 4 50 | 0 56 | 1 10 | 17 |
| 3 | 0 59 03 | 11 49 47 | 4 34 | 0 53 | 1 10 | 17 |
| 4 | 0 59 05 | 11 49 32 | 4 09 | 0 50 | 1 10 | 18 |
| 5 | 0 59 08 | 11 52 14 | 3 33 | 0 46 | 1 10 | 18 |
| 6 | 0 59 10 | 11 58 36 | 2 46 | 0 43 | 1 10 | 18 |
| 7 | 0 59 12 | 12 09 19 | 1 48 | 0 38 | 1 11 | 19 |
| 8 | 0 59 14 | 12 24 51 | 0 40 | 0 34 | 1 11 | 19 |
| 9 | 0 59 17 | 12 45 22 | 0 36 | 0 29 | 1 11 | 19 |
| 10 | 0 59 19 | 13 10 28 | 1 55 | 0 23 | 1 11 | 19 |
| 11 | 0 59 21 | 13 39 01 | 3 14 | 0 17 | 1 11 | 19 |
| 12 | 0 59 24 | 14 08 56 | 4 25 | 0 11 | 1 11 | 19 |
| 13 | 0 59 26 | 14 37 14 | 5 23 | 0 04 | 1 11 | 19 |
| 14 | 0 59 28 | 15 00 21 | 6 03 | 0 03 | 1 11 | 19 |
| 15 | 0 59 30 | 15 14 52 | 6 20 | 0 11 | 1 11 | 19 |
| 16 | 0 59 32 | 15 18 32 | 6 10 | 0 20 | 1 12 | 19 |
| 17 | 0 59 34 | 15 11 02 | 5 34 | 0 28 | 1 12 | 18 |
| 18 | 0 59 36 | 14 53 58 | 4 32 | 0 37 | 1 12 | 18 |
| 19 | 0 59 38 | 14 30 20 | 3 12 | 0 45 | 1 12 | 18 |
| 20 | 0 59 40 | 14 03 30 | 1 40 | 0 54 | 1 12 | 17 |
| 21 | 0 59 42 | 13 36 29 | 0 08 | 1 01 | 1 12 | 17 |
| 22 | 0 59 44 | 13 11 27 | 1 16 | 1 07 | 1 12 | 16 |
| 23 | 0 59 45 | 12 49 43 | 2 28 | 1 12 | 1 12 | 16 |
| 24 | 0 59 47 | 12 31 49 | 3 24 | 1 15 | 1 12 | 15 |
| 25 | 0 59 49 | 12 17 47 | 4 05 | 1 16 | 1 12 | 15 |
| 26 | 0 59 50 | 12 07 16 | 4 33 | 1 15 | 1 13 | 14 |
| 27 | 0 59 52 | 11 59 48 | 4 50 | 1 11 | 1 13 | 13 |
| 28 | 0 59 54 | 11 54 50 | 4 57 | 1 05 | 1 13 | 13 |
| 29 | 0 59 55 | 11 51 56 | 4 55 | 0 57 | 1 13 | 12 |
| 30 | 0 59 57 | 11 50 48 | 4 42 | 0 48 | 1 13 | 11 |
| 31 | 0 59 59 | 11 51 19 | 4 19 | 0 37 | 1 13 | 11 |

## NOVEMBER

| D | ☉ | ☽ | ☽Dec. | ☿ | ♀ | ♂ |
|---|---|---|---|---|---|---|
| | ° ′ ″ | ° ′ ″ | ° ′ | ° ′ | ° ′ | ′ |
| 1 | 1 00 01 | 11 53 37 | 3 46 | 0 26 | 1 13 | 10 |
| 2 | 1 00 03 | 11 57 59 | 3 01 | 0 14 | 1 13 | 9 |
| 3 | 1 00 05 | 12 04 53 | 2 05 | 0 03 | 1 13 | 8 |
| 4 | 1 00 07 | 12 14 50 | 0 59 | 0 08 | 1 13 | 8 |
| 5 | 1 00 09 | 12 28 16 | 0 14 | 0 19 | 1 13 | 7 |
| 6 | 1 00 11 | 12 45 32 | 1 31 | 0 29 | 1 13 | 6 |
| 7 | 1 00 13 | 13 06 32 | 2 46 | 0 38 | 1 13 | 5 |
| 8 | 1 00 15 | 13 30 44 | 3 55 | 0 46 | 1 14 | 4 |
| 9 | 1 00 17 | 13 56 49 | 4 54 | 0 53 | 1 14 | 4 |
| 10 | 1 00 19 | 14 22 44 | 5 40 | 0 59 | 1 14 | 3 |
| 11 | 1 00 21 | 14 45 43 | 6 08 | 1 05 | 1 14 | 2 |
| 12 | 1 00 23 | 15 02 45 | 6 14 | 1 09 | 1 14 | 1 |
| 13 | 1 00 25 | 15 11 14 | 5 55 | 1 13 | 1 14 | 0 |
| 14 | 1 00 27 | 15 09 44 | 5 09 | 1 17 | 1 14 | 0 |
| 15 | 1 00 29 | 14 58 26 | 3 57 | 1 20 | 1 14 | 1 |
| 16 | 1 00 30 | 14 39 03 | 2 26 | 1 22 | 1 14 | 2 |
| 17 | 1 00 32 | 14 14 18 | 0 47 | 1 25 | 1 14 | 3 |
| 18 | 1 00 33 | 13 47 08 | 0 48 | 1 26 | 1 14 | 4 |
| 19 | 1 00 34 | 13 20 10 | 2 09 | 1 28 | 1 14 | 4 |
| 20 | 1 00 35 | 12 55 25 | 3 13 | 1 29 | 1 14 | 5 |
| 21 | 1 00 36 | 12 34 11 | 3 59 | 1 30 | 1 14 | 6 |
| 22 | 1 00 38 | 12 17 07 | 4 30 | 1 31 | 1 14 | 7 |
| 23 | 1 00 39 | 12 04 25 | 4 49 | 1 31 | 1 14 | 7 |
| 24 | 1 00 40 | 11 55 56 | 4 58 | 1 32 | 1 14 | 8 |
| 25 | 1 00 41 | 11 51 18 | 4 57 | 1 32 | 1 14 | 9 |
| 26 | 1 00 42 | 11 50 01 | 4 47 | 1 33 | 1 14 | 9 |
| 27 | 1 00 43 | 11 51 36 | 4 28 | 1 33 | 1 14 | 10 |
| 28 | 1 00 45 | 11 55 33 | 3 58 | 1 33 | 1 14 | 11 |
| 29 | 1 00 46 | 12 01 28 | 3 16 | 1 33 | 1 14 | 11 |
| 30 | 1 00 47 | 12 09 07 | 2 22 | 1 33 | 1 15 | 12 |

## DECEMBER

| D | ☉ | ☽ | ☽Dec. | ☿ | ♀ | ♂ |
|---|---|---|---|---|---|---|
| | ° ′ ″ | ° ′ ″ | ° ′ | ° ′ | ° ′ | ′ |
| 1 | 1 00 48 | 12 18 20 | 1 17 | 1 34 | 1 15 | 13 |
| 2 | 1 00 50 | 12 29 08 | 0 04 | 1 34 | 1 15 | 13 |
| 3 | 1 00 51 | 12 41 38 | 1 13 | 1 34 | 1 15 | 14 |
| 4 | 1 00 52 | 12 55 55 | 2 27 | 1 34 | 1 15 | 14 |
| 5 | 1 00 53 | 13 12 00 | 3 35 | 1 34 | 1 15 | 15 |
| 6 | 1 00 55 | 13 29 41 | 4 33 | 1 34 | 1 15 | 15 |
| 7 | 1 00 56 | 13 48 26 | 5 18 | 1 34 | 1 15 | 16 |
| 8 | 1 00 57 | 14 07 13 | 5 49 | 1 34 | 1 15 | 17 |
| 9 | 1 00 58 | 14 24 36 | 6 02 | 1 34 | 1 15 | 17 |
| 10 | 1 01 00 | 14 38 45 | 5 55 | 1 34 | 1 15 | 18 |
| 11 | 1 01 01 | 14 47 49 | 5 24 | 1 34 | 1 15 | 18 |
| 12 | 1 01 02 | 14 50 13 | 4 29 | 1 34 | 1 15 | 19 |
| 13 | 1 01 03 | 14 45 08 | 3 10 | 1 34 | 1 15 | 19 |
| 14 | 1 01 04 | 14 32 46 | 1 34 | 1 34 | 1 15 | 19 |
| 15 | 1 01 04 | 14 14 15 | 0 06 | 1 34 | 1 15 | 20 |
| 16 | 1 01 05 | 13 51 31 | 1 39 | 1 34 | 1 15 | 20 |
| 17 | 1 01 05 | 13 26 47 | 2 54 | 1 34 | 1 15 | 21 |
| 18 | 1 01 06 | 13 02 16 | 3 50 | 1 35 | 1 15 | 21 |
| 19 | 1 01 06 | 12 39 47 | 4 27 | 1 35 | 1 15 | 22 |
| 20 | 1 01 06 | 12 20 42 | 4 49 | 1 35 | 1 15 | 22 |
| 21 | 1 01 06 | 12 05 53 | 4 59 | 1 35 | 1 15 | 22 |
| 22 | 1 01 07 | 11 55 46 | 5 00 | 1 35 | 1 15 | 23 |
| 23 | 1 01 07 | 11 50 26 | 4 52 | 1 36 | 1 15 | 23 |
| 24 | 1 01 07 | 11 49 42 | 4 35 | 1 36 | 1 15 | 24 |
| 25 | 1 01 07 | 11 53 10 | 4 08 | 1 36 | 1 15 | 24 |
| 26 | 1 01 07 | 12 00 15 | 3 31 | 1 36 | 1 15 | 24 |
| 27 | 1 01 08 | 12 10 17 | 2 41 | 1 37 | 1 15 | 25 |
| 28 | 1 01 08 | 12 22 28 | 1 38 | 1 37 | 1 15 | 25 |
| 29 | 1 01 08 | 12 36 00 | 0 25 | 1 37 | 1 15 | 25 |
| 30 | 1 01 08 | 12 50 07 | 0 53 | 1 37 | 1 15 | 25 |
| 31 | 1 01 08 | 13 04 09 | 2 11 | 1 38 | 1 15 | 26 |

JANUARY

| | | | |
|---|---|---|---|
| 1 | 00 02 | ☿⊥♂ | |
| We | 00 15 | ☽☌♆ | D |
| | 03 08 | ☽∠♅ | b |
| | 10 43 | ☽✱♄ | G |
| | 12 39 | ☽✱♇ | G |
| | 19 45 | ☽∥♆ | D |
| 2 | 02 14 | ☽△♂ | G |
| Th | 04 00 | ☽♈ | |
| | 05 54 | ☽∠♀ | b |
| | 09 26 | ☽⊻♅ | g |
| | 12 56 | ♀⊻♆ | |
| | 16 42 | ☿☌♃ | |
| | 18 19 | ☽□♃ | B |
| | 18 32 | ☽□☿ | B |
| 3 | 04 45 | ☽□☉ | B |
| Fr | 09 37 | ♂♐ | |
| | 10 20 | ☽⚼♂ | b |
| | 12 56 | ☽⊻♆ | g |
| | 15 38 | ☽✱♀ | G |
| | 23 49 | ☽□♄ | B |
| 4 | 01 18 | ☽□♇ | B |
| Sa | 13 29 | ☽#♆ | D |
| | 16 15 | ☽♉ | |
| | 18 54 | ☽∠♆ | b |
| | 21 31 | ☽☌♅ | B |
| 5 | 07 20 | ☽△♃ | G |
| Su | 15 18 | ☽△☿ | G |
| | 19 42 | ☽∥♅ | B |
| | 21 37 | ☽△☉ | G |
| 6 | 00 15 | ☽✱♆ | G |
| Mo | 02 36 | ♀Q♅ | |
| | 03 48 | ♂⊥♃ | |
| | 09 08 | ☽□♀ | B |
| | 11 07 | ☽△♄ | G |
| | 12 08 | ☽△♇ | G |
| | 12 51 | ☽⚼♃ | b |
| | 19 59 | ☽#♀ | G |
| 7 | 00 12 | ☽⚼☿ | b |
| Tu | 02 11 | ☽♊ | |
| | 04 40 | ☽⚼☉ | b |
| | 06 21 | ☉✱♆ | |
| | 07 05 | ☽☍♂ | B |
| | 07 09 | ☽⊻♅ | g |
| | 07 38 | ♀⊻♄ | |
| | 08 13 | ♂∇♅ | |
| | 15 33 | ☽⚼♄ | b |
| | 16 20 | ☽⚼♇ | b |
| | 16 53 | ♀⊻♇ | |
| 8 | 06 07 | ☽#♂ | B |
| We | 07 32 | ♀∠♃ | |
| | 08 27 | ☽□♆ | B |
| | 10 41 | ☽∠♅ | b |
| | 13 03 | ☿✱♆ | |
| | 16 43 | ☽#♄ | B |
| | 20 54 | ☉⊥♀ | |
| | 22 16 | ☽△♀ | G |
| 9 | 00 57 | ☽#♇ | D |
| Th | 01 05 | ☽#☉ | G |
| | 02 46 | ☉∥♇ | |
| | 08 43 | ☽♋ | |
| | 13 23 | ☽✱♅ | G |
| | 19 17 | ☽#♃ | G |
| 10 | 00 00 | ☽☍♃ | B |
| Fr | 03 10 | ☽⚼♀ | b |
| | 13 19 | ☽△♆ | G |
| | 15 19 | ☉☌☿ | |
| | 16 32 | ☿∠♂ | |

| | | | |
|---|---|---|---|
| | 17 08 | ☽#♃ | G |
| | 18 43 | ☉∠♂ | |
| | 19 20 | ☽⚼♂ | b |
| | 19 21 | ☽☍☉ | B |
| | 19 33 | ☽☍☿ | B |
| | 23 43 | ☽☍♄ | B |
| | 23 58 | ☽☍♇ | B |
| 11 | 01 48 | ♅Stat | |
| Sa | 10 30 | ☽#♇ | D |
| | 11 24 | ☿⊥♀ | |
| | 12 16 | ☽♌ | |
| | 14 47 | ☽⚼♆ | b |
| | 15 02 | ☽#☉ | G |
| | 16 43 | ☽□♅ | B |
| | 18 42 | ☽#♄ | B |
| | 21 54 | ☽△♂ | G |
| | 23 25 | ☽#♂ | B |
| 12 | 09 51 | ☿☌♄ | |
| Su | 10 14 | ☿☌♇ | |
| | 16 59 | ♄☌♇ | |
| | 18 30 | ♀⊥♇ | |
| | 18 37 | ♀⊥♄ | |
| 13 | 04 59 | ☽⚼♃ | b |
| Mo | 13 21 | ☉☌♇ | |
| | 13 42 | ☽☍♀ | B |
| | 14 06 | ☽♍ | |
| | 15 16 | ☉☌♄ | |
| | 18 29 | ☽△♅ | G |
| | 18 39 | ♀♓ | |
| | 20 57 | ☉∥♄ | |
| 14 | 02 00 | ☽□♂ | B |
| Tu | 03 01 | ☽⚼♇ | b |
| | 03 06 | ☽#♀ | G |
| | 03 13 | ☽⚼♄ | b |
| | 04 00 | ☽⚼☉ | b |
| | 05 08 | ☿∥♃ | |
| | 06 07 | ☽△♃ | G |
| | 07 25 | ☽∥♅ | B |
| | 08 08 | ☽⚼☿ | b |
| | 12 26 | ☉∥♂ | |
| | 17 27 | ☽☍♆ | B |
| | 19 15 | ☽⚼♅ | b |
| 15 | 00 48 | ♂∠♇ | |
| We | 03 51 | ☽△♇ | G |
| | 04 12 | ☽△♄ | G |
| | 05 38 | ♂∥♄ | |
| | 06 41 | ☽△☉ | G |
| | 09 17 | ♂∠♄ | |
| | 09 23 | ☽#♆ | D |
| | 12 12 | ☽△☿ | G |
| | 15 43 | ☽♎ | |
| | 23 18 | ♀✱♅ | |
| 16 | 00 57 | ♀#♅ | |
| Th | 05 24 | ♂±♅ | |
| | 06 14 | ☽✱♂ | G |
| | 08 45 | ☽□♃ | B |
| | 18 31 | ☿♒ | |
| | 21 09 | ☿∥♇ | |
| | 23 24 | ☽⚼♀ | b |
| 17 | 06 16 | ☽□♇ | B |
| Fr | 06 56 | ☽□♄ | B |
| | 08 50 | ☽∠♂ | b |
| | 12 58 | ☽□☉ | B |
| | 15 16 | ☽∥♆ | D |
| | 18 05 | ☿∠♆ | |
| | 18 20 | ☽♏ | |
| | 21 11 | ☽⚼♆ | b |
| | 21 36 | ☽□☿ | B |
| | 22 55 | ☽☍♅ | B |

| | | | |
|---|---|---|---|
| | 23 43 | ☿∥♂ | |
| 18 | 03 26 | ☽△♀ | G |
| Sa | 08 32 | ☿□♅ | |
| | 11 56 | ☽⊻♂ | g |
| | 12 35 | ☽∥♀ | G |
| | 12 45 | ☽✱♃ | G |
| | 18 29 | ☽#♅ | B |
| | 23 12 | ☿∥♄ | |
| | 23 13 | ☽△♆ | G |
| 19 | 10 18 | ☽✱♇ | G |
| Su | 11 19 | ☽✱♄ | G |
| | 12 46 | ♂⊻♃ | |
| | 15 28 | ☽∠♃ | b |
| | 21 22 | ☽✱☉ | G |
| | 22 41 | ☽♐ | |
| 20 | 09 40 | ☽✱☿ | G |
| Mo | 09 58 | ♀∠♇ | |
| | 13 02 | ☽∠♇ | b |
| | 13 20 | ☽□♀ | B |
| | 14 15 | ☽∠♄ | b |
| | 14 55 | ☉♒ | |
| | 18 42 | ☽⊻♃ | g |
| | 19 47 | ☽☌♂ | B |
| | 21 41 | ☽∥☉ | G |
| 21 | 00 25 | ♀∠♄ | |
| Tu | 00 59 | ☽∥☿ | G |
| | 02 29 | ☽∠☉ | b |
| | 04 46 | ☽□♆ | B |
| | 06 29 | ☽⚼♅ | b |
| | 09 37 | ☽∥♄ | B |
| | 16 08 | ♂∥♇ | |
| | 16 17 | ☽⊻♇ | g |
| | 16 50 | ☽∠☿ | b |
| | 17 41 | ☽⊻♄ | g |
| | 19 57 | ☽∥♇ | D |
| | 20 13 | ☽∥♂ | B |
| 22 | 05 00 | ☽♑ | |
| We | 08 14 | ☽⊻☉ | g |
| | 08 58 | ☉∠♆ | |
| | 09 44 | ☽∥♃ | G |
| | 10 00 | ☽△♅ | G |
| | 13 50 | ☉∥☿ | |
| 23 | 00 47 | ☽⊻☿ | g |
| Th | 01 52 | ☽✱♀ | G |
| | 02 45 | ☽☌♃ | G |
| | 02 48 | ☿⊥♆ | |
| | 05 58 | ☽⊻♂ | g |
| | 06 54 | ☉□♅ | |
| | 12 20 | ☽✱♆ | G |
| | 13 07 | ♀✱♃ | |
| | 17 17 | ☿⊻♃ | |
| | 22 20 | ☽∥♃ | G |
| 24 | 00 18 | ☽☌♇ | D |
| Fr | 01 07 | ☿⊻♀ | |
| | 02 08 | ☽☌♄ | B |
| | 07 45 | ☽∥♂ | B |
| | 09 09 | ☽∠♀ | b |
| | 11 58 | ☽∠♂ | b |
| | 12 02 | ☽∥♇ | D |
| | 13 20 | ☽♒ | |
| | 16 53 | ☽∠♆ | b |
| | 18 34 | ☽□♅ | B |
| | 21 42 | ☽☌☉ | D |
| | 23 30 | ☽∥♄ | B |
| 25 | 12 56 | ☽⊻♃ | g |
| Sa | 13 09 | ☿✱♂ | |
| | 17 08 | ☽⊻♀ | g |
| | 18 34 | ☽✱♂ | G |
| | 19 06 | ☽☌☿ | G |

| | | | |
|---|---|---|---|
| | 21 35 | ☽∥☉ | G |
| | 21 58 | ☽⊻♆ | g |
| 26 | 07 18 | ☽∥☿ | G |
| Su | 10 23 | ☽⊻♇ | g |
| | 12 42 | ☽⊻♄ | g |
| | 15 50 | ☿⊻♆ | |
| | 18 50 | ☽∠♃ | b |
| | 23 44 | ☽♓ | |
| 27 | 01 37 | ♀□♂ | |
| Mo | 05 12 | ☽✱♅ | G |
| | 13 47 | ☽⊻☉ | g |
| | 16 10 | ☽∠♇ | b |
| | 17 13 | ☿⊥♃ | |
| | 18 43 | ☽∠♄ | b |
| | 20 00 | ♀☌♆ | |
| | 20 06 | ☽#♅ | B |
| | 23 01 | ♀∥♆ | |
| 28 | 01 13 | ☽✱♃ | G |
| Tu | 09 30 | ☽□♂ | B |
| | 09 34 | ☽☌♆ | D |
| | 10 34 | ♂□♆ | |
| | 11 02 | ☽☌♀ | G |
| | 11 12 | ☽∠♅ | b |
| | 12 46 | ♀∠♅ | |
| | 16 09 | ♂∥♃ | |
| | 16 27 | ☽⊻☿ | g |
| | 22 02 | ☿Q♅ | |
| | 22 21 | ☽✱♇ | G |
| | 22 39 | ☽∠☉ | b |
| | 22 55 | ♂⊥♇ | |
| 29 | 01 08 | ☽✱♄ | G |
| We | 04 43 | ☽∥♆ | D |
| | 08 24 | ☽∥♀ | G |
| | 11 51 | ☽♈ | |
| | 15 55 | ♂⚼♅ | |
| | 17 31 | ☽⊻♅ | g |
| 30 | 03 50 | ☽∠☿ | b |
| Th | 07 50 | ☽✱☉ | G |
| | 10 26 | ☿⊻♇ | |
| | 14 54 | ☽□♃ | B |
| | 22 21 | ☽⊻♆ | g |
| 31 | 01 49 | ☽△♂ | G |
| Fr | 06 26 | ☽⊻♀ | g |
| | 09 10 | ♂⊥♄ | |
| | 09 25 | ☿⊻♄ | |
| | 10 31 | ☽#♀ | G |
| | 11 11 | ☽□♇ | B |
| | 11 57 | ☉⊥♆ | |
| | 14 24 | ☽□♄ | B |
| | 15 09 | ☽✱☿ | G |
| | 19 37 | ☽#♆ | D |

FEBRUARY

| | | | |
|---|---|---|---|
| 1 | 00 28 | ☽♉ | |
| Sa | 04 39 | ☽∠♆ | b |
| | 06 10 | ☽☌♅ | B |
| | 09 49 | ☽⚼♂ | b |
| | 15 52 | ☽∠♀ | b |
| 2 | 01 42 | ☽□☉ | B |
| Su | 04 11 | ☽△♃ | G |
| | 04 17 | ☽∥♅ | B |
| | 07 07 | ♀✱♇ | |
| | 09 59 | ☽#☿ | G |
| | 10 30 | ☽✱♆ | G |
| | 21 42 | ☿∠♃ | |
| | 22 54 | ☽△♇ | G |
| 3 | 00 32 | ☽✱♀ | G |
| Mo | 02 24 | ☽△♄ | G |
| | 03 47 | ☿⊥♇ | |

| | | | |
|---|---|---|---|
| | 08 48 | ☽#☉ | G |
| | 09 56 | ☽⚼♃ | b |
| | 11 28 | ☽□☿ | B |
| | 11 29 | ☽♊ | |
| | 11 37 | ☿♓ | |
| | 15 00 | ☉⊻♃ | |
| | 17 01 | ☽⊻♅ | g |
| | 18 28 | ☿#♅ | |
| | 22 01 | ♀✱♄ | |
| 4 | 03 39 | ☽⚼♇ | b |
| Tu | 07 14 | ☽⚼♄ | b |
| | 09 50 | ☿⊥♄ | |
| | 16 20 | ☽△☉ | G |
| | 19 50 | ☽□♆ | B |
| | 20 13 | ☽#♄ | B |
| | 20 52 | ♀Q♃ | |
| | 21 09 | ☽∠♅ | b |
| 5 | 05 07 | ☽☍♂ | B |
| We | 05 23 | ♀⊥♅ | |
| | 08 35 | ☽#♇ | D |
| | 09 43 | ☿✱♅ | |
| | 14 20 | ☽□♀ | B |
| | 16 37 | ☽#♃ | G |
| | 19 03 | ☽♋ | |
| | 21 49 | ☽⚼☉ | b |
| 6 | 00 17 | ☽✱♅ | G |
| Th | 02 00 | ☽△☿ | G |
| | 14 39 | ☉⊻♆ | |
| | 21 14 | ☽☍♃ | B |
| 7 | 01 15 | ☽△♆ | G |
| Fr | 04 03 | ♂⊻♇ | |
| | 06 53 | ☽⚼☿ | b |
| | 11 10 | ☿Q♂ | |
| | 12 02 | ☽☍♇ | B |
| | 15 41 | ☽#♃ | G |
| | 15 43 | ☽☍♄ | B |
| | 20 02 | ♀♈ | |
| | 22 34 | ☽#♇ | D |
| | 22 45 | ☽♌ | |
| | 22 59 | ☽△♀ | G |
| 8 | 02 36 | ☽⚼♆ | b |
| Sa | 03 43 | ☽□♅ | B |
| | 10 19 | ☽#♄ | B |
| | 14 37 | ☽⚼♂ | b |
| 9 | 01 48 | ☽⚼♀ | b |
| Su | 07 33 | ☽☍☉ | B |
| | 16 08 | ☽△♂ | G |
| | 20 12 | ☿∠♇ | |
| | 23 39 | ☽♍ | |
| 10 | 00 36 | ☽⚼♃ | b |
| Mo | 03 27 | ☽#☉ | G |
| | 04 31 | ☽△♅ | G |
| | 08 15 | ☉Q♅ | |
| | 10 23 | ♀⊻♅ | |
| | 13 35 | ☽⚼♇ | b |
| | 14 51 | ☽☍☿ | B |
| | 15 24 | ☽∥♅ | B |
| | 17 28 | ☽⚼♄ | b |
| | 21 30 | ♂⊻♄ | |
| 11 | 00 55 | ☽△♃ | G |
| Tu | 02 44 | ☉⊥♃ | |
| | 03 29 | ☽☍♆ | B |
| | 04 31 | ☽⚼♅ | b |
| | 13 36 | ☽△♇ | G |
| | 15 03 | ☽#☿ | G |
| | 17 37 | ☽△♄ | G |
| | 18 26 | ☽□♂ | B |
| | 18 31 | ☽#♆ | D |
| | 23 37 | ☽♎ | |

| | | | | |
|---|---|---|---|---|
| 12 | 08 | 06 | ☽☍♀ | B |
| We | 10 | 46 | ☽∥♀ | G |
| | 12 | 57 | ☽⚼☉ | b |
| | 18 | 39 | ♀Q♇ | |
| | 19 | 33 | ☿∠♄ | |
| 13 | 01 | 25 | ☉⚺♇ | |
| Th | 01 | 54 | ☽□♃ | B |
| | 04 | 40 | ☽#♀ | G |
| | 05 | 05 | ☿∥♆ | |
| | 14 | 20 | ☽□♇ | B |
| | 15 | 17 | ☽△☉ | G |
| | 18 | 26 | ☽∥☿ | G |
| | 18 | 46 | ☽□♄ | B |
| | 19 | 33 | ☽∥♆ | D |
| | 19 | 38 | ☽⚼☿ | b |
| | 21 | 40 | ☽✱♂ | G |
| 14 | 00 | 37 | ☽♏ | |
| Fr | 04 | 51 | ☽⚼♆ | b |
| | 05 | 54 | ☽☍♅ | B |
| | 21 | 43 | ☽△☿ | G |
| 15 | 00 | 16 | ☽∠♂ | b |
| Sa | 00 | 25 | ☽#♅ | B |
| | 04 | 11 | ☽∥☉ | G |
| | 04 | 52 | ☽✱♃ | G |
| | 05 | 43 | ♀Q♄ | |
| | 06 | 25 | ☽△♆ | G |
| | 17 | 21 | ☽✱♇ | G |
| | 17 | 59 | ☽⚼♀ | b |
| | 22 | 17 | ☽□☉ | B |
| | 22 | 20 | ☽✱♄ | G |
| | 22 | 57 | ☉⚺♄ | |
| 16 | 03 | 43 | ☽⚺♂ | g |
| Su | 04 | 07 | ☽♐ | |
| | 07 | 28 | ☽∠♃ | b |
| | 11 | 33 | ♂♑ | |
| | 19 | 59 | ☽∠♇ | b |
| | 23 | 06 | ☽△♀ | G |
| 17 | 00 | 54 | ☿Stat | |
| Mo | 01 | 16 | ☽∠♄ | b |
| | 03 | 10 | ☽□☿ | B |
| | 04 | 20 | ☿#♀ | |
| | 06 | 28 | ☉#♅ | |
| | 08 | 13 | ☽∥♄ | B |
| | 10 | 52 | ☽⚺♃ | g |
| | 11 | 49 | ☽□♆ | B |
| | 12 | 55 | ☽⚼♅ | b |
| | 17 | 12 | ☿Q♂ | |
| | 22 | 15 | ☽∥♇ | D |
| | 23 | 22 | ☽⚺♇ | g |
| 18 | 02 | 13 | ☽∥♃ | G |
| Tu | 04 | 57 | ☽⚺♄ | g |
| | 09 | 03 | ☽✱☉ | G |
| | 10 | 37 | ☽♑ | |
| | 13 | 16 | ☽☌♂ | B |
| | 16 | 45 | ☽△♅ | G |
| | 17 | 02 | ☿⚺♀ | |
| 19 | 04 | 13 | ☉⊥♇ | |
| We | 04 | 57 | ☉♓ | |
| | 09 | 56 | ☽✱☿ | G |
| | 12 | 08 | ☽□♀ | B |
| | 15 | 44 | ☽∠☉ | b |
| | 19 | 13 | ♀#♆ | |
| | 19 | 50 | ☽☌♃ | G |
| | 20 | 05 | ☽✱♆ | G |
| | 23 | 31 | ☿∠♄ | |
| 20 | 08 | 07 | ☽☌♇ | D |
| Th | 13 | 34 | ☽∠☿ | b |
| | 14 | 18 | ☽☌♄ | B |
| | 15 | 56 | ♃✱♆ | |
| | 17 | 16 | ☽∥♃ | G |
| | 19 | 42 | ☽♒ | |
| | 20 | 33 | ☽∥♇ | D |
| | 23 | 08 | ☽⚺☉ | g |
| 21 | 01 | 05 | ☽∠♆ | b |
| Fr | 01 | 50 | ☽⚺♂ | g |
| | 02 | 13 | ☽□♅ | B |
| | 09 | 10 | ♂△♅ | |
| | 12 | 09 | ☽∥♄ | B |
| | 17 | 15 | ☽⚺☿ | g |
| 22 | 04 | 08 | ☽✱♀ | G |
| Sa | 05 | 23 | ☿⊥♀ | |
| | 06 | 07 | ☉∠♃ | |
| | 06 | 31 | ☽⚺♆ | g |
| | 07 | 02 | ☽⚺♃ | g |
| | 08 | 57 | ☽∠♂ | b |
| | 14 | 13 | ☉✱♅ | |
| | 14 | 23 | ☉⊥♄ | |
| | 18 | 51 | ☽⚺♇ | g |
| 23 | 01 | 36 | ☽⚺♄ | g |
| Su | 06 | 27 | ♀⚺♆ | |
| | 06 | 37 | ☽♓ | |
| | 12 | 55 | ☽∠♀ | b |
| | 13 | 14 | ☽∠♃ | b |
| | 13 | 29 | ☽✱♅ | G |
| | 15 | 32 | ☽☌☉ | D |
| | 16 | 30 | ☽✱♂ | G |
| | 16 | 59 | ♀□♃ | |
| | 23 | 15 | ☿∠♇ | |
| 24 | 00 | 39 | ☽☌☿ | G |
| Mo | 00 | 46 | ☽∠♇ | b |
| | 01 | 13 | ☽#♅ | B |
| | 07 | 46 | ☽∠♄ | b |
| | 16 | 48 | ☽∥☉ | G |
| | 18 | 26 | ☽☌♆ | D |
| | 19 | 36 | ☽∠♅ | b |
| | 19 | 45 | ☽✱♃ | G |
| | 22 | 05 | ☽⚺♀ | g |
| | 22 | 45 | ☽#♀ | G |
| 25 | 02 | 03 | ♂Q♆ | |
| Tu | 02 | 06 | ☉✱♂ | |
| | 06 | 57 | ☽✱♇ | G |
| | 13 | 04 | ☽∥♆ | D |
| | 14 | 12 | ☽✱♄ | G |
| | 14 | 59 | ☽∥☿ | G |
| | 18 | 47 | ☽♈ | |
| 26 | 01 | 45 | ☉☌☿ | |
| We | 01 | 56 | ☽⚺♅ | g |
| | 02 | 20 | ☉#♀ | |
| | 05 | 59 | ☿✱♂ | |
| | 08 | 11 | ☽⚺☿ | g |
| | 08 | 32 | ☽□♂ | B |
| | 09 | 26 | ☽⚺☉ | g |
| | 11 | 23 | ☿∠♀ | |
| | 11 | 53 | ☿∥♆ | |
| 27 | 07 | 14 | ☽⚺♆ | g |
| Th | 09 | 22 | ☽□♃ | B |
| | 12 | 01 | ☽∠☿ | b |
| | 17 | 05 | ☽☌♀ | G |
| | 18 | 37 | ☽∠☉ | b |
| | 19 | 47 | ☽□♇ | B |
| | 23 | 42 | ☽#♆ | D |
| 28 | 03 | 25 | ☽□♄ | B |
| Fr | 03 | 40 | ☽#☿ | G |
| | 07 | 30 | ☽♉ | |
| | 08 | 36 | ☉∠♇ | |
| | 12 | 23 | ☽#☉ | G |
| | 12 | 50 | ☿∠♃ | |
| | 13 | 40 | ☽∠♆ | b |
| | 14 | 50 | ☽☌♅ | B |
| | 15 | 51 | ☽✱☿ | G |
| | 18 | 09 | ☿⊥♄ | |
| | 18 | 33 | ♀⊥♆ | |
| | 22 | 08 | ♀□♇ | |
| 29 | 00 | 56 | ☽△♂ | G |
| Sa | 01 | 18 | ☽∥♀ | G |
| | 03 | 13 | ☿✱♅ | |
| | 03 | 40 | ☽✱☉ | G |
| | 12 | 04 | ☽∥♅ | B |
| | 19 | 50 | ☽✱♆ | G |
| | 22 | 41 | ☽△♃ | G |
| MARCH | | | | |
| 1 | 05 | 48 | ☉∥☿ | |
| Su | 08 | 04 | ☽△♇ | G |
| | 08 | 39 | ☽⚼♂ | b |
| | 11 | 25 | ☽⚺♀ | g |
| | 15 | 52 | ☽△♄ | G |
| | 19 | 21 | ☽♊ | |
| | 23 | 05 | ☽□☿ | B |
| | 23 | 44 | ♃∥♇ | |
| 2 | 02 | 38 | ☽⚺♅ | g |
| Mo | 04 | 39 | ☽⚼♃ | b |
| | 13 | 25 | ☽⚼♇ | b |
| | 19 | 28 | ☽∠♀ | b |
| | 19 | 57 | ☽□☉ | B |
| | 21 | 11 | ☽⚼♄ | b |
| | 21 | 33 | ☽#♄ | B |
| 3 | 06 | 24 | ☽□♆ | B |
| Tu | 07 | 31 | ☽∠♅ | b |
| | 12 | 50 | ☉∠♄ | |
| | 13 | 11 | ☽#♃ | G |
| | 13 | 38 | ☽#♇ | D |
| | 16 | 44 | ♀□♄ | |
| | 23 | 07 | ☿⊥♇ | |
| 4 | 02 | 20 | ☽✱♀ | G |
| We | 02 | 55 | ♀∥♅ | |
| | 04 | 25 | ☽♋ | |
| | 04 | 44 | ☽△☿ | G |
| | 11 | 08 | ☿♒ | |
| | 11 | 26 | ☽✱♅ | G |
| | 17 | 57 | ☽#♂ | B |
| | 21 | 24 | ☿✱♀ | |
| 5 | 02 | 25 | ☽☍♂ | B |
| Th | 03 | 07 | ♀♉ | |
| | 04 | 55 | ☉∠♀ | |
| | 06 | 37 | ☽⚼☿ | b |
| | 07 | 49 | ☽△☉ | G |
| | 10 | 42 | ☽#♂ | B |
| | 13 | 14 | ☽△♆ | G |
| | 16 | 56 | ☽☍♃ | B |
| | 23 | 50 | ☽☍♇ | B |
| 6 | 00 | 28 | ☉∥♆ | |
| Fr | 07 | 11 | ☽☍♄ | B |
| | 09 | 28 | ☽♌ | |
| | 11 | 47 | ☽⚼☉ | b |
| | 11 | 48 | ☽#♇ | D |
| | 12 | 00 | ☽□♀ | B |
| | 12 | 58 | ☽#♃ | G |
| | 15 | 05 | ☽⚼♆ | b |
| | 16 | 06 | ☽□♅ | B |
| 7 | 01 | 08 | ☿⚺♄ | |
| Sa | 02 | 36 | ☽#♄ | B |
| | 06 | 43 | ☿∠♂ | |
| 8 | 05 | 36 | ♀∠♆ | |
| Su | 08 | 12 | ☽☍☿ | B |
| | 09 | 54 | ☽⚼♂ | b |
| | 10 | 47 | ☽♍ | |
| | 12 | 23 | ☉☌♆ | |
| | 15 | 15 | ☽∥♀ | G |
| | 17 | 00 | ☽△♀ | G |
| | 17 | 11 | ☽△♅ | G |
| | 19 | 38 | ♀☌♅ | |
| | 20 | 15 | ☽⚼♃ | b |
| 9 | 00 | 47 | ☽∥♅ | B |
| Mo | 01 | 48 | ☽⚼♇ | b |
| | 03 | 40 | ☉∠♅ | |
| | 08 | 53 | ☽⚼♄ | b |
| | 09 | 22 | ☽#☿ | G |
| | 10 | 48 | ☽△♂ | G |
| | 15 | 57 | ☽☍♆ | B |
| | 16 | 55 | ☽⚼♅ | b |
| | 17 | 48 | ☽☍☉ | B |
| | 18 | 28 | ☽⚼♀ | b |
| | 20 | 08 | ☽△♃ | G |
| 10 | 01 | 24 | ☽△♇ | G |
| Tu | 03 | 49 | ☿Stat | |
| | 06 | 22 | ☽#♆ | D |
| | 08 | 32 | ☽△♄ | G |
| | 10 | 03 | ☽♎ | |
| | 13 | 13 | ☽#☉ | G |
| 11 | 06 | 53 | ☽⚼☿ | b |
| We | 12 | 06 | ☽□♂ | B |
| | 12 | 27 | ☉✱♃ | |
| | 17 | 31 | ☽∥☉ | G |
| | 19 | 48 | ☽□♃ | B |
| 12 | 00 | 41 | ☽□♇ | B |
| Th | 02 | 14 | ☽∥♆ | D |
| | 06 | 58 | ☽△☿ | G |
| | 08 | 12 | ☽□♄ | B |
| | 09 | 28 | ☽♏ | |
| | 15 | 12 | ☽⚼♆ | b |
| | 16 | 14 | ☽☍♅ | B |
| | 22 | 05 | ☽⚼☉ | b |
| | 23 | 10 | ☽☍♀ | B |
| 13 | 03 | 00 | ☽∥☿ | G |
| Fr | 09 | 08 | ☽#♅ | B |
| | 14 | 59 | ☽✱♂ | G |
| | 15 | 53 | ☽△♆ | G |
| | 21 | 14 | ☽✱♃ | G |
| 14 | 00 | 47 | ☽△☉ | G |
| Sa | 01 | 53 | ☽✱♇ | G |
| | 08 | 21 | ☽#♀ | G |
| | 09 | 36 | ☽□☿ | B |
| | 10 | 06 | ☽✱♄ | G |
| | 10 | 32 | ♂✱♆ | |
| | 11 | 09 | ☽♐ | |
| | 16 | 47 | ☉✱♇ | |
| | 17 | 44 | ☽∠♂ | b |
| | 23 | 10 | ☽∠♃ | b |
| 15 | 03 | 44 | ☽∠♇ | b |
| Su | 05 | 50 | ☿⚺♄ | |
| | 08 | 00 | ☽∥♄ | B |
| | 12 | 23 | ☽∠♄ | b |
| | 19 | 51 | ☽□♆ | B |
| | 20 | 48 | ☽∥♃ | G |
| | 21 | 03 | ☽⚼♅ | b |
| | 21 | 35 | ☽⚺♂ | g |
| 16 | 00 | 19 | ☽∥♇ | D |
| Mo | 02 | 05 | ☽⚺♃ | g |
| | 06 | 33 | ☽⚺♇ | g |
| | 07 | 42 | ☿♓ | |
| | 08 | 21 | ☿Q♀ | |
| | 09 | 07 | ☽∥♂ | B |
| | 09 | 34 | ☽□☉ | B |
| | 11 | 10 | ☽⚼♀ | b |
| | 15 | 38 | ☽⚺♄ | g |
| | 16 | 25 | ☽♑ | |
| | 16 | 49 | ☽✱☿ | G |
| 17 | 00 | 33 | ☽△♅ | G |
| Tu | 09 | 00 | ☿⊥♇ | |
| | 17 | 31 | ☽△♀ | G |
| | 22 | 18 | ☽∠☿ | b |
| 18 | 03 | 36 | ☽✱♆ | G |
| We | 08 | 32 | ☽☌♂ | B |
| | 10 | 47 | ☽☌♃ | G |
| | 14 | 53 | ☽☌♇ | D |
| | 14 | 59 | ☉⊥♅ | |
| | 22 | 57 | ☽✱☉ | G |
| | 23 | 23 | ☽∥♂ | B |
| 19 | 00 | 48 | ☽☌♄ | B |
| Th | 01 | 16 | ☽♒ | |
| | 04 | 54 | ☽⚺☿ | g |
| | 05 | 18 | ☽∥♇ | D |
| | 08 | 41 | ☽∠♆ | b |
| | 10 | 02 | ☽∥♃ | G |
| | 10 | 04 | ☽□♅ | B |
| | 23 | 50 | ☉✱♄ | |
| | 23 | 51 | ☽∥♄ | B |
| 20 | 03 | 50 | ☉♈ | |
| Fr | 06 | 57 | ☽∠☉ | b |
| | 08 | 25 | ☽#♀ | G |
| | 09 | 00 | ☽□♀ | B |
| | 11 | 35 | ♂☌♃ | |
| | 14 | 20 | ☽⚺♆ | g |
| | 22 | 21 | ☽⚺♃ | g |
| | 22 | 52 | ☽⚺♂ | g |
| 21 | 01 | 56 | ☽⚺♇ | g |
| Sa | 12 | 27 | ☽⚺♄ | g |
| | 12 | 33 | ☽♓ | |
| | 15 | 31 | ☽⚺☉ | g |
| | 20 | 39 | ☽☌☿ | G |
| | 21 | 51 | ☽✱♅ | G |
| 22 | 03 | 58 | ♄♒ | |
| Su | 04 | 44 | ☽∠♃ | b |
| | 05 | 05 | ☽#♅ | B |
| | 06 | 44 | ☽∠♂ | b |
| | 08 | 02 | ☽∠♇ | b |
| | 13 | 19 | ☿✱♅ | |
| | 16 | 00 | ☽∥☿ | G |
| | 18 | 47 | ☽∠♄ | b |
| | 22 | 10 | ♀#♄ | |
| 23 | 02 | 36 | ☽✱♀ | G |
| Mo | 02 | 38 | ☽☌♆ | D |
| | 03 | 08 | ♀✱♆ | |
| | 04 | 10 | ☽∠♅ | b |
| | 05 | 20 | ♂☌♇ | |
| | 07 | 58 | ♂∥♇ | |
| | 11 | 20 | ☽✱♃ | G |
| | 14 | 18 | ☽✱♇ | G |
| | 14 | 51 | ☽✱♂ | G |
| | 21 | 09 | ☽∥♆ | D |
| 24 | 00 | 58 | ☽♈ | |
| Tu | 01 | 15 | ☽✱♄ | G |
| | 02 | 02 | ☿⊥♄ | |
| | 09 | 28 | ☽☌☉ | D |
| | 10 | 36 | ☽⚺♅ | g |
| | 11 | 41 | ☽∠♀ | b |
| | 14 | 27 | ☽⚺☿ | g |
| | 15 | 16 | ☽#☉ | G |
| | 23 | 44 | ☉⚺♅ | |
| 25 | 10 | 47 | ☽∥☉ | G |
| We | 15 | 28 | ☽⚺♆ | g |
| | 18 | 46 | ☉Q♃ | |
| | 20 | 45 | ☽⚺♀ | g |
| | 23 | 43 | ☽∠☿ | b |

| | | | |
|---|---|---|---|
| 26 | 00 43 | ☽□♃ | B |
| Th | 03 02 | ☽□♇ | B |
| | 03 04 | ☽#♆ | D |
| | 07 16 | ☽□♂ | B |
| | 12 01 | ☿∠♃ | |
| | 12 23 | ♀#♃ | |
| | 13 37 | ☽♉ | |
| | 14 15 | ☽□♄ | B |
| | 21 51 | ☽∠♆ | b |
| | 22 33 | ♀#♂ | |
| | 23 29 | ☽☌♅ | B |
| | 23 46 | ☉Q♇ | |
| 27 | 02 00 | ☽#☿ | G |
| Fr | 03 35 | ☽⊻☉ | g |
| | 09 03 | ☽✱☿ | G |
| | 11 42 | ☿∠♇ | |
| | 19 35 | ☽∥♅ | B |
| 28 | 04 02 | ☽✱♆ | G |
| Sa | 04 24 | ♀△♃ | |
| | 04 27 | ♀#♇ | |
| | 10 32 | ♂∥♃ | |
| | 12 19 | ☽∠☉ | b |
| | 13 39 | ☽△♃ | G |
| | 14 20 | ☽☌♀ | G |
| | 15 19 | ☽△♇ | G |
| | 23 05 | ☽△♂ | G |
| 29 | 01 38 | ☽♊ | |
| Su | 02 36 | ☽△♄ | G |
| | 02 57 | ♀△♇ | |
| | 11 33 | ☽⊻♅ | g |
| | 19 34 | ☽⚼♃ | b |
| | 20 32 | ☽✱☉ | G |
| | 20 56 | ☽⚼♇ | b |
| | 21 55 | ☽#♄ | B |
| 30 | 02 58 | ☽□☿ | B |
| Mo | 06 16 | ☽⚼♂ | b |
| | 07 46 | ☽#♂ | B |
| | 08 07 | ☽⚼♄ | b |
| | 09 46 | ☽#♃ | G |
| | 15 10 | ☽□♆ | B |
| | 16 41 | ☽#♇ | D |
| | 16 51 | ☽∠♅ | b |
| | 19 43 | ♂♒ | |
| 31 | 05 40 | ☽⊻♀ | g |
| Tu | 05 42 | ☽∥♀ | G |
| | 11 43 | ☽♋ | |
| | 18 31 | ♂☌♄ | |
| | 21 24 | ☽✱♅ | G |

APRIL

| | | | |
|---|---|---|---|
| 1 | 07 35 | ☿∠♄ | |
| We | 10 21 | ☽□☉ | B |
| | 11 51 | ☽∠♀ | b |
| | 14 38 | ☿Q♀ | |
| | 17 51 | ☽△☿ | G |
| | 20 57 | ☿∠♂ | |
| | 23 23 | ☽△♆ | G |
| 2 | 00 32 | ☉Q♄ | |
| Th | 01 34 | ☽∥♀ | G |
| | 08 49 | ☽☍♃ | B |
| | 09 07 | ☉#♆ | |
| | 09 20 | ☽☍♇ | B |
| | 16 49 | ☽✱♀ | G |
| | 18 26 | ☽♌ | |
| | 19 49 | ☽☍♄ | B |
| | 22 13 | ☽☍♂ | B |
| | 23 32 | ☽⚼☿ | b |
| | 23 50 | ☽#♇ | D |
| 3 | 02 02 | ☽⚼♆ | b |
| Fr | 03 40 | ☽□♅ | B |
| | 06 47 | ☽#♃ | G |
| | 12 40 | ☽#♂ | B |
| | 16 58 | ☽#♄ | B |
| | 17 11 | ♀♊ | |
| | 19 29 | ☽△☉ | G |
| 4 | 01 15 | ☿☌♆ | |
| Sa | 16 23 | ☉#☿ | |
| | 17 09 | ♀△♄ | |
| | 18 01 | ☉Q♂ | |
| | 18 16 | ☿∠♅ | |
| | 21 18 | ☽♍ | |
| | 22 17 | ☽⚼☉ | b |
| | 23 08 | ☽□♀ | B |
| 5 | 02 45 | ♃☌♇ | |
| Su | 06 06 | ☽△♅ | G |
| | 07 21 | ♀Q♆ | |
| | 09 54 | ☽∥♅ | B |
| | 13 22 | ☽⚼♇ | b |
| | 13 26 | ☽⚼♃ | b |
| | 23 05 | ☽⚼♄ | b |
| 6 | 04 35 | ☽⚼♂ | b |
| Mo | 04 38 | ☽☍♆ | B |
| | 05 28 | ♂∠♆ | |
| | 06 13 | ☽⚼♅ | b |
| | 09 49 | ☽☍☿ | B |
| | 10 54 | ☿∥♆ | |
| | 12 38 | ☽∥☉ | G |
| | 13 15 | ☽△♇ | G |
| | 13 29 | ☽△♃ | G |
| | 19 14 | ☽#♆ | D |
| | 20 03 | ☽#☿ | G |
| | 21 16 | ☽♎ | |
| | 22 52 | ☽△♄ | G |
| 7 | 01 56 | ☽△♀ | G |
| Tu | 05 20 | ☽△♂ | G |
| | 14 01 | ♂∥♄ | |
| | 18 50 | ♂□♅ | |
| | 21 28 | ☿✱♇ | |
| 8 | 02 20 | ☿✱♃ | |
| We | 02 35 | ☽☍☉ | B |
| | 02 48 | ☽⚼♀ | b |
| | 07 16 | ☽∥☿ | G |
| | 11 18 | ☽∥♆ | D |
| | 12 17 | ☽□♇ | B |
| | 12 50 | ☽□♃ | B |
| | 20 17 | ☽♏ | |
| | 21 35 | ☽#☉ | G |
| | 22 03 | ☽□♄ | B |
| | 22 34 | ☉⊻♆ | |
| 9 | 00 58 | ☉∠♀ | |
| Th | 03 28 | ☽⚼♆ | b |
| | 05 09 | ☽☍♅ | B |
| | 06 41 | ☽□♂ | B |
| | 16 20 | ☽⚼☿ | b |
| | 20 53 | ☽#♅ | B |
| 10 | 03 32 | ☽△♆ | G |
| Fr | 06 40 | ♀⊻♅ | |
| | 12 15 | ☽✱♇ | G |
| | 13 08 | ☽✱♃ | G |
| | 19 35 | ☽△☿ | G |
| | 20 35 | ☽♐ | |
| | 22 37 | ☽✱♄ | G |
| 11 | 00 29 | ☿⊥♅ | |
| Sa | 04 48 | ☿♈ | |
| | 07 27 | ☽☍♀ | B |
| | 08 06 | ☽⚼☉ | b |
| | 08 21 | ☽∥♂ | B |
| | 10 03 | ☽✱♂ | G |

| | | | |
|---|---|---|---|
| | 12 15 | ☽∥♄ | B |
| | 13 14 | ☽∠♇ | b |
| | 14 18 | ☽∠♃ | b |
| | 21 27 | ☽∥♃ | G |
| | 23 58 | ☿✱♄ | |
| 12 | 00 02 | ☽∠♄ | b |
| Su | 05 33 | ☽∥♇ | D |
| | 05 53 | ☽□♆ | B |
| | 07 51 | ☽⚼♅ | b |
| | 11 46 | ☽△☉ | G |
| | 13 12 | ☽∠♂ | b |
| | 15 08 | ☽⊻♇ | g |
| | 16 26 | ☽⊻♃ | g |
| 13 | 00 05 | ☽♑ | |
| Mo | 02 27 | ☽⊻♄ | g |
| | 06 00 | ☽□☿ | B |
| | 10 36 | ☽△♅ | G |
| | 17 33 | ☽⊻♂ | g |
| 14 | 11 07 | ☉□♇ | |
| Tu | 12 10 | ☽✱♆ | G |
| | 20 06 | ☿⊻♅ | |
| | 20 48 | ☽⚼♀ | b |
| | 22 02 | ☽☌♇ | D |
| | 22 56 | ☽□☉ | B |
| | 23 47 | ☽☌♃ | G |
| 15 | 06 34 | ☉⊥♆ | |
| We | 07 37 | ☽♒ | |
| | 10 21 | ☽☌♄ | B |
| | 10 50 | ☿Q♇ | |
| | 10 59 | ☉□♃ | |
| | 14 37 | ☽∥♇ | D |
| | 16 47 | ☽∠♆ | b |
| | 17 35 | ♀⚼♇ | |
| | 19 09 | ☽□♅ | B |
| | 22 40 | ☽✱☿ | G |
| 16 | 00 21 | ☽∥♃ | G |
| Th | 01 12 | ☿Q♃ | |
| | 03 29 | ☽△♀ | G |
| | 05 42 | ☽☌♂ | B |
| | 10 40 | ☽∥♄ | B |
| | 22 06 | ☽∥♂ | B |
| | 22 13 | ☽⊻♆ | g |
| 17 | 06 11 | ♀⚼♃ | |
| Fr | 08 28 | ☽⊻♇ | g |
| | 09 04 | ☽∠☿ | b |
| | 10 43 | ☽⊻♃ | g |
| | 14 34 | ☽✱☉ | G |
| | 18 29 | ☽♓ | |
| | 21 32 | ☽⊻♄ | g |
| 18 | 05 36 | ☿✱♀ | |
| Sa | 06 47 | ☽✱♅ | G |
| | 08 58 | ☽#♅ | B |
| | 14 32 | ☽∠♇ | b |
| | 17 00 | ☽∠♃ | b |
| | 18 18 | ♀⊥♅ | |
| | 18 57 | ☽□♀ | B |
| | 20 05 | ☽#☉ | G |
| | 20 22 | ☽⊻☿ | g |
| | 21 07 | ☽⊻♂ | g |
| | 23 23 | ☽∠☉ | b |
| 19 | 03 49 | ☽∠♄ | b |
| Su | 03 55 | ☿✱♂ | |
| | 05 37 | ☿Q♄ | |
| | 10 32 | ☽☌♆ | D |
| | 13 11 | ☽∠♅ | b |
| | 14 45 | ☉♉ | |
| | 19 43 | ♂⊥♆ | |
| | 20 51 | ☽✱♇ | G |
| | 23 31 | ☽✱♃ | G |

| | | | |
|---|---|---|---|
| 20 | 05 20 | ☽∠♂ | b |
| Mo | 05 26 | ☽∥♆ | D |
| | 07 00 | ☽♈ | |
| | 08 28 | ☽⊻☉ | g |
| | 09 09 | ☽#☿ | G |
| | 10 16 | ☽✱♄ | G |
| | 19 42 | ☽⊻♅ | g |
| 21 | 07 00 | ☉□♄ | |
| Tu | 07 00 | ☿#♆ | |
| | 11 17 | ☽✱♀ | G |
| | 13 35 | ☽✱♂ | G |
| | 20 06 | ☽☌☿ | G |
| | 23 23 | ☽⊻♆ | g |
| 22 | 07 13 | ☽#♆ | D |
| We | 09 31 | ☽□♇ | B |
| | 12 13 | ☽∥☿ | G |
| | 12 32 | ☽□♃ | B |
| | 17 11 | ☿⊻♆ | |
| | 19 14 | ☽∠♀ | b |
| | 19 36 | ☽♉ | |
| | 22 59 | ☽□♄ | B |
| 23 | 02 26 | ☽☌☉ | D |
| Th | 05 38 | ☽∠♆ | b |
| | 08 29 | ☽☌♅ | B |
| 24 | 02 15 | ☽∥☉ | G |
| Fr | 02 50 | ☽⊻♀ | g |
| | 03 50 | ☽∥♅ | B |
| | 05 30 | ☽□♂ | B |
| | 11 38 | ☽✱♆ | G |
| | 18 54 | ☉∠♆ | |
| | 19 30 | ☽⊻☿ | g |
| | 21 27 | ☽△♇ | G |
| | 23 36 | ☉∥♅ | |
| 25 | 00 43 | ☽△♃ | G |
| Sa | 02 55 | ☽#♂ | B |
| | 07 20 | ☽♊ | |
| | 07 36 | ☿□♇ | |
| | 10 47 | ☽△♄ | G |
| | 18 54 | ♇Stat | |
| | 19 10 | ☽⊻☉ | g |
| | 20 13 | ☽⊻♅ | g |
| | 20 50 | ☿⊥♆ | |
| 26 | 00 07 | ☽#♄ | B |
| Su | 02 55 | ☽⚼♇ | b |
| | 03 54 | ♀⚼♄ | |
| | 04 31 | ☿□♃ | |
| | 06 16 | ☽⚼♃ | b |
| | 06 36 | ☽∠☿ | b |
| | 09 01 | ☉☌♅ | |
| | 09 30 | ☽#♃ | G |
| | 16 07 | ☽⚼♄ | b |
| | 16 39 | ☽☌♀ | G |
| | 19 55 | ☽△♂ | G |
| | 20 15 | ☽#♇ | D |
| | 22 31 | ☽□♆ | B |
| 27 | 01 28 | ☽∠♅ | b |
| Mo | 02 46 | ☽∠☉ | b |
| | 17 00 | ☽✱☿ | G |
| | 17 28 | ☽♋ | |
| | 19 53 | ☿♉ | |
| 28 | 02 14 | ☽⚼♂ | b |
| Tu | 06 08 | ☽✱♅ | G |
| | 09 38 | ☽✱☉ | G |
| | 17 28 | ☿□♄ | |
| | 20 48 | ♂⊻♆ | |
| | 21 35 | ☿Q♂ | |
| 29 | 03 45 | ☽⊻♀ | g |
| We | 07 12 | ☽△♆ | G |
| | 12 33 | ☿∠♀ | |

| | | | |
|---|---|---|---|
| | 16 01 | ☽☍♇ | B |
| | 19 29 | ☽☍♃ | B |
| 30 | 01 06 | ☽♌ | |
| Th | 04 27 | ☽☍♄ | B |
| | 07 59 | ☽∠♀ | b |
| | 08 35 | ☿∠♆ | |
| | 08 49 | ☽#♇ | D |
| | 10 26 | ☽⚼♆ | b |
| | 10 47 | ☽□☿ | B |
| | 13 21 | ☽□♅ | B |
| | 16 31 | ♀±♇ | |
| | 19 03 | ☽#♃ | G |
| | 20 38 | ☽□☉ | B |

MAY

| | | | |
|---|---|---|---|
| 1 | 03 23 | ☽#♄ | B |
| Fr | 03 41 | ☿☌♅ | |
| | 11 16 | ☽✱♀ | G |
| | 11 55 | ☿∥♅ | |
| | 16 04 | ☽☍♂ | B |
| 2 | 05 35 | ☽♍ | |
| Sa | 05 51 | ☽#♂ | B |
| | 06 06 | ☽∥☉ | G |
| | 08 14 | ☉#♂ | |
| | 12 45 | ☽∥☿ | G |
| | 16 56 | ☽∥♅ | B |
| | 17 19 | ☽△♅ | G |
| | 22 21 | ☽⚼♇ | b |
| | 23 38 | ☽△☿ | G |
| 3 | 01 46 | ☽⚼♃ | b |
| Su | 03 40 | ☽△☉ | G |
| | 09 49 | ☽⚼♄ | b |
| | 15 06 | ☽□♀ | B |
| | 15 22 | ☽☍♆ | B |
| | 18 10 | ☿#♂ | |
| | 18 12 | ☽⚼♅ | b |
| | 23 01 | ☽△♇ | G |
| 4 | 02 25 | ☽△♃ | G |
| Mo | 03 52 | ♀□♆ | |
| | 04 27 | ☽⚼☿ | b |
| | 05 55 | ☽⚼☉ | b |
| | 06 48 | ☽#♆ | D |
| | 07 09 | ☽♎ | |
| | 09 21 | ☉⊥♀ | |
| | 10 15 | ☽△♄ | G |
| | 17 19 | ☿⊥♀ | |
| | 21 41 | ☉☌☿ | |
| | 22 10 | ☽⚼♂ | b |
| 5 | 02 30 | ☉∥☿ | |
| Tu | 16 23 | ☽△♀ | G |
| | 20 11 | ♂⊻♇ | |
| | 20 53 | ☽∥♆ | D |
| | 23 05 | ☽□♇ | B |
| | 23 13 | ☽△♂ | G |
| 6 | 02 31 | ☽□♃ | B |
| We | 02 34 | ♂Q♅ | |
| | 07 05 | ☽♏ | |
| | 10 10 | ☽□♄ | B |
| | 15 37 | ☽⚼♆ | b |
| | 16 40 | ☽⚼♀ | b |
| | 18 31 | ☽☍♅ | B |
| 7 | 06 24 | ♀±♃ | |
| Th | 09 58 | ☽#♅ | B |
| | 10 42 | ☿✱♆ | |
| | 10 45 | ☽☍☉ | B |
| | 14 33 | ☽∥♂ | B |
| | 15 40 | ☽△♆ | G |
| | 16 30 | ☽☍☿ | B |
| | 20 39 | ☿⊻♀ | |

| Day | Time | Aspect | |
|---|---|---|---|
| | 23 03 | ☽✱♇ | G |
| 8 Fr | 01 33 | ☽□♂ | B |
| | 02 39 | ☽✱♃ | G |
| | 04 47 | ☽#☉ | G |
| | 07 15 | ☽♐ | |
| | 10 27 | ☽✱♄ | G |
| | 15 47 | ☽#☿ | G |
| | 20 58 | ☽‖♄ | B |
| | 23 38 | ☽∠♇ | b |
| 9 Sa | 01 53 | ♂⚺♃ | |
| | 03 22 | ☽∠♃ | b |
| | 04 35 | ☽‖♃ | G |
| | 11 21 | ☽∠♄ | b |
| | 13 17 | ☿△♇ | |
| | 14 35 | ☽‖♇ | D |
| | 17 14 | ☽□♆ | B |
| | 18 35 | ☿#♄ | |
| | 19 13 | ☽☍♀ | B |
| | 20 31 | ☽⚼♅ | b |
| 10 Su | 00 55 | ☽⚺♇ | g |
| | 04 49 | ☽⚺♃ | g |
| | 06 11 | ☽✱♂ | G |
| | 09 38 | ☽♑ | |
| | 13 03 | ☽⚺♄ | g |
| | 14 36 | ☿△♃ | |
| | 16 16 | ☉✱♆ | |
| | 19 23 | ☽⚼☉ | b |
| | 22 38 | ☽△♅ | G |
| 11 Mo | 04 09 | ♄Stat | |
| | 07 33 | ☿□♂ | |
| | 08 18 | ☿#♃ | |
| | 09 59 | ☽∠♂ | b |
| | 10 17 | ☽⚼☿ | b |
| | 16 56 | ♂#♅ | |
| | 21 58 | ☿♊ | |
| | 22 05 | ☽✱♆ | G |
| 12 Tu | 00 24 | ☽△☉ | G |
| | 01 57 | ☉⚺♀ | |
| | 06 14 | ☽☌♇ | D |
| | 10 30 | ☽☌♃ | G |
| | 14 56 | ☽⚺♂ | g |
| | 15 39 | ☽♒ | |
| | 19 07 | ☽△☿ | G |
| | 19 18 | ☽☌♄ | B |
| | 20 14 | ☿△♄ | |
| 13 We | 00 05 | ☽‖♇ | D |
| | 01 30 | ☽#☿ | G |
| | 01 59 | ☽∠♆ | b |
| | 02 36 | ☿Q♆ | |
| | 04 17 | ♂♓ | |
| | 04 30 | ☽⚼♀ | b |
| | 05 52 | ☽□♅ | B |
| | 06 45 | ♀Stat | |
| | 07 08 | ☿#♇ | |
| | 11 30 | ☽‖♃ | G |
| | 20 16 | ☽‖♄ | B |
| 14 Th | 04 50 | ☽#☉ | G |
| | 06 50 | ☽⚺♆ | g |
| | 09 20 | ☽△♀ | G |
| | 12 14 | ♂⊥♇ | |
| | 14 03 | ☽□☉ | B |
| | 14 32 | ♃Stat | |
| | 15 23 | ☽⚺♇ | g |
| | 19 58 | ☽⚺♃ | g |
| 15 Fr | 01 24 | ☽♓ | |
| | 04 06 | ☽☌♂ | B |
| | 05 15 | ☽⚺♄ | g |
| | 06 49 | ☉△♇ | |
| | 13 46 | ☽#♅ | B |
| | 15 16 | ☿⚺♅ | |
| | 16 41 | ☽✱♅ | G |
| | 16 57 | ☽□☿ | B |
| | 19 23 | ☽‖♂ | B |
| | 21 05 | ☽∠♇ | b |
| 16 Sa | 00 25 | ♂⚺♄ | |
| | 01 47 | ☽∠♃ | b |
| | 11 13 | ☽∠♄ | b |
| | 17 54 | ☿⚼♇ | |
| | 18 34 | ☽☌♆ | D |
| | 20 35 | ☽□♀ | B |
| | 22 57 | ☽∠♅ | b |
| 17 Su | 03 15 | ☽✱♇ | G |
| | 07 13 | ☽✱☉ | G |
| | 07 59 | ☽✱♃ | G |
| | 13 36 | ☽♈ | |
| | 13 59 | ☽‖♆ | D |
| | 16 40 | ☉△♃ | |
| | 17 29 | ☽✱♄ | G |
| | 20 01 | ☽⚺♂ | g |
| | 21 44 | ♂⊥♃ | |
| | 22 50 | ☿⚼♃ | |
| 18 Mo | 05 27 | ☽⚺♅ | g |
| | 16 15 | ☽∠☉ | b |
| | 17 17 | ☽✱☿ | G |
| | 19 39 | ☿⊥♅ | |
| | 21 32 | ♀±♃ | |
| 19 Tu | 04 12 | ☽∠♂ | b |
| | 04 55 | ☉#♄ | |
| | 07 20 | ☽⚺♆ | g |
| | 08 17 | ☽✱♀ | G |
| | 12 55 | ☽#♆ | D |
| | 15 51 | ☽□♇ | B |
| | 20 33 | ☽□♃ | B |
| 20 We | 01 09 | ☽⚺☉ | g |
| | 02 10 | ☽♉ | |
| | 05 01 | ☽∠☿ | b |
| | 05 58 | ☽□♄ | B |
| | 11 14 | ☿⚼♄ | |
| | 12 10 | ☽✱♂ | G |
| | 13 30 | ☽∠♆ | b |
| | 13 45 | ☽∠♀ | b |
| | 13 49 | ☉♊ | |
| | 18 07 | ☽☌♅ | B |
| | 23 03 | ♀□♆ | |
| 21 Th | 00 36 | ☽#♂ | B |
| | 13 16 | ☽‖♅ | B |
| | 13 43 | ☿±♇ | |
| | 16 00 | ☽⚺☿ | g |
| | 18 46 | ☽⚺♀ | g |
| | 19 19 | ☽✱♆ | G |
| 22 Fr | 03 29 | ☽△♇ | G |
| | 08 01 | ☽△♃ | G |
| | 08 41 | ☿☌♀ | |
| | 12 02 | ☉△♄ | |
| | 13 36 | ☽♊ | |
| | 15 43 | ☿□♆ | |
| | 17 12 | ☽△♄ | G |
| | 17 39 | ☽☌☉ | D |
| | 21 59 | ☿±♃ | |
| 23 Sa | 02 43 | ☽□♂ | B |
| | 05 20 | ☽⚺♅ | g |
| | 06 02 | ☽#♄ | B |
| | 08 39 | ☽⚼♇ | b |
| | 09 17 | ☉Q♆ | |
| | 13 05 | ☽⚼♃ | b |
| | 13 10 | ☽‖☉ | G |
| | 14 54 | ☽#♃ | G |
| | 22 08 | ☽⚼♄ | b |
| 24 Su | 02 16 | ☽#♇ | D |
| | 03 15 | ☽☌♀ | G |
| | 03 33 | ☿∠♅ | |
| | 05 34 | ☽□♆ | B |
| | 10 13 | ☽∠♅ | b |
| | 11 09 | ☽☌☿ | G |
| | 15 23 | ☉#♃ | |
| | 16 26 | ♂⊥♄ | |
| | 23 09 | ☽♋ | |
| 25 Mo | 01 06 | ☿‖♀ | |
| | 04 26 | ☿⚻♇ | |
| | 06 48 | ♂✱♅ | |
| | 07 43 | ☽⚺☉ | g |
| | 14 34 | ☽✱♅ | G |
| | 14 58 | ☽△♂ | G |
| | 17 35 | ♀±♇ | |
| | 19 55 | ☿±♄ | |
| 26 Tu | 09 31 | ☽⚺♀ | g |
| | 13 43 | ☽△♆ | G |
| | 13 44 | ☽∠☉ | b |
| | 15 35 | ☿⚻♃ | |
| | 20 07 | ☽⚼♂ | b |
| | 21 03 | ☽☍♇ | B |
| 27 We | 01 06 | ☽☍♃ | B |
| | 02 19 | ☽⚺☿ | g |
| | 06 33 | ☽♌ | |
| | 09 42 | ☽☍♄ | B |
| | 11 47 | ☽∠♀ | b |
| | 14 09 | ♂∠♇ | |
| | 14 46 | ☽#♇ | D |
| | 16 57 | ☽⚼♆ | b |
| | 19 02 | ☽✱☉ | G |
| | 20 39 | ☽‖☉ | G |
| | 21 34 | ☽□♅ | B |
| 28 Th | 01 13 | ☽#♃ | G |
| | 08 25 | ☽∠☿ | b |
| | 09 30 | ☽#♄ | B |
| | 13 30 | ☽✱♀ | G |
| | 18 09 | ☿♋ | |
| 29 Fr | 08 13 | ☉⚺♅ | |
| | 11 40 | ☽♍ | |
| | 13 32 | ☽✱☿ | G |
| | 16 43 | ♀⚼♄ | |
| | 21 30 | ☽‖♅ | B |
| 30 Sa | 00 25 | ☿⚻♄ | |
| | 02 15 | ☽△♅ | G |
| | 03 30 | ☽□☉ | B |
| | 04 24 | ☽⚼♇ | b |
| | 07 34 | ☽☍♂ | B |
| | 08 02 | ☽⚼♃ | b |
| | 15 18 | ☽□♀ | B |
| | 16 12 | ☽⚼♄ | b |
| | 16 29 | ☉⚼♇ | |
| | 16 44 | ♂∠♃ | |
| | 19 28 | ☽#♂ | B |
| | 23 14 | ☽☍♆ | B |
| 31 Su | 03 47 | ☽⚼♅ | b |
| | 05 46 | ☽△♇ | G |
| | 09 17 | ☽△♃ | G |
| | 14 38 | ☽♎ | |
| | 15 30 | ☽#♆ | D |
| | 17 20 | ☽△♄ | G |
| | 21 16 | ☽□☿ | B |
| **JUNE** | | | |
| 1 Mo | 01 15 | ☉#♇ | |
| | 09 28 | ☽△☉ | G |
| | 15 20 | ☽△♀ | G |
| | 18 47 | ☉⚼♃ | |
| 2 Tu | 02 41 | ♀⊥♅ | |
| | 05 10 | ☽‖♆ | D |
| | 07 22 | ☽□♇ | B |
| | 10 40 | ☽□♃ | B |
| | 11 50 | ☽⚼☉ | b |
| | 14 03 | ☽⚼♂ | b |
| | 14 56 | ☽⚼♀ | b |
| | 16 06 | ☽♏ | |
| | 18 38 | ☽□♄ | B |
| | 21 37 | ☽‖♂ | B |
| 3 We | 00 41 | ♀□♂ | |
| | 01 40 | ☽⚼♆ | b |
| | 02 41 | ☽△☿ | G |
| | 06 17 | ☽☍♅ | B |
| | 15 44 | ☽△♂ | G |
| | 17 44 | ☉☌♀ | |
| | 22 06 | ☽#♅ | B |
| 4 Th | 02 14 | ☽△♆ | G |
| | 05 05 | ☽⚼☿ | b |
| | 08 27 | ☽✱♇ | G |
| | 11 36 | ☽✱♃ | G |
| | 17 17 | ☽♐ | |
| | 19 43 | ☽✱♄ | G |
| | 20 56 | ☉‖♀ | |
| | 22 52 | ☉⊥♅ | |
| 5 Fr | 08 06 | ☽‖♄ | B |
| | 09 15 | ☽∠♇ | b |
| | 11 05 | ☿✱♅ | |
| | 12 22 | ☽∠♃ | b |
| | 13 57 | ☽☍♀ | B |
| | 16 16 | ☽‖♃ | G |
| | 19 12 | ☽☍☉ | B |
| | 19 44 | ☽□♂ | B |
| | 20 40 | ☽∠♄ | b |
| 6 Sa | 01 34 | ☽‖♇ | D |
| | 02 07 | ☽#♀ | G |
| | 04 10 | ☽□♆ | B |
| | 06 19 | ♀#♇ | |
| | 07 58 | ☽#☉ | G |
| | 09 10 | ☽⚼♅ | b |
| | 10 30 | ☽⚺♇ | g |
| | 13 36 | ☽⚺♃ | g |
| | 14 50 | ♂∠♄ | |
| | 16 09 | ☉⚼♄ | |
| | 19 11 | ☉□♂ | |
| | 19 44 | ☽♑ | |
| | 22 08 | ☽⚺♄ | g |
| 7 Su | 07 50 | ♀⚼♃ | |
| | 11 08 | ☽△♅ | G |
| | 14 06 | ☽☍☿ | B |
| | 16 24 | ☽#☿ | G |
| 8 Mo | 00 22 | ☽#☿ | G |
| | 01 29 | ☿⚺♀ | |
| | 02 07 | ☽✱♂ | G |
| | 08 25 | ☽✱♆ | G |
| | 15 01 | ☽☌♇ | D |
| | 16 48 | ☽⚼♀ | b |
| | 18 05 | ☽☌♃ | G |
| | 22 14 | ☉±♇ | |
| | 22 54 | ☽#☉ | G |
| 9 Tu | 00 54 | ☽♒ | |
| | 03 17 | ☽☌♄ | B |
| | 06 40 | ☽∠♂ | b |
| | 08 10 | ☽⚼☉ | b |
| | 08 51 | ☽‖♇ | D |
| | 09 44 | ♀#♃ | |
| | 11 47 | ☽∠♆ | b |
| | 17 30 | ☽□♅ | B |
| | 18 42 | ☽‖♃ | G |
| | 19 15 | ☽△♀ | G |
| | 19 56 | ☽#♀ | G |
| 10 We | 04 06 | ☽‖♄ | B |
| | 12 15 | ☽⚺♂ | g |
| | 12 44 | ♀⚼♇ | |
| | 13 29 | ☉±♃ | |
| | 14 35 | ☽△☉ | G |
| | 16 01 | ☽⚺♆ | g |
| | 22 56 | ☽⚺♇ | g |
| 11 Th | 01 56 | ☽⚺♃ | g |
| | 05 30 | ☽⚼☿ | b |
| | 09 04 | ☉‖☿ | |
| | 09 32 | ☽♓ | |
| | 09 37 | ☉□♆ | |
| | 09 50 | ♀⚺♅ | |
| | 11 51 | ☽⚺♄ | g |
| | 19 38 | ☽#♅ | B |
| 12 Fr | 02 34 | ☽□♀ | B |
| | 03 20 | ☽✱♅ | G |
| | 04 07 | ☽∠♇ | b |
| | 07 03 | ☽∠♃ | b |
| | 12 07 | ☽△☿ | G |
| | 17 16 | ☽∠♄ | b |
| 13 Sa | 00 34 | ♀#♄ | |
| | 02 12 | ☽☌♂ | B |
| | 02 51 | ☽☌♆ | D |
| | 06 24 | ☽□☉ | B |
| | 09 18 | ☽∠♅ | b |
| | 09 56 | ☽✱♇ | G |
| | 12 45 | ☽✱♃ | G |
| | 14 13 | ♂☌♆ | |
| | 14 51 | ☽‖♂ | B |
| | 15 49 | ☿⊥♀ | |
| | 21 03 | ☽♈ | |
| | 22 24 | ☽‖♆ | D |
| | 23 12 | ☽✱♄ | G |
| 14 Su | 12 24 | ☽✱♀ | G |
| | 15 38 | ☽⚺♅ | g |
| | 20 27 | ☉∠♅ | |
| | 20 35 | ☿#♇ | |
| 15 Mo | 01 58 | ☉⚻♇ | |
| | 02 07 | ☽□☿ | B |
| | 15 21 | ☽⚺♆ | g |
| | 15 41 | ☉±♄ | |
| | 17 44 | ☽∠♀ | b |
| | 18 08 | ☽⚺♂ | g |
| | 20 06 | ☽#♆ | D |
| | 22 22 | ☽□♇ | B |
| 16 Tu | 00 11 | ☽✱☉ | G |
| | 00 49 | ☽□♃ | B |
| | 00 50 | ☽#♂ | B |
| | 07 33 | ☉⚻♃ | |
| | 09 35 | ☽♉ | |
| | 11 29 | ☽□♄ | B |
| | 21 31 | ☽∠♆ | b |
| | 23 01 | ☽⚺♀ | g |
| 17 We | 01 57 | ☽∠♂ | b |
| | 04 15 | ☽☌♅ | B |
| | 08 50 | ☽∠☉ | b |
| | 15 03 | ☽✱☿ | G |
| | 23 07 | ☿#♃ | |
| | 23 26 | ☽‖♅ | B |
| 18 Th | 03 18 | ☽✱♆ | G |
| | 04 59 | ☿Stat | |
| | 09 16 | ☽✱♂ | G |
| | 10 01 | ☽△♇ | G |
| | 12 02 | ☽△♃ | G |
| | 16 41 | ♀Q♂ | |
| | 16 54 | ☽⚺☉ | g |

| Date | Time | Aspect | |
|---|---|---|---|
| | 20 31 | ☽∠☿ | b |
| | 21 00 | ☽♊ | |
| | 22 34 | ☽△♄ | G |
| | 23 08 | ♂✱♇ | |
| 19 Fr | 00 43 | ♂∠♅ | |
| | 03 46 | ☽∥♀ | G |
| | 08 40 | ☽☌♀ | G |
| | 15 03 | ☽⚼♇ | b |
| | 15 12 | ☽⚺♅ | g |
| | 15 44 | ☽#♄ | B |
| | 16 51 | ☽⚼♃ | b |
| | 21 04 | ☽∥☿ | G |
| 20 Sa | 01 09 | ☽⚺☿ | g |
| | 02 11 | ☽#♃ | G |
| | 03 15 | ☽⚼♄ | b |
| | 03 49 | ♂∥♆ | |
| | 07 56 | ♂✱♃ | |
| | 10 58 | ☽#♇ | D |
| | 13 07 | ☽□♆ | B |
| | 19 43 | ☽∠♅ | b |
| | 21 44 | ☉♋ | |
| | 21 48 | ☽□♂ | B |
| 21 Su | 04 27 | ☽∥☉ | G |
| | 06 02 | ☽♋ | |
| | 06 41 | ☽☌☉ | D |
| | 14 14 | ☉∇♄ | |
| | 16 22 | ☽⚺♀ | g |
| | 23 35 | ☽✱♅ | G |
| 22 Mo | 05 17 | ☿#♄ | |
| | 08 01 | ☽☌☿ | G |
| | 19 27 | ☽∠♀ | b |
| | 20 22 | ☽△♆ | G |
| 23 Tu | 02 19 | ☽☍♇ | B |
| | 03 17 | ☽∥☉ | G |
| | 03 29 | ☽☍♃ | B |
| | 04 31 | ♆Stat | |
| | 07 20 | ☽△♂ | G |
| | 12 33 | ☽♌ | |
| | 13 31 | ☽☍♄ | B |
| | 17 20 | ☽⚺☉ | g |
| | 19 26 | ☽#♇ | D |
| | 22 05 | ☽✱♀ | G |
| | 23 08 | ☽⚼♆ | b |
| 24 We | 03 03 | ☽#♃ | G |
| | 05 34 | ☽□♅ | B |
| | 11 10 | ☽⚼♂ | b |
| | 12 09 | ☽⚺☿ | g |
| | 12 58 | ☽#♄ | B |
| | 17 23 | ☽∥☿ | G |
| | 21 41 | ☽∠☉ | b |
| 25 Th | 06 18 | ☽∥♀ | G |
| | 06 48 | ♀Stat | |
| | 13 25 | ☽∠☿ | b |
| | 17 05 | ☽♍ | |
| 26 Fr | 01 02 | ☽∥♅ | B |
| | 01 33 | ☽✱☉ | G |
| | 02 17 | ☽□♀ | B |
| | 08 53 | ☽⚼♇ | b |
| | 09 30 | ☽⚼♃ | b |
| | 09 44 | ☽△♅ | G |
| | 12 41 | ☉⚺♀ | |
| | 14 18 | ☽✱☿ | G |
| | 19 23 | ☽⚼♄ | b |
| 27 Sa | 04 56 | ☽☍♆ | B |
| | 10 24 | ☽△♇ | G |
| | 10 51 | ☽△♃ | G |
| | 11 21 | ☽⚼♅ | b |
| | 20 02 | ☽☍♂ | B |
| | 20 16 | ☽♎ | |
| | 20 44 | ☽△♄ | G |
| | 21 23 | ☽#♆ | D |
| 28 Su | 01 45 | ♂♈ | |
| | 04 11 | ☿⊥♀ | |
| | 04 57 | ☽#♂ | B |
| | 05 34 | ☽△♀ | G |
| | 08 16 | ☽□☉ | B |
| | 10 59 | ♂✱♄ | |
| | 15 13 | ☽□☿ | B |
| 29 Mo | 03 11 | ☽∥♂ | B |
| | 07 04 | ☽⚼♀ | b |
| | 11 33 | ☽∥♆ | D |
| | 12 55 | ☽□♇ | B |
| | 13 02 | ☽□♃ | B |
| | 22 48 | ☽♏ | |
| | 23 01 | ☽□♄ | B |
| 30 Tu | 05 46 | ♃☌♇ | |
| | 08 47 | ☽⚼♆ | b |
| | 14 20 | ☽△☉ | G |
| | 15 21 | ☽☍♅ | B |
| | 15 39 | ☽△☿ | G |
| | 22 12 | ☿✱♅ | |

## JULY

| Date | Time | Aspect | |
|---|---|---|---|
| 1 We | 02 53 | ☉☌☿ | |
| | 03 07 | ☽⚼♂ | b |
| | 06 07 | ☉✱♅ | |
| | 07 31 | ☽#♅ | B |
| | 10 02 | ☽△♆ | G |
| | 15 06 | ☽✱♃ | G |
| | 15 20 | ☽✱♇ | G |
| | 15 54 | ☽⚼☿ | b |
| | 17 26 | ☽⚼☉ | b |
| | 23 00 | ☽#♀ | G |
| | 23 37 | ♄♑ | |
| 2 Th | 01 20 | ☽✱♄ | G |
| | 01 21 | ☽♐ | |
| | 05 35 | ☽△♂ | G |
| | 06 54 | ☽#☿ | G |
| | 12 02 | ☽☍♀ | B |
| | 16 20 | ☽∠♃ | b |
| | 16 44 | ☽∠♇ | b |
| | 19 17 | ☽∥♄ | B |
| 3 Fr | 02 46 | ☽∠♄ | b |
| | 05 52 | ☽∥♃ | G |
| | 11 57 | ☽∥♇ | D |
| | 13 06 | ☽□♆ | B |
| | 17 51 | ☽⚺♃ | g |
| | 18 26 | ☽⚺♇ | g |
| | 18 55 | ☽#☉ | G |
| | 20 03 | ☽⚼♅ | b |
| 4 Sa | 04 32 | ☽⚺♄ | g |
| | 04 48 | ☽♑ | |
| | 08 18 | ☉⊥♀ | |
| | 11 28 | ☽□♂ | B |
| | 18 13 | ☽☍☿ | B |
| | 18 29 | ♂⊥♅ | |
| | 22 19 | ☽△♅ | G |
| 5 Su | 04 44 | ☽☍☉ | B |
| | 14 45 | ☿⚺♀ | |
| | 17 44 | ☽✱♆ | G |
| | 20 16 | ☽⚼♀ | b |
| | 22 13 | ☽☌♃ | G |
| | 23 14 | ☽☌♇ | D |
| 6 Mo | 09 35 | ☽☌♄ | B |
| | 10 08 | ☽♒ | |
| | 12 29 | ☽#☉ | G |
| | 16 15 | ☽∥♇ | D |
| | 19 37 | ☽✱♂ | G |
| | 20 57 | ☽∠♆ | b |
| | 22 06 | ☽∥♃ | G |
| | 23 40 | ♂Q♃ | |
| 7 Tu | 00 22 | ☽△♀ | G |
| | 04 37 | ☽□♅ | B |
| | 09 51 | ☽∥♄ | B |
| | 23 14 | ♀⚼♃ | |
| 8 We | 00 23 | ☽#☿ | G |
| | 00 51 | ☽∠♂ | b |
| | 00 53 | ☽⚺♆ | g |
| | 01 31 | ☽⚼☿ | b |
| | 02 38 | ♂Q♇ | |
| | 05 05 | ☽⚺♃ | g |
| | 06 36 | ☽⚺♇ | g |
| | 08 33 | ☽#♀ | G |
| | 10 42 | ☿□♂ | |
| | 17 19 | ☽⚺♄ | g |
| | 18 12 | ☽♓ | |
| | 22 25 | ☽⚼☉ | b |
| 9 Th | 02 11 | ☽#♅ | B |
| | 04 36 | ☉#♇ | |
| | 05 35 | ☽△☿ | G |
| | 06 56 | ☽⚺♂ | g |
| | 09 36 | ☽∠♃ | b |
| | 11 15 | ☽□♀ | B |
| | 11 24 | ☽∠♇ | b |
| | 13 50 | ☽✱♅ | G |
| | 15 03 | ♀⚼♇ | |
| | 22 15 | ☽∠♄ | b |
| 10 Fr | 06 08 | ☽△☉ | G |
| | 10 57 | ☽☌♆ | D |
| | 14 47 | ☽✱♃ | G |
| | 16 52 | ☽✱♇ | G |
| | 19 28 | ☽∠♅ | b |
| 11 Sa | 03 49 | ☽✱♄ | G |
| | 05 06 | ☽♈ | |
| | 06 05 | ☽∥♆ | D |
| | 16 09 | ☽□☿ | B |
| | 21 16 | ☽☌♂ | B |
| 12 Su | 01 21 | ☽✱♀ | G |
| | 01 36 | ☽⚺♅ | g |
| | 04 22 | ☽#♂ | B |
| | 05 44 | ☽∥♂ | B |
| | 07 12 | ♀⚺♅ | |
| | 08 26 | ☿Stat | |
| | 11 01 | ☉#♃ | |
| | 18 43 | ☉△♆ | |
| | 23 06 | ☽⚺♆ | g |
| | 23 29 | ☽□☉ | B |
| 13 Mo | 02 25 | ☽□♃ | B |
| | 04 07 | ☽#♆ | D |
| | 05 03 | ☽□♇ | B |
| | 09 05 | ☽∠♀ | b |
| | 15 54 | ☽□♄ | B |
| | 17 34 | ☽♉ | |
| 14 Tu | 04 56 | ☽✱☿ | G |
| | 05 20 | ☽∠♆ | b |
| | 06 12 | ☉Q♅ | |
| | 07 58 | ☉☍♃ | |
| | 12 43 | ☽⚺♂ | g |
| | 14 14 | ☽☌♅ | B |
| | 16 47 | ☽⚺♀ | g |
| 15 We | 09 08 | ☽∥♅ | B |
| | 11 16 | ☽✱♆ | G |
| | 11 27 | ☽∠☿ | b |
| | 13 56 | ☽△♃ | G |
| | 16 50 | ☽✱☉ | G |
| | 17 01 | ☽△♇ | G |
| | 19 12 | ☉☍♇ | |
| | 19 57 | ☽∠♂ | b |
| | 23 54 | ♂⚺♅ | |
| 16 Th | 03 21 | ☽△♄ | G |
| | 05 19 | ☽♊ | |
| | 06 21 | ☽∥♀ | G |
| | 17 40 | ☽⚺☿ | g |
| | 18 58 | ☽⚼♃ | b |
| | 19 51 | ☽∥☿ | G |
| | 22 13 | ☽⚼♇ | b |
| 17 Fr | 00 31 | ☽∠☉ | b |
| | 01 21 | ☽⚺♅ | g |
| | 02 26 | ☽✱♂ | G |
| | 03 16 | ♂Q♄ | |
| | 03 34 | ☽#♄ | B |
| | 06 40 | ☽☌♀ | G |
| | 08 00 | ☽∥☉ | G |
| | 08 11 | ☽⚼♄ | b |
| | 16 54 | ☽#♃ | G |
| | 20 59 | ☽#♇ | D |
| | 21 14 | ☽□♆ | B |
| 18 Sa | 05 48 | ☽∠♅ | b |
| | 07 13 | ☽⚺☉ | g |
| | 09 16 | ♀⚼♄ | |
| | 14 24 | ☽♋ | |
| 19 Su | 04 19 | ☽☌☿ | G |
| | 09 24 | ☽✱♅ | G |
| | 12 38 | ☽□♂ | B |
| | 17 12 | ☽⚺♀ | g |
| | 20 11 | ☉#♄ | |
| 20 Mo | 04 01 | ☽△♆ | G |
| | 05 27 | ☽☍♃ | B |
| | 09 04 | ☽☍♇ | B |
| | 17 33 | ☽☌☉ | D |
| | 17 55 | ☽☍♄ | B |
| | 20 16 | ☽♌ | |
| | 20 37 | ♀±♃ | |
| | 21 10 | ☽∠♀ | b |
| | 22 28 | ☉☍♄ | |
| | 22 52 | ☉∥☿ | |
| 21 Tu | 01 03 | ☽#♇ | D |
| | 04 15 | ☽#♃ | G |
| | 06 17 | ☽⚼♆ | b |
| | 12 22 | ☽⚺☿ | g |
| | 14 22 | ☽□♅ | B |
| | 16 34 | ☽#♄ | B |
| | 17 22 | ☽∥☿ | G |
| | 19 23 | ☽△♂ | G |
| | 19 44 | ☽∥☉ | G |
| 22 We | 00 27 | ☽✱♀ | G |
| | 04 48 | ♀⊥♅ | |
| | 08 29 | ☽∥♀ | G |
| | 08 37 | ☉♌ | |
| | 09 03 | ☿#♄ | |
| | 15 41 | ☽∠☿ | b |
| | 20 25 | ☿✱♅ | |
| | 21 50 | ☽⚼♂ | b |
| | 23 40 | ☽♍ | |
| 23 Th | 00 45 | ☽⚺☉ | g |
| | 05 55 | ☽∥♅ | B |
| | 10 03 | ☽⚼♃ | b |
| | 14 02 | ☽⚼♇ | b |
| | 16 59 | ♀±♇ | |
| | 17 16 | ☽△♅ | G |
| | 18 47 | ☽✱☿ | G |
| | 22 12 | ☽⚼♄ | b |
| 24 Fr | 03 42 | ☽∠☉ | b |
| | 05 46 | ☽□♀ | B |
| | 10 23 | ☽☍♆ | B |
| | 10 57 | ☽△♃ | G |
| | 15 05 | ☽△♇ | G |
| | 18 23 | ☽⚼♅ | b |
| | 23 08 | ☽△♄ | G |
| 25 Sa | 01 54 | ☽♎ | |
| | 02 10 | ☽#♆ | D |
| | 06 32 | ☽✱☉ | G |
| | 11 03 | ☽∥♂ | B |
| 26 Su | 01 11 | ☽□☿ | B |
| | 03 50 | ☽☍♂ | B |
| | 08 43 | ☽#♂ | B |
| | 10 45 | ☽△♀ | G |
| | 12 41 | ☽□♃ | B |
| | 17 04 | ☽∥♆ | D |
| | 17 12 | ☽□♇ | B |
| 27 Mo | 01 09 | ☽□♄ | B |
| | 04 12 | ☽♏ | |
| | 12 33 | ☽□☉ | B |
| | 13 31 | ☽⚼♀ | b |
| | 13 46 | ☽⚼♆ | b |
| | 16 07 | ♃✱♆ | |
| | 17 36 | ♀∇♃ | |
| | 17 48 | ♀□♆ | |
| | 21 46 | ☿□♂ | |
| | 22 04 | ☽☍♅ | B |
| | 23 51 | ☉∥♀ | |
| 28 Tu | 06 21 | ☉⚼♆ | |
| | 09 04 | ☽△☿ | G |
| | 13 54 | ☽#♅ | B |
| | 15 08 | ☽✱♃ | G |
| | 15 18 | ☽△♆ | G |
| | 20 05 | ☽✱♇ | G |
| 29 We | 04 01 | ☽✱♄ | G |
| | 07 25 | ☽♐ | |
| | 10 24 | ♀±♄ | |
| | 10 59 | ☽⚼♂ | b |
| | 12 39 | ☽#☉ | G |
| | 13 53 | ☽⚼☿ | b |
| | 16 03 | ☽#♀ | G |
| | 16 47 | ☽∠♃ | b |
| | 19 47 | ☽△☉ | G |
| | 21 59 | ☽∠♇ | b |
| 30 Th | 04 42 | ☽∥♄ | B |
| | 05 56 | ☽∠♄ | b |
| | 10 34 | ☽#☿ | G |
| | 14 02 | ☽△♂ | G |
| | 14 17 | ☿☍♃ | |
| | 18 04 | ☽∥♃ | G |
| | 18 45 | ☿△♆ | |
| | 18 47 | ☽⚺♃ | g |
| | 19 20 | ☽□♆ | B |
| | 19 48 | ☽∥♇ | D |
| 31 Fr | 00 02 | ☽⚼☉ | b |
| | 00 08 | ☽☍♀ | B |
| | 00 14 | ☽⚺♇ | g |
| | 01 51 | ♀∇♇ | |
| | 04 09 | ☽⚼♅ | b |
| | 08 12 | ☽⚺♄ | g |
| | 10 47 | ☉∠♀ | |
| | 11 58 | ☽♑ | |

## AUGUST

| Date | Time | Aspect | |
|---|---|---|---|
| 1 Sa | 00 20 | ☿Q♅ | |
| | 06 56 | ☽△♅ | G |
| | 10 52 | ☿☍♇ | |
| | 21 23 | ☽□♂ | B |
| | 23 57 | ☽☌♃ | G |
| 2 Su | 00 55 | ☽✱♆ | G |
| | 05 57 | ☽☌♇ | D |
| | 08 53 | ☽☍☿ | B |

| Day | Time | Aspect | |
|---|---|---|---|
| | 11 19 | ☉□♅ | |
| | 13 59 | ☽☌♄ | B |
| | 17 17 | ♀∠♅ | |
| | 18 11 | ☽♒ | |
| | 19 26 | ☿⊻♀ | |
| | 22 23 | ☽‖♇ | D |
| | 23 43 | ☽‖♃ | G |
| 3 Mo | 04 23 | ☽∠♆ | b |
| | 11 24 | ☽#☿ | G |
| | 13 52 | ☽□♅ | B |
| | 14 00 | ☽‖♄ | B |
| | 15 21 | ☽⚼♀ | b |
| | 15 59 | ☽☍☉ | B |
| | 21 00 | ☿☍♄ | |
| 4 Tu | 00 53 | ☽#♀ | G |
| | 06 45 | ☽✱♂ | G |
| | 07 01 | ☽⊻♃ | g |
| | 08 24 | ☽⊻♆ | g |
| | 13 07 | ♂□♃ | |
| | 13 38 | ☽⊻♇ | g |
| | 18 37 | ☽#☉ | G |
| | 20 57 | ☿#♄ | |
| | 21 45 | ☽△♀ | G |
| | 21 47 | ☽⊻♄ | g |
| | 22 07 | ♀▽♄ | |
| 5 We | 02 28 | ☽♓ | |
| | 03 32 | ☿♌ | |
| | 09 04 | ☽#♅ | B |
| | 11 23 | ☽∠♃ | b |
| | 12 21 | ☽∠♂ | b |
| | 18 20 | ☽∠♇ | b |
| | 23 01 | ☽✱♅ | G |
| 6 Th | 02 33 | ☽∠♄ | b |
| | 07 30 | ♂⊻♆ | |
| | 11 43 | ☉±♆ | |
| | 12 41 | ☽⚼☿ | b |
| | 16 20 | ☽✱♃ | G |
| | 18 11 | ☽☌♆ | D |
| | 18 34 | ☽⊻♂ | g |
| | 23 38 | ☽✱♇ | G |
| 7 Fr | 04 28 | ☽∠♅ | b |
| | 07 53 | ☽✱♄ | G |
| | 12 33 | ☽‖♆ | D |
| | 12 53 | ☽□♀ | B |
| | 13 05 | ☽♈ | |
| | 14 01 | ☽#♂ | B |
| | 14 07 | ☽⚼☉ | b |
| | 15 21 | ♀♋ | |
| | 22 31 | ☿⚼♆ | |
| 8 Sa | 00 12 | ☽△☿ | G |
| | 09 52 | ☿‖♀ | |
| | 10 25 | ☽⊻♅ | g |
| | 17 04 | ☿⊥♀ | |
| | 22 49 | ☽△☉ | G |
| 9 Su | 03 44 | ☽□♃ | B |
| | 06 03 | ☽⊻♆ | g |
| | 08 35 | ☽☌♂ | B |
| | 11 38 | ☽□♇ | B |
| | 11 53 | ☽‖♂ | B |
| | 12 15 | ☽#♆ | D |
| | 19 50 | ☽□♄ | B |
| 10 Mo | 01 28 | ☽♉ | |
| | 03 06 | ♂#♆ | |
| | 06 23 | ☽✱♀ | G |
| | 12 21 | ☽∠♆ | b |
| | 12 52 | ☿□♅ | |
| | 23 05 | ☽☌♅ | B |
| 11 Tu | 01 12 | ☽□☿ | B |
| | 06 35 | ☉▽♃ | |

| Day | Time | Aspect | |
|---|---|---|---|
| | 15 15 | ☽∠♀ | b |
| | 15 51 | ☽△♃ | G |
| | 16 45 | ☽□☉ | B |
| | 17 06 | ☽‖♅ | B |
| | 18 32 | ☽✱♆ | G |
| | 19 17 | ☽‖☉ | G |
| | 23 04 | ☽⊻♂ | g |
| 12 We | 00 03 | ☽△♇ | G |
| | 07 44 | ☿±♆ | |
| | 07 55 | ☽△♄ | G |
| | 13 46 | ☽♊ | |
| | 14 16 | ☽‖☿ | G |
| | 14 32 | ☉▽♆ | |
| | 21 28 | ☽⚼♃ | b |
| | 22 43 | ♀Q♂ | |
| | 23 37 | ☽⊻♀ | g |
| | 23 50 | ☉‖♅ | |
| 13 Th | 05 21 | ♃‖♇ | |
| | 05 38 | ☽∠♂ | b |
| | 05 41 | ☽⚼♇ | b |
| | 06 25 | ☽‖♀ | G |
| | 07 14 | ♂□♇ | |
| | 10 45 | ☽⊻♅ | g |
| | 13 15 | ☽⚼♄ | b |
| | 14 53 | ☽#♄ | B |
| 14 Fr | 00 33 | ☽✱☿ | G |
| | 05 16 | ☽□♆ | B |
| | 06 12 | ☽#♇ | D |
| | 06 19 | ☽#♃ | G |
| | 08 32 | ☽✱☉ | G |
| | 11 19 | ☽✱♂ | G |
| | 11 28 | ☿▽♃ | |
| | 15 30 | ☽∠♅ | b |
| | 23 35 | ☽♋ | |
| 15 Sa | 05 13 | ☿▽♆ | |
| | 10 08 | ☽∠☿ | b |
| | 10 13 | ☉▽♇ | |
| | 13 26 | ☽☌♀ | G |
| | 14 25 | ♅Stat | |
| | 14 48 | ☽∠☉ | b |
| | 19 18 | ☽✱♅ | G |
| 16 Su | 09 33 | ☽☍♃ | B |
| | 12 29 | ☽△♆ | G |
| | 13 38 | ☿▽♇ | |
| | 14 02 | ☉△♂ | |
| | 17 24 | ☽☍♇ | B |
| | 18 03 | ☽⊻☿ | g |
| | 19 32 | ☽□♂ | B |
| | 19 49 | ☽⊻☉ | g |
| | 23 48 | ☉±♃ | |
| | 23 59 | ☽☍♄ | B |
| 17 Mo | 00 06 | ☿∠♀ | |
| | 05 29 | ☿△♂ | |
| | 05 38 | ☽♌ | |
| | 07 29 | ☿±♃ | |
| | 08 45 | ☽#♃ | G |
| | 09 09 | ☽#♇ | D |
| | 14 39 | ☽⚼♆ | b |
| | 15 07 | ☉☌☿ | |
| | 22 19 | ☿‖♅ | |
| | 22 33 | ☽⊻♀ | g |
| | 22 33 | ☽#♄ | B |
| 18 Tu | 00 01 | ☽□♅ | B |
| | 05 55 | ☽‖♀ | G |
| | 09 17 | ☿▽♄ | |
| | 19 28 | ♀✱♅ | |
| | 23 51 | ☽△♂ | G |
| 19 We | 01 38 | ☽∠♀ | b |
| | 02 42 | ☽☌☉ | D |

| Day | Time | Aspect | |
|---|---|---|---|
| | 03 48 | ☉▽♄ | |
| | 05 38 | ☽☌☿ | G |
| | 08 20 | ☽♍ | |
| | 12 50 | ☿±♇ | |
| | 13 51 | ☽⚼♃ | b |
| | 13 52 | ☽‖♅ | B |
| | 20 18 | ☽‖☿ | G |
| | 21 24 | ☽⚼♇ | b |
| 20 Th | 00 28 | ☽‖☉ | G |
| | 01 01 | ☽⚼♂ | b |
| | 01 30 | ☿♍ | |
| | 01 52 | ☽△♅ | G |
| | 03 19 | ☽⚼♄ | b |
| | 04 05 | ☽✱♀ | G |
| | 14 13 | ☽△♃ | G |
| | 17 15 | ☽☍♆ | B |
| | 21 48 | ☽△♇ | G |
| 21 Fr | 02 15 | ☽⚼♅ | b |
| | 03 37 | ☽△♄ | G |
| | 03 55 | ☽‖♂ | B |
| | 07 08 | ☽⊻☉ | g |
| | 08 04 | ☽#♆ | D |
| | 08 15 | ☿±♄ | |
| | 09 16 | ☽♎ | |
| | 12 54 | ☉±♇ | |
| | 14 06 | ☽⊻☿ | g |
| | 16 45 | ☿⚼♃ | |
| | 23 20 | ☉‖☿ | |
| 22 Sa | 08 25 | ☽□♀ | B |
| | 09 13 | ☽∠☉ | b |
| | 14 45 | ☽□♃ | B |
| | 15 45 | ☉♍ | |
| | 18 12 | ☽∠☿ | b |
| | 22 34 | ☽□♇ | B |
| | 23 43 | ☽‖♆ | D |
| 23 Su | 03 35 | ☽☍♂ | B |
| | 04 20 | ☽□♄ | B |
| | 04 31 | ☽#♂ | B |
| | 10 16 | ☽♏ | |
| | 11 35 | ☽✱☉ | G |
| | 14 59 | ♂⊥♆ | |
| | 18 39 | ☽⚼♆ | b |
| | 22 09 | ☽#☿ | G |
| | 22 42 | ☽✱☿ | G |
| 24 Mo | 01 30 | ☽#☉ | G |
| | 03 37 | ☿⚼♇ | |
| | 04 00 | ☽☍♅ | B |
| | 13 51 | ☽△♀ | G |
| | 16 21 | ☽✱♃ | G |
| | 18 19 | ♂□♄ | |
| | 18 34 | ☽#♅ | B |
| | 19 47 | ☽△♆ | G |
| 25 Tu | 00 36 | ☽✱♇ | G |
| | 01 06 | ☉±♄ | |
| | 06 27 | ☽✱♄ | G |
| | 12 49 | ☽♐ | |
| | 15 18 | ☿△♅ | |
| | 16 53 | ☉⚼♃ | |
| | 17 30 | ☽⚼♀ | b |
| | 17 53 | ☽∠♃ | b |
| | 17 58 | ☽□☉ | B |
| | 22 26 | ♀☍♃ | |
| | 23 11 | ☿⚼♄ | |
| 26 We | 01 35 | ☽#♀ | G |
| | 02 23 | ☽∠♇ | b |
| | 03 48 | ☿⚼♂ | |
| | 08 19 | ☽∠♄ | b |
| | 09 03 | ☽⚼♂ | b |
| | 09 46 | ☽□☿ | B |

| Day | Time | Aspect | |
|---|---|---|---|
| | 11 37 | ☽‖♄ | B |
| | 20 00 | ☽⊻♃ | g |
| | 23 43 | ☽□♆ | B |
| 27 Th | 00 46 | ☽‖♇ | D |
| | 01 50 | ☽‖♃ | G |
| | 04 46 | ☽⊻♇ | g |
| | 09 47 | ☽⚼♅ | b |
| | 10 46 | ☽⊻♄ | g |
| | 12 00 | ☽△♂ | G |
| | 17 37 | ☽♑ | |
| | 21 12 | ♀△♆ | |
| 28 Fr | 03 09 | ☽△☉ | G |
| | 12 51 | ☽△♅ | G |
| | 19 34 | ☿‖♂ | |
| | 23 46 | ☉∠♀ | |
| 29 Sa | 00 04 | ☽△☿ | G |
| | 01 56 | ☽☌♃ | G |
| | 05 54 | ☽✱♆ | G |
| | 08 47 | ☽⚼☉ | b |
| | 08 51 | ☽☍♀ | B |
| | 11 12 | ☽☌♇ | D |
| | 13 28 | ☿△♃ | |
| | 17 18 | ☽☌♄ | B |
| | 19 31 | ☽□♂ | B |
| 30 Su | 00 37 | ☽♒ | |
| | 03 00 | ☽‖♃ | G |
| | 04 16 | ☽‖♇ | D |
| | 08 20 | ☽⚼☿ | b |
| | 09 42 | ♀Q♅ | |
| | 09 46 | ☽∠♆ | b |
| | 13 31 | ♀☍♇ | |
| | 16 25 | ☿#♆ | |
| | 16 53 | ☉⚼♇ | |
| | 18 04 | ☽‖♄ | B |
| | 18 44 | ☿☍♆ | |
| | 20 31 | ☽□♅ | B |
| 31 Mo | 08 38 | ☽#♀ | G |
| | 09 55 | ☽⊻♃ | g |
| | 14 06 | ☽⊻♆ | g |
| | 17 48 | ☿±♂ | |
| | 19 38 | ☽⊻♇ | g |
| SEPTEMBER | | | |
| 1 Tu | 01 49 | ☽⊻♄ | g |
| | 04 56 | ☽✱♂ | G |
| | 09 34 | ☽♓ | |
| | 10 42 | ☿△♇ | |
| | 14 37 | ☽∠♃ | b |
| | 16 13 | ☽#♅ | B |
| 2 We | 00 33 | ☽∠♇ | b |
| | 05 22 | ☽☍☉ | B |
| | 06 04 | ☽✱♅ | G |
| | 06 13 | ☽⚼♀ | b |
| | 06 45 | ☽∠♄ | b |
| | 10 19 | ☽∠♂ | b |
| | 12 18 | ♀☍♄ | |
| | 14 09 | ☉△♅ | |
| | 19 48 | ☽✱♃ | G |
| | 22 22 | ☉⚼♄ | |
| 3 Th | 00 09 | ☽☌♆ | D |
| | 02 43 | ☿⚼♅ | |
| | 05 55 | ☽✱♇ | G |
| | 06 33 | ☽#☉ | G |
| | 07 22 | ☿△♄ | |
| | 09 44 | ☽#♂ | B |
| | 11 31 | ☽∠♅ | b |
| | 12 10 | ☽✱♄ | G |
| | 12 56 | ☽☍☿ | B |
| | 14 34 | ☽△♀ | G |

| Day | Time | Aspect | |
|---|---|---|---|
| | 16 06 | ☽⊻♂ | g |
| | 17 56 | ☽‖♆ | D |
| | 20 22 | ☽♈ | |
| 4 Fr | 09 12 | ♀□♂ | |
| | 12 21 | ☽#☿ | G |
| | 13 15 | ☿▽♂ | |
| | 17 24 | ☽⊻♅ | g |
| | 20 32 | ☿✱♀ | |
| | 20 55 | ☉‖♂ | |
| | 23 34 | ☽‖☿ | G |
| 5 Sa | 01 54 | ☉⚼♂ | |
| | 07 26 | ☽□♃ | B |
| | 11 55 | ☽⊻♆ | g |
| | 17 54 | ☽□♇ | B |
| | 19 46 | ☿♎ | |
| | 20 01 | ☽#♆ | D |
| 6 Su | 00 09 | ☽□♄ | B |
| | 02 10 | ☽‖☉ | G |
| | 04 38 | ☽‖♂ | B |
| | 04 45 | ☽☌♂ | B |
| | 06 59 | ☽⚼☉ | b |
| | 07 22 | ♀♌ | |
| | 08 43 | ☽♉ | |
| | 08 52 | ☽□♀ | B |
| | 18 14 | ☽∠♆ | b |
| 7 Mo | 06 00 | ☽☌♅ | B |
| | 16 09 | ☽△☉ | G |
| | 20 08 | ☽△♃ | G |
| | 21 55 | ☽⚼☿ | b |
| | 22 46 | ☽‖♅ | B |
| 8 Tu | 00 35 | ☽✱♆ | G |
| | 06 39 | ☽△♇ | G |
| | 12 46 | ☽△♄ | G |
| | 15 12 | ☿±♅ | |
| | 17 42 | ☽⊻♂ | g |
| | 21 28 | ☽♊ | |
| | 22 52 | ☽‖♀ | G |
| 9 We | 02 20 | ☽⚼♃ | b |
| | 03 41 | ☽✱♀ | G |
| | 05 26 | ☉#♆ | |
| | 08 38 | ☽△☿ | G |
| | 12 43 | ☽⚼♇ | b |
| | 16 04 | ☉△♃ | |
| | 18 17 | ☽⊻♅ | g |
| | 18 42 | ☽⚼♄ | b |
| | 22 22 | ♂Stat | |
| | 23 23 | ☽#♄ | B |
| | 23 38 | ☽∠♂ | b |
| 10 Th | 09 26 | ☽□☉ | B |
| | 11 53 | ♀⚼♆ | |
| | 12 16 | ☽□♆ | B |
| | 12 19 | ☽∠♀ | b |
| | 13 01 | ☽#♇ | D |
| | 14 27 | ☽#♃ | G |
| | 23 34 | ☽∠♅ | b |
| 11 Fr | 04 48 | ☽✱♂ | G |
| | 08 23 | ☽♋ | |
| | 19 51 | ☽⊻♀ | g |
| | 20 26 | ☉☍♆ | |
| | 21 45 | ☉#☿ | |
| 12 Sa | 02 49 | ☽□☿ | B |
| | 03 57 | ☽✱♅ | G |
| | 12 35 | ☿▽♅ | |
| | 16 54 | ☽☍♃ | B |
| | 20 45 | ☽△♆ | G |
| | 22 44 | ☽✱☉ | G |
| 13 Su | 00 41 | ♃Stat | |
| | 02 19 | ☽☍♇ | B |
| | 07 37 | ☽☍♄ | B |

| | | | |
|---|---|---|---|
| | 10 08 | ☿∥♆ | |
| | 12 05 | ☽□♂ | B |
| | 15 32 | ☽♌ | |
| | 18 22 | ☽#♃ | G |
| | 19 36 | ☽#♇ | D |
| | 23 25 | ☽⚼♆ | b |
| 14 Mo | 03 25 | ☽∠☉ | b |
| | 06 54 | ☽☌♀ | G |
| | 07 36 | ☽#♄ | B |
| | 08 49 | ☉±♂ | |
| | 09 34 | ☽□♅ | B |
| | 14 53 | ☽⚹☿ | G |
| | 23 09 | ☉△♇ | |
| 15 Tu | 06 50 | ☽⚺☉ | g |
| | 12 19 | ☽∥♀ | G |
| | 15 10 | ☽△♂ | G |
| | 15 29 | ♀□♅ | |
| | 18 37 | ☽♍ | |
| | 18 48 | ☽∠☿ | b |
| | 19 58 | ☿#♂ | |
| | 22 36 | ☽⚼♃ | b |
| 16 We | 00 53 | ☽∥♅ | B |
| | 06 59 | ☽⚼♇ | b |
| | 11 24 | ☽△♅ | G |
| | 11 42 | ☽⚼♄ | b |
| | 13 04 | ☽⚺♀ | g |
| | 15 28 | ☽⚼♂ | b |
| | 21 43 | ☽⚺☿ | g |
| | 22 54 | ☽△♃ | G |
| 17 Th | 02 03 | ☽☍♆ | B |
| | 06 10 | ☽#☿ | G |
| | 07 06 | ☽△♇ | G |
| | 10 06 | ☽∥♂ | B |
| | 10 34 | ☿□♃ | |
| | 11 00 | ☽☌☉ | D |
| | 11 24 | ☽⚼♅ | b |
| | 11 42 | ☽△♄ | G |
| | 15 00 | ☽∠♀ | b |
| | 16 20 | ☽#♆ | D |
| | 17 00 | ☉⚼♅ | |
| | 18 56 | ☽♎ | |
| | 21 36 | ☉△♄ | |
| 18 Fr | 06 09 | ☽∥☉ | G |
| | 08 52 | ♀±♆ | |
| | 16 41 | ☽⚹♀ | G |
| | 18 16 | ☽#☉ | G |
| | 20 05 | ☿⚻♆ | |
| | 22 35 | ☽□♃ | B |
| 19 Sa | 02 08 | ☽☌☿ | G |
| | 06 39 | ☽□♇ | B |
| | 08 55 | ☽∥♆ | D |
| | 11 14 | ☽□♄ | B |
| | 13 53 | ☽⚺☉ | g |
| | 14 29 | ☽☍♂ | B |
| | 14 51 | ☽#♂ | B |
| | 18 33 | ☽♏ | |
| | 21 55 | ☉⚻♂ | |
| 20 Su | 01 28 | ☽⚼♆ | b |
| | 02 30 | ☽∥☿ | G |
| | 10 56 | ☽☍♅ | B |
| | 15 43 | ☽∠☉ | b |
| | 20 42 | ☽□♀ | B |
| | 22 51 | ☽⚹♃ | G |
| 21 Mo | 00 00 | ☽#♅ | B |
| | 01 47 | ☽△♆ | G |
| | 05 14 | ☽#♀ | G |
| | 05 21 | ☿□♇ | |
| | 07 07 | ☽⚹♇ | G |
| | 07 17 | ☽⚺☿ | g |
| | 11 50 | ☽⚹♄ | G |
| | 18 13 | ☽⚹☉ | G |
| | 19 32 | ☽♐ | |
| | 23 47 | ☽∠♃ | b |
| 22 Tu | 01 12 | ♀⚻♃ | |
| | 08 12 | ☽∠♇ | b |
| | 10 55 | ☽∠☿ | b |
| | 13 04 | ☽∠♄ | b |
| | 13 31 | ☉♎ | |
| | 15 47 | ☽⚼♂ | b |
| | 17 13 | ☽∥♄ | B |
| 23 We | 01 27 | ☽⚺♃ | g |
| | 03 34 | ☽△♀ | G |
| | 04 20 | ☽□♆ | B |
| | 04 47 | ☽∥♇ | D |
| | 05 35 | ☽∥♃ | G |
| | 08 05 | ☿±♆ | |
| | 10 04 | ☽⚺♇ | g |
| | 10 38 | ☿□♄ | |
| | 12 45 | ♀⚻♆ | |
| | 14 35 | ☽⚼♅ | b |
| | 15 04 | ☽⚺♄ | g |
| | 15 31 | ☽⚹☿ | G |
| | 17 31 | ☽△♂ | G |
| | 23 16 | ☽♑ | |
| 24 Th | 01 55 | ☽□☉ | B |
| | 08 30 | ☽⚼♀ | b |
| | 10 53 | ☿☍♂ | |
| | 17 20 | ☽△♅ | G |
| 25 Fr | 01 40 | ♀∥♅ | |
| | 07 11 | ☽☌♃ | G |
| | 10 00 | ☽⚹♆ | G |
| | 16 09 | ☽☌♇ | D |
| | 21 26 | ☽☌♄ | B |
| | 23 12 | ☽□♂ | B |
| 26 Sa | 03 36 | ☽□☿ | B |
| | 06 08 | ☽♒ | |
| | 09 22 | ♀⚻♇ | |
| | 10 29 | ☽∥♃ | G |
| | 11 07 | ☽∥♇ | D |
| | 13 30 | ☽△☉ | G |
| | 13 56 | ☽∠♆ | b |
| | 15 34 | ☉±♅ | |
| | 23 48 | ☽∥♄ | B |
| 27 Su | 01 01 | ☽□♅ | B |
| | 07 18 | ☿#♀ | |
| | 07 41 | ☿♏ | |
| | 11 12 | ♀±♃ | |
| | 15 51 | ☽⚺♃ | g |
| | 18 29 | ☽⚺♆ | g |
| | 20 33 | ☽⚼☉ | b |
| 28 Mo | 01 00 | ☽⚺♇ | g |
| | 05 04 | ☽☍♀ | B |
| | 06 30 | ☽⚺♄ | g |
| | 07 18 | ☽⚹♂ | G |
| | 14 54 | ☿#♅ | |
| | 15 34 | ☽♓ | |
| | 18 44 | ☽△☿ | G |
| | 20 23 | ♀⚻♄ | |
| | 21 03 | ☽∠♃ | b |
| | 22 58 | ☽∥☿ | G |
| | 23 55 | ☽#♅ | B |
| 29 Tu | 01 01 | ♀△♂ | |
| | 05 11 | ♄ Stat | |
| | 06 13 | ☽∠♇ | b |
| | 07 13 | ☽#♀ | G |
| | 10 58 | ☽⚹♅ | G |
| | 11 48 | ☽∠♄ | b |
| | 12 01 | ☽∠♂ | b |
| | 21 49 | ♂□♄ | |
| 30 We | 02 40 | ☽⚹♃ | G |
| | 03 02 | ☽⚼☿ | b |
| | 05 00 | ☽☌♆ | D |
| | 11 50 | ☽⚹♇ | G |
| | 16 34 | ☽∠♅ | b |
| | 17 04 | ☽⚺♂ | g |
| | 17 29 | ☽⚹♄ | G |
| | 18 27 | ☽#♂ | B |
| | 22 49 | ☽∥♆ | D |
| **OCTOBER** | | | |
| 1 Th | 01 38 | ♂⊥♆ | |
| | 01 55 | ☿⚼♆ | |
| | 02 47 | ☽♈ | |
| | 08 23 | ☽∥☉ | G |
| | 13 38 | ♀±♇ | |
| | 21 05 | ☽☍☉ | B |
| | 22 29 | ☽⚺♅ | g |
| 2 Fr | 07 35 | ☽⚼♀ | b |
| | 13 31 | ☉⚻♅ | |
| | 14 58 | ☽□♃ | B |
| | 16 55 | ☽⚺♆ | g |
| | 20 32 | ☽#☉ | G |
| | 20 48 | ♀♍ | |
| 3 Sa | 00 00 | ☽□♇ | B |
| | 03 25 | ☽#♆ | D |
| | 03 57 | ☽☌♂ | B |
| | 05 07 | ☿Q♃ | |
| | 05 47 | ☽□♄ | B |
| | 06 59 | ☽∥♂ | B |
| | 11 02 | ♃∥♇ | |
| | 15 12 | ☽♉ | |
| | 17 13 | ☽△♀ | G |
| | 23 14 | ☽∠♆ | b |
| 4 Su | 00 42 | ♀±♄ | |
| | 05 17 | ☽☍☿ | B |
| | 09 48 | ☽∥♀ | G |
| | 10 59 | ☽☌♅ | B |
| | 13 34 | ♇ Stat | |
| 5 Mo | 02 43 | ☽∥♅ | B |
| | 04 07 | ☽△♃ | G |
| | 05 37 | ☽⚹♆ | G |
| | 12 50 | ☽△♇ | G |
| | 14 54 | ♀⚼♃ | |
| | 15 19 | ☽⚺♂ | g |
| | 18 41 | ☽△♄ | G |
| | 21 20 | ☽#☿ | G |
| 6 Tu | 00 26 | ☽⚼☉ | b |
| | 04 03 | ☽♊ | |
| | 10 40 | ☽⚼♃ | b |
| | 12 41 | ☽□♀ | B |
| | 13 17 | ☉∥♆ | |
| | 19 08 | ☽⚼♇ | b |
| | 20 50 | ☽∠♂ | b |
| | 23 29 | ☽⚺♅ | g |
| 7 We | 00 57 | ☽⚼♄ | b |
| | 04 33 | ☽#♄ | B |
| | 09 18 | ☽△☉ | G |
| | 15 19 | ☉#♂ | |
| | 17 07 | ☽#♃ | G |
| | 17 35 | ☽#♇ | D |
| | 17 51 | ☽□♆ | B |
| | 20 55 | ☿☍♅ | |
| 8 Th | 01 57 | ☽⚹♂ | G |
| | 05 12 | ☽∠♅ | b |
| | 05 39 | ☽⚼☿ | b |
| | 15 45 | ☽♋ | |
| 9 | 06 08 | ♀⚼♇ | |
| Fr | 06 16 | ☽⚹♀ | G |
| | 07 38 | ♀⚼♂ | |
| | 10 14 | ☽⚹♅ | G |
| | 10 53 | ☿Q♇ | |
| | 12 03 | ☽△☿ | G |
| | 13 09 | ♂□♇ | |
| 10 Sa | 00 40 | ☽□☉ | B |
| | 03 17 | ☽☍♃ | B |
| | 03 44 | ☽△♆ | G |
| | 10 05 | ☽□♂ | B |
| | 10 36 | ☽☍♇ | B |
| | 13 27 | ☽∠♀ | b |
| | 16 04 | ☽☍♄ | B |
| | 23 08 | ♀△♅ | |
| 11 Su | 00 24 | ☽♌ | |
| | 06 35 | ☽#♇ | D |
| | 07 15 | ☽⚼♆ | b |
| | 07 26 | ☽#♃ | G |
| | 13 34 | ☉□♃ | |
| | 15 30 | ☉⚻♆ | |
| | 17 27 | ☽□♅ | B |
| | 18 26 | ☽#♄ | B |
| | 18 33 | ♀⚼♄ | |
| | 19 16 | ☽⚺♀ | g |
| | 20 50 | ☽□☿ | B |
| 12 Mo | 07 06 | ♃⚹♆ | |
| | 11 09 | ☽⚹☉ | G |
| | 14 16 | ☽#☿ | G |
| | 14 29 | ☽△♂ | G |
| | 16 39 | ☿⚹♀ | |
| 13 Tu | 02 38 | ☉#♀ | |
| | 04 56 | ☽♍ | |
| | 08 25 | ♂#♆ | |
| | 11 24 | ☽⚼♃ | b |
| | 13 21 | ☽∥♅ | B |
| | 14 29 | ☽∠☉ | b |
| | 15 16 | ☽⚼♂ | b |
| | 17 28 | ☽⚼♇ | b |
| | 20 35 | ☽△♅ | G |
| | 22 26 | ☽⚼♄ | b |
| | 23 26 | ☉☍♂ | |
| 14 We | 00 19 | ☽⚹☿ | G |
| | 01 04 | ☿ Stat | |
| | 02 55 | ☽☌♀ | G |
| | 11 47 | ☽☍♆ | B |
| | 12 12 | ☽△♃ | G |
| | 14 33 | ☽#☉ | G |
| | 16 46 | ☽⚺☉ | g |
| | 17 55 | ☽△♇ | G |
| | 19 40 | ☽∥♀ | G |
| | 20 54 | ☽⚼♅ | b |
| | 22 47 | ☽△♄ | G |
| 15 Th | 00 29 | ☽∠☿ | b |
| | 02 25 | ☽#♆ | D |
| | 02 53 | ☽∥♂ | B |
| | 05 54 | ☽♎ | |
| | 07 12 | ♀±♂ | |
| | 10 15 | ☉□♇ | |
| | 23 57 | ☽⚺☿ | g |
| 16 Fr | 06 53 | ☽⚺♀ | g |
| | 12 06 | ☽□♃ | B |
| | 13 49 | ☽☍♂ | B |
| | 17 22 | ☽□♇ | B |
| | 19 31 | ☽☌☉ | D |
| | 19 34 | ☽#♂ | B |
| | 20 26 | ☽∥♆ | D |
| | 22 11 | ☽□♄ | B |
| | 23 26 | ☽#♀ | G |
| 17 | 05 05 | ☽♏ | |
| Sa | 08 23 | ☽∠♀ | b |
| | 10 48 | ☽⚼♆ | b |
| | 12 13 | ☽∥☉ | G |
| | 13 38 | ☉±♆ | |
| | 19 37 | ☽☍♅ | B |
| | 21 52 | ☽☌☿ | G |
| 18 Su | 04 02 | ☿Q♇ | |
| | 07 47 | ☽#♅ | B |
| | 10 05 | ☽⚹♀ | G |
| | 10 28 | ☽△♆ | G |
| | 11 39 | ☽⚹♃ | G |
| | 13 58 | ☉□♄ | |
| | 14 49 | ♀☍♆ | |
| | 16 42 | ☽⚹♇ | G |
| | 18 08 | ♀#♆ | |
| | 21 43 | ☽⚹♄ | G |
| | 22 15 | ☽⚺☉ | g |
| | 23 56 | ☽∥☿ | G |
| 19 Mo | 04 43 | ☽♐ | |
| | 05 37 | ♂□♃ | |
| | 07 03 | ♀⚻♂ | |
| | 07 35 | ♀△♃ | |
| | 11 49 | ☽⚼♂ | b |
| | 11 59 | ☽∠♃ | b |
| | 15 31 | ♀∥♂ | |
| | 17 00 | ☽∠♇ | b |
| | 20 02 | ☽⚺☿ | g |
| | 22 11 | ☽∠♄ | b |
| | 23 45 | ☽∥♄ | B |
| 20 Tu | 00 28 | ☽∠☉ | b |
| | 02 54 | ☿☍♅ | |
| | 08 55 | ☽∥♃ | G |
| | 10 50 | ☽∥♇ | D |
| | 11 19 | ☽□♆ | B |
| | 12 08 | ☽△♂ | G |
| | 13 00 | ☽⚺♃ | g |
| | 15 28 | ☽□♀ | B |
| | 18 00 | ☽⚺♇ | g |
| | 19 40 | ☽∠☿ | b |
| | 20 40 | ☽⚼♅ | b |
| | 23 24 | ☽⚺♄ | g |
| 21 We | 03 38 | ☽⚹☉ | G |
| | 06 44 | ☽♑ | |
| | 15 33 | ☿Q♃ | |
| | 19 49 | ☽⚹☿ | G |
| | 20 30 | ☿∠♀ | |
| | 21 42 | ♀△♇ | |
| | 22 33 | ☽△♅ | G |
| 22 Th | 09 10 | ♂⚺♆ | |
| | 15 16 | ☽□♂ | B |
| | 15 23 | ☽⚹♆ | G |
| | 17 44 | ☽☌♃ | G |
| | 22 40 | ☽☌♇ | D |
| | 22 59 | ☉♏ | |
| 23 Fr | 01 09 | ☽△♀ | G |
| | 03 05 | ♀⚼♅ | |
| | 04 35 | ☽☌♄ | B |
| | 12 17 | ☽♒ | |
| | 13 23 | ☽□☉ | B |
| | 18 44 | ☉⊥♀ | |
| | 18 48 | ☽∠♆ | b |
| | 19 33 | ☽∥♇ | D |
| | 21 49 | ☽□☿ | B |
| | 22 15 | ☽∥♃ | G |
| 24 Sa | 05 02 | ☽□♅ | B |
| | 07 50 | ☽⚼♀ | b |
| | 08 16 | ☽∥♄ | B |
| | 15 41 | ♀△♄ | |
| | 19 03 | ☿#♅ | |

| | | | |
|---|---|---|---|
| | 21 54 | ☽⚹♂ | G |
| | 23 05 | ☽⚺♆ | g |
| 25 | 02 13 | ☽⚺♃ | g |
| Su | 05 16 | ☿⚼♆ | |
| | 06 57 | ☽⚺♇ | g |
| | 13 21 | ☽⚺♄ | g |
| | 14 21 | ☿⊥♀ | |
| | 18 23 | ☉☌☿ | |
| | 21 18 | ☽♓ | |
| 26 | 01 59 | ☽△☿ | G |
| Mo | 02 21 | ☽∠♂ | b |
| | 03 30 | ☽△☉ | G |
| | 07 38 | ☽∠♃ | b |
| | 08 25 | ☽#♅ | B |
| | 10 34 | ☉⚼♆ | |
| | 12 12 | ☽∠♇ | b |
| | 13 22 | ☉∥☿ | |
| | 14 44 | ☽⚹♅ | G |
| | 15 28 | ☽∥☉ | G |
| | 16 05 | ☽∥☿ | G |
| | 18 49 | ☽∠♄ | b |
| 27 | 04 49 | ☽⚼☿ | b |
| Tu | 07 23 | ☽⚺♂ | g |
| | 09 40 | ☽☌♆ | D |
| | 11 47 | ☽⚼☉ | b |
| | 13 38 | ☽⚹♃ | G |
| | 17 58 | ☽⚹♇ | G |
| | 20 25 | ☽∠♅ | b |
| 28 | 00 46 | ☽⚹♄ | G |
| We | 01 33 | ☿♎ | |
| | 01 37 | ☿⚺♀ | |
| | 01 41 | ♀♎ | |
| | 04 06 | ☽∥♆ | D |
| | 07 43 | ☽#♂ | B |
| | 08 45 | ☽♈ | |
| | 09 32 | ☽☍♀ | B |
| 29 | 02 25 | ☽⚺♅ | g |
| Th | 02 55 | ☽#♀ | G |
| | 10 54 | ☽∥♀ | G |
| | 18 33 | ☽☌♂ | B |
| | 21 51 | ☽⚺♆ | g |
| 30 | 02 39 | ☽□♃ | B |
| Fr | 06 26 | ☽□♇ | B |
| | 06 47 | ☽∥♂ | B |
| | 07 54 | ♀±♅ | |
| | 07 59 | ☉#♅ | |
| | 10 37 | ☽#♆ | D |
| | 13 30 | ☽□♄ | B |
| | 16 12 | ☽☍☿ | B |
| | 21 19 | ☽♉ | |
| 31 | 04 11 | ☽∠♆ | b |
| Sa | 06 48 | ☽#☿ | G |
| | 14 49 | ☽☍☉ | B |
| | 14 55 | ☽☌♅ | B |
| | 15 53 | ☉☍♅ | |
| NOVEMBER | | | |
| 1 | 00 34 | ☉Q♃ | |
| Su | 06 22 | ☽⚺♂ | g |
| | 06 23 | ☽∥♅ | B |
| | 10 26 | ☽#☉ | G |
| | 10 31 | ☽⚹♆ | G |
| | 14 52 | ☽⚼♀ | b |
| | 16 07 | ☽△♃ | G |
| | 19 06 | ☿□♄ | |
| | 19 14 | ☽△♇ | G |
| 2 | 02 29 | ☽△♄ | G |
| Mo | 10 00 | ☽♊ | |
| | 12 15 | ☽∠♂ | b |

| | | | |
|---|---|---|---|
| | 16 09 | ☉Q♇ | |
| | 22 42 | ☽⚼♃ | b |
| 3 | 00 31 | ☽△♀ | G |
| Tu | 01 28 | ☽⚼♇ | b |
| | 03 14 | ☽⚺♅ | g |
| | 07 43 | ☽#♄ | B |
| | 07 54 | ☽⚼☿ | b |
| | 08 46 | ☽⚼♄ | b |
| | 16 41 | ☽#♃ | G |
| | 17 50 | ☿Stat | |
| | 17 56 | ☽⚹♂ | G |
| | 21 32 | ☽#♇ | D |
| | 22 43 | ☽□♆ | B |
| 4 | 02 22 | ♀∇♅ | |
| We | 09 01 | ☽∠♅ | b |
| | 13 49 | ☽△☿ | G |
| | 17 20 | ☽⚼☉ | b |
| | 21 45 | ☽♋ | |
| 5 | 14 19 | ☽⚹♅ | G |
| Th | 18 22 | ☽□♀ | B |
| 6 | 01 07 | ☽△☉ | G |
| Fr | 04 08 | ☽□♂ | B |
| | 09 12 | ☿□♄ | |
| | 09 13 | ☽△♆ | G |
| | 11 59 | ☉Q♄ | |
| | 16 01 | ☽☍♃ | B |
| | 17 41 | ☽☍♇ | B |
| 7 | 00 52 | ☽☍♄ | B |
| Sa | 01 27 | ☽□☿ | B |
| | 07 18 | ☽♌ | |
| | 11 41 | ☉∇♂ | |
| | 13 26 | ☽⚼♆ | b |
| | 15 57 | ☽#♇ | D |
| | 21 19 | ☽#♃ | G |
| | 22 49 | ☽□♅ | B |
| 8 | 05 04 | ☽#♄ | B |
| Su | 08 36 | ☽⚹♀ | G |
| | 11 39 | ☽△♂ | G |
| | 13 46 | ☽□☉ | B |
| 9 | 08 10 | ☽#☉ | G |
| Mo | 11 05 | ☽⚹☿ | G |
| | 13 30 | ☽♍ | |
| | 13 56 | ☽∠♀ | b |
| | 14 08 | ☽⚼♂ | b |
| | 16 08 | ♀☍♂ | |
| 10 | 00 45 | ☽∥♅ | B |
| Tu | 02 19 | ☽⚼♃ | b |
| | 03 01 | ☽⚼♇ | b |
| | 03 50 | ☽△♅ | G |
| | 05 11 | ☉△♆ | |
| | 09 46 | ☽⚼♄ | b |
| | 14 43 | ☽∠☿ | b |
| | 18 04 | ☽⚺♀ | g |
| | 20 42 | ☽☍♆ | B |
| | 21 13 | ☽#☿ | G |
| | 21 53 | ☽⚹☉ | G |
| | 21 55 | ☿♏ | |
| | 22 14 | ♀#♂ | |
| 11 | 03 55 | ☽△♃ | G |
| We | 04 20 | ☽△♇ | G |
| | 05 02 | ☽⚼♅ | b |
| | 10 59 | ☽△♄ | G |
| | 12 22 | ☽#♆ | D |
| | 13 45 | ☽#♀ | G |
| | 14 50 | ☽∥♂ | B |
| | 16 09 | ☽♎ | |
| | 17 35 | ☽⚺☿ | g |
| 12 | 00 26 | ☽∠☉ | b |
| Th | 00 31 | ♀∇♆ | |

| | | | |
|---|---|---|---|
| | 08 02 | ♀∥♆ | |
| | 16 50 | ☽☍♂ | B |
| | 21 39 | ♃☌♇ | |
| | 23 31 | ☽☌♀ | G |
| 13 | 02 17 | ☽⚺☉ | g |
| Fr | 04 11 | ☉±♂ | |
| | 05 00 | ☽□♇ | B |
| | 05 05 | ☽□♃ | B |
| | 06 14 | ☽#♂ | B |
| | 08 20 | ☽∥♆ | D |
| | 10 16 | ☽∥♀ | G |
| | 11 32 | ☽□♄ | B |
| | 16 19 | ☽♏ | |
| | 17 53 | ☿⚼♆ | |
| | 21 25 | ☽⚼♆ | b |
| | 21 44 | ☽☌☿ | G |
| 14 | 00 36 | ♂Stat | |
| Sa | 04 18 | ☽∥☿ | G |
| | 05 10 | ☽☍♅ | B |
| | 17 23 | ☽#♅ | B |
| | 19 48 | ☉⚹♇ | |
| | 21 05 | ☽△♆ | G |
| 15 | 03 11 | ☽⚺♀ | g |
| Su | 03 57 | ☉⚹♃ | |
| | 04 31 | ☽⚹♇ | G |
| | 05 03 | ☽⚹♃ | G |
| | 05 07 | ☽☌☉ | D |
| | 11 13 | ☽⚹♄ | G |
| | 15 47 | ☽♐ | |
| | 16 11 | ☽⚼♂ | b |
| | 17 37 | ☽∥☉ | G |
| | 19 43 | ♀□♇ | |
| 16 | 01 48 | ☽⚺☿ | g |
| Mo | 04 28 | ☽∠♇ | b |
| | 05 14 | ☽∠♀ | b |
| | 05 16 | ☽∠♃ | b |
| | 05 33 | ♀□♃ | |
| | 07 56 | ☽∥♄ | B |
| | 11 21 | ☽∠♄ | b |
| | 13 37 | ☽∥♃ | G |
| | 16 21 | ☽△♂ | G |
| | 19 55 | ☽∥♇ | D |
| | 20 43 | ♀±♆ | |
| | 21 07 | ☽□♆ | B |
| 17 | 04 39 | ☽∠☿ | b |
| Tu | 04 53 | ☽⚺♇ | g |
| | 05 00 | ☽⚼♅ | b |
| | 05 58 | ☽⚺♃ | g |
| | 07 54 | ☽⚹♀ | G |
| | 08 07 | ☿☍♅ | |
| | 09 03 | ☽⚺☉ | g |
| | 12 03 | ☽⚺♄ | g |
| | 16 35 | ☽♑ | |
| 18 | 06 00 | ☽△♅ | G |
| We | 08 31 | ☽⚹☿ | G |
| | 12 13 | ☽∠☉ | b |
| | 18 42 | ☽□♂ | B |
| | 23 34 | ☽⚹♆ | G |
| 19 | 07 18 | ☉⚹♄ | |
| Th | 07 58 | ☽☌♇ | D |
| | 09 43 | ☽☌♃ | G |
| | 10 02 | ☿Q♇ | |
| | 11 29 | ♀□♄ | |
| | 15 51 | ☽☌♄ | B |
| | 16 16 | ☽□♀ | B |
| | 16 30 | ☽⚹☉ | G |
| | 20 25 | ☽♒ | |
| 20 | 00 23 | ☿#♅ | |
| Fr | 02 08 | ☽∠♆ | b |

| | | | |
|---|---|---|---|
| | 04 21 | ☿Q♃ | |
| | 04 44 | ☉⚺♀ | |
| | 05 34 | ☽∥♇ | D |
| | 10 41 | ☽□♅ | B |
| | 13 37 | ☽∥♃ | G |
| | 19 34 | ☽∥♄ | B |
| | 20 15 | ☽□☿ | B |
| 21 | 00 49 | ☽⚹♂ | G |
| Sa | 03 07 | ☽∥☉ | G |
| | 05 42 | ☽⚺♆ | g |
| | 11 31 | ♂#♆ | |
| | 13 22 | ♀♏ | |
| | 14 51 | ☽⚺♇ | g |
| | 17 24 | ☽⚺♃ | g |
| | 20 40 | ☉♐ | |
| | 23 34 | ☽⚺♄ | g |
| 22 | 04 06 | ☽♓ | |
| Su | 04 45 | ☽□☉ | B |
| | 05 24 | ☽∠♂ | b |
| | 05 43 | ☽△♀ | G |
| | 10 20 | ☽∥☿ | G |
| | 13 24 | ☿Q♄ | |
| | 13 36 | ☉⚼♂ | |
| | 14 00 | ☿∇♂ | |
| | 17 44 | ☽#♅ | B |
| | 19 11 | ☽⚹♅ | G |
| | 19 42 | ☽∠♇ | b |
| | 22 43 | ☽∠♃ | b |
| 23 | 04 48 | ☽∠♄ | b |
| Mo | 09 50 | ☽∥♀ | G |
| | 10 52 | ☽⚺♂ | g |
| | 13 37 | ☽△☿ | G |
| | 14 14 | ☽⚼♀ | b |
| | 15 31 | ☽☌♆ | D |
| 24 | 00 37 | ☽∠♅ | b |
| Tu | 01 18 | ☽⚹♇ | G |
| | 02 50 | ♀⚼♆ | |
| | 04 40 | ☿△♆ | |
| | 04 47 | ☽⚹♃ | G |
| | 09 15 | ☽#♂ | B |
| | 10 31 | ☽∥♆ | D |
| | 10 44 | ☽⚹♄ | G |
| | 15 05 | ☽♈ | |
| | 21 13 | ☽△☉ | G |
| | 23 55 | ☽⚼☿ | b |
| 25 | 06 35 | ☽⚺♅ | g |
| We | 16 32 | ☉∥♄ | |
| | 23 39 | ☽☌♂ | B |
| 26 | 03 43 | ☽⚺♆ | g |
| Th | 06 19 | ☽⚼☉ | b |
| | 13 50 | ☽□♇ | B |
| | 17 44 | ☽#♆ | D |
| | 18 15 | ☽□♃ | B |
| | 20 14 | ☽∥♂ | B |
| | 21 00 | ☿±♂ | |
| | 23 46 | ☽□♄ | B |
| 27 | 03 43 | ☽♉ | |
| Fr | 10 08 | ☽∠♆ | b |
| | 10 38 | ☿⚹♇ | |
| | 17 11 | ♀☍♅ | |
| | 19 10 | ☽☌♅ | B |
| | 19 25 | ☽☍♀ | B |
| 28 | 05 46 | ☽#♀ | G |
| Sa | 11 01 | ☽∥♅ | B |
| | 13 17 | ☽⚺♂ | g |
| | 16 04 | ☉∥♃ | |
| | 16 29 | ☽⚹♆ | G |
| 29 | 00 34 | ♆Stat | |
| Su | 02 40 | ☽△♇ | G |

| | | | |
|---|---|---|---|
| | 02 51 | ☿⚹♃ | |
| | 07 53 | ☽△♃ | G |
| | 08 20 | ☉∇♅ | |
| | 08 33 | ☽☍☿ | B |
| | 12 48 | ☽△♄ | G |
| | 16 16 | ☽♊ | |
| | 18 51 | ☽#☿ | G |
| | 19 55 | ☽∠♂ | b |
| 30 | 00 14 | ☉∠♇ | |
| Mo | 07 19 | ☽⚺♅ | g |
| | 08 44 | ☽⚼♇ | b |
| | 09 30 | ☽☍☉ | B |
| | 10 30 | ☽#♄ | B |
| | 12 20 | ♀#♅ | |
| | 14 20 | ☽⚼♃ | b |
| | 15 08 | ☽#♃ | G |
| | 15 23 | ♀Q♇ | |
| | 18 52 | ☽#☉ | G |
| | 18 55 | ☽⚼♄ | b |
| | 19 01 | ☿⚹♄ | |
| DECEMBER | | | |
| 1 | 02 13 | ☽⚹♂ | G |
| Tu | 02 27 | ☽#♇ | D |
| | 04 22 | ☽□♆ | B |
| | 12 53 | ☽∠♅ | b |
| | 19 51 | ☿♐ | |
| | 23 30 | ☽⚼♀ | b |
| 2 | 03 33 | ☽♋ | |
| We | 18 00 | ☽⚹♅ | G |
| 3 | 07 43 | ☽△♀ | G |
| Th | 07 54 | ☉∠♃ | |
| | 08 03 | ♀Q♃ | |
| | 11 45 | ☿⚼♂ | |
| | 13 28 | ☽□♂ | B |
| | 13 41 | ☽⚼☿ | b |
| | 14 32 | ☽△♆ | G |
| 4 | 00 22 | ☽☍♇ | B |
| Fr | 06 52 | ☽☍♃ | B |
| | 08 09 | ☿∥♄ | |
| | 08 28 | ☽⚼☉ | b |
| | 10 29 | ☽☍♄ | B |
| | 12 53 | ☽♌ | |
| | 18 48 | ☽⚼♆ | b |
| | 21 52 | ☽△☿ | G |
| | 23 09 | ☽#♇ | D |
| 5 | 00 44 | ☽#☉ | G |
| Sa | 01 59 | ☉±♅ | |
| | 02 02 | ♀Q♄ | |
| | 02 38 | ☽□♅ | B |
| | 10 32 | ☿∥♃ | |
| | 11 02 | ☽#☿ | G |
| | 11 06 | ☽#♃ | G |
| | 12 23 | ☉∠♄ | |
| | 14 40 | ☽#♄ | B |
| | 14 41 | ☽△☉ | G |
| | 21 44 | ♂⚺♆ | |
| | 21 47 | ☽□♀ | B |
| | 22 28 | ☽△♂ | G |
| 6 | 04 53 | ♀△♆ | |
| Su | 06 41 | ♀∇♂ | |
| | 08 03 | ☉∥♇ | |
| | 12 43 | ☿∇♅ | |
| | 19 46 | ☽♍ | |
| | 20 27 | ☽#♀ | G |
| 7 | 01 58 | ☽⚼♂ | b |
| Mo | 05 29 | ☿∠♇ | |
| | 08 45 | ☽△♅ | G |
| | 09 14 | ☽∥♅ | B |

| | | | | | | | | | | | | | | | | | | | |
|---|---|---|---|---|---|---|---|---|---|---|---|---|---|---|---|---|---|---|---|
| | 10 44 | ☽⚼♇ | b | | 12 04 | ♀±♂ | | | 18 47 | ☿⊥♃ | | | 06 12 | ♀∇♅ | | | 11 02 | ☽⚼☿ | b |
| | 11 24 | ☽□☿ | B | | 16 17 | ☽⚹♇ | G | | 19 02 | ☽⚺☿ | g | | 06 43 | ☽∠♅ | b | | 11 32 | ☽△♇ | G |
| | 17 51 | ☽⚼♃ | b | | 20 59 | ☽☌♀ | G | | 19 33 | ☽☌♇ | D | | 07 43 | ♀∥♄ | | | 13 42 | ☽⚺♂ | g |
| | 20 34 | ☽⚼♄ | b | 13 | 00 23 | ☽⚹♃ | G | | 22 32 | ☽⚺☉ | g | | 08 52 | ☽⚺♂ | g | | 23 33 | ☽♊ | |
| 8 | 00 37 | ☽□☉ | B | Su | 01 09 | ☽∥♀ | G | | 23 35 | ☿⚺♇ | | | 10 02 | ☉♑ | | 27 | 01 41 | ☽△♄ | G |
| Tu | 03 45 | ☽☍♆ | B | | 01 58 | ☽⚹♄ | G | 17 | 03 50 | ☿⊥♄ | | | 10 24 | ☽⚹♇ | G | Su | 02 54 | ☽△♃ | G |
| | 08 21 | ☽⚹♀ | G | | 02 06 | ☿⊥♇ | | Th | 05 04 | ♄♒ | | | 16 55 | ♀∥♃ | | | 12 57 | ☽#♃ | G |
| | 10 50 | ☽⚼♅ | b | | 02 39 | ☽♐ | | | 05 34 | ☽☌♃ | G | | 18 21 | ♃☌♄ | | | 13 13 | ☽⚺♅ | g |
| | 12 08 | ☽∥♂ | B | | 11 17 | ☽⚼♂ | b | | 06 27 | ☽♒ | | | 18 27 | ☽∥♆ | D | | 13 18 | ☽#♄ | B |
| | 12 52 | ☽△♇ | G | | 11 38 | ☿□♆ | | | 06 28 | ☽☌♄ | B | | 21 52 | ☉⚺♄ | | | 16 48 | ☉Q♆ | |
| | 20 09 | ☽△♃ | G | | 15 49 | ☽∥♄ | B | | 07 42 | ☽∥☉ | G | | 22 22 | ☉⚺♃ | | | 17 33 | ☽⚼♇ | b |
| | 20 19 | ☽#♆ | D | | 16 36 | ☽∠♇ | b | | 10 16 | ☽⚹♀ | G | | 22 32 | ☽♈ | | | 20 39 | ☽∠♂ | b |
| | 22 35 | ☽△♄ | G | | 16 48 | ☉⚼♅ | | | 12 10 | ☽∠♆ | b | | 23 33 | ☽⚹♄ | G | 28 | 02 28 | ☽#♀ | G |
| 9 | 00 01 | ☽♎ | | | 17 42 | ☽∥♃ | G | | 16 33 | ☽∥♇ | D | | 23 36 | ☽⚹♃ | G | Mo | 03 25 | ☉△♅ | |
| We | 02 55 | ☉⊥♇ | | 14 | 01 03 | ☽∠♃ | b | | 18 50 | ☽□♅ | B | | 23 41 | ☽□☉ | B | | 06 47 | ☽☍♀ | B |
| | 04 31 | ☿∥♇ | | Mo | 02 27 | ☽∠♄ | b | 18 | 00 45 | ☽∠☿ | b | 22 | 02 04 | ☽□☿ | B | | 07 40 | ☽⚼♄ | b |
| | 12 22 | ☽∠♀ | b | | 06 11 | ☽∥♇ | D | Fr | 03 03 | ☽∠☉ | b | Tu | 11 07 | ♀⚼♂ | | | 08 34 | ☽#♇ | D |
| | 19 41 | ☉□♆ | | | 08 15 | ☽□♆ | B | | 07 40 | ☽∥♃ | G | | 12 22 | ☽⚺♅ | g | | 09 09 | ☽⚼♃ | b |
| | 21 13 | ☽⚹☿ | G | | 10 40 | ☉⊥♃ | | | 09 00 | ☽∥♄ | B | | 15 56 | ☽△♀ | G | | 11 59 | ☽□♆ | B |
| 10 | 03 30 | ☿∠♃ | | | 10 42 | ☽☌☿ | G | | 14 21 | ☽∥♀ | G | | 19 08 | ♀∠♇ | | | 16 12 | ♀∠♄ | |
| Th | 07 09 | ☿±♅ | | | 12 14 | ☽△♂ | G | | 15 01 | ☽⚺♆ | g | 23 | 11 17 | ☽⚺♆ | g | | 17 04 | ☽#☉ | G |
| | 07 22 | ☽⚹☉ | G | | 13 01 | ☽∥☉ | G | | 22 08 | ☽⚹♂ | G | We | 14 53 | ♂□♇ | | | 18 41 | ☽∠♅ | b |
| | 08 31 | ☽☍♂ | B | | 14 36 | ☽⚼♅ | b | 19 | 01 06 | ☽⚺♇ | g | | 22 37 | ☽□♇ | B | 29 | 03 01 | ☽⚹♂ | G |
| | 11 52 | ♀⚹♇ | | | 16 17 | ☽☌☉ | D | Sa | 07 49 | ☽⚹☿ | G | | 22 51 | ☽☌♂ | B | Tu | 10 27 | ♀∠♃ | |
| | 14 19 | ☉∥☿ | | | 17 07 | ☽⚺♇ | g | | 08 45 | ☽⚹☉ | G | 24 | 00 35 | ☽#♆ | D | | 10 28 | ☽♋ | |
| | 15 21 | ☽□♇ | B | | 20 58 | ♀⚹♃ | | | 12 38 | ☽⚺♃ | g | Th | 01 46 | ☽⚼♀ | b | | 19 58 | ☽#☿ | G |
| | 15 40 | ☽⚺♀ | g | | 23 05 | ☽∥☿ | G | | 12 39 | ☽♓ | | | 10 55 | ☽♉ | | | 23 32 | ☽⚹♅ | G |
| | 17 54 | ☽∥♆ | D | 15 | 01 59 | ☽⚺♃ | g | | 13 07 | ☽⚺♄ | g | | 12 31 | ☽□♄ | B | 30 | 03 28 | ☽☍☉ | B |
| | 22 58 | ☽□♃ | B | Tu | 02 23 | ☽⚺♀ | g | | 13 07 | ♃♒ | | | 13 10 | ☽□♃ | B | We | 04 15 | ♀⊥♇ | |
| 11 | 00 30 | ☿∠♄ | | | 03 13 | ☽⚺♄ | g | | 22 40 | ☽□♀ | B | | 17 30 | ♂⊥♆ | | | 10 19 | ♀□♆ | |
| Fr | 00 56 | ☽□♄ | B | | 03 35 | ☽♑ | | 20 | 01 50 | ☽⚹♅ | G | | 17 44 | ☽∠♆ | b | | 16 04 | ☽☍☿ | B |
| | 00 59 | ☽∠☿ | b | | 04 24 | ☿△♂ | | Su | 03 00 | ☽∠♂ | b | | 17 48 | ☽△☉ | G | | 21 31 | ☽△♆ | G |
| | 01 59 | ☽♏ | | | 04 39 | ☉⚺♇ | | | 03 26 | ☉☌☿ | | | 23 00 | ☿Q♆ | | 31 | 01 18 | ☽#☿ | G |
| | 03 14 | ☽#♂ | B | | 07 59 | ☉⊥♄ | | | 03 28 | ☽#♅ | B | | 23 35 | ☽∥♂ | B | Th | 08 10 | ☽☍♇ | B |
| | 06 01 | ☉△♂ | | | 13 00 | ♀⚹♄ | | | 05 18 | ☽∠♇ | b | | 23 57 | ☽△☿ | G | | 13 45 | ☽□♂ | B |
| | 07 13 | ☽⚼♆ | b | | 15 22 | ☽△♅ | G | | 17 40 | ☽∠♃ | b | 25 | 00 56 | ☽☌♅ | B | | 18 58 | ☽♌ | |
| | 09 50 | ☽∠☉ | b | | 16 21 | ♀♐ | | | 17 54 | ☽∠♄ | b | Fr | 07 05 | ☿△♅ | | | 21 56 | ☽☍♄ | B |
| | 13 43 | ☽☍♅ | B | | 22 43 | ☿⚼♅ | | | 23 07 | ☿♑ | | | 17 03 | ☽∥♅ | B | | | | |
| 12 | 02 36 | ☽#♅ | B | 16 | 05 52 | ☽∠♀ | b | | 23 33 | ☽#♂ | B | | 18 51 | ♃∥♄ | | | | | |
| Sa | 04 18 | ☽⚺☿ | g | We | 10 11 | ☽⚹♆ | G | | 23 34 | ☽☌♆ | D | | 23 40 | ♀±♅ | | | | | |
| | 07 35 | ☽△♆ | G | | 15 32 | ☽□♂ | B | 21 | 04 34 | ☿⚺♃ | | 26 | 00 10 | ☽⚹♆ | G | | | | |
| | 11 58 | ☽⚺☉ | g | | 16 36 | ☽∥☿ | G | Mo | 05 37 | ☿⚺♄ | | Sa | 03 02 | ☽⚼☉ | b | | | | |

## Longitudes of Chiron, 4 larger asteroids, and the Black Moon Lilith 2020

| | | Chiron ⚷ | Ceres ⚳ | Pallas ⚴ | Juno ⚵ | Vesta ⚶ | BML ⚸ |
|---|---|---|---|---|---|---|---|
| J | 01 | 01♈36 | 18♑06 | 23♐04 | 17♎28 | 12♉07 | 27♓06 |
| A | 11 | 01♈49 | 22♑06 | 27♐11 | 19♎18 | 12♉39 | 28♓14 |
| N | 21 | 02♈08 | 26♑06 | 01♑13 | 20♎39 | 13♉50 | 29♓21 |
| | 31 | 02♈30 | 00♒04 | 05♑09 | 21♎27 | 15♉35 | 00♈28 |
| F | 01 | 02♈33 | 00♒28 | 05♑32 | 21♎29 | 15♉47 | 00♈35 |
| E | 11 | 02♈59 | 04♒23 | 09♑18 | 21♎38R | 18♉03 | 01♈42 |
| B | 21 | 03♈29 | 08♒16 | 12♑54 | 21♎08R | 20♉43 | 02♈49 |
| | 31 | 04♈02 | 12♒04 | 16♑18 | 20♎01R | 23♉42 | 03♈57 |
| M | 01 | 03♈58 | 11♒42 | 15♑58 | 20♎09R | 23♉24 | 03♈50 |
| A | 11 | 04♈32 | 15♒25 | 19♑10 | 18♎31R | 26♉38 | 04♈57 |
| R | 21 | 05♈07 | 19♒02 | 22♑05 | 16♎26R | 00♊06 | 06♈04 |
| | 31 | 05♈43 | 22♒31 | 24♑42 | 14♎06R | 03♊46 | 07♈12 |
| A | 01 | 05♈46 | 22♒51 | 24♑56 | 13♎51R | 04♊08 | 07♈18 |
| P | 11 | 06♈21 | 26♒10 | 27♑08 | 11♎31R | 07♊58 | 08♈25 |
| R | 21 | 06♈54 | 29♒18 | 28♑54 | 09♎24R | 11♊55 | 09♈33 |
| | 31 | 07♈26 | 02♓12 | 00♒09 | 07♎41R | 15♊58 | 10♈40 |
| M | 01 | 07♈26 | 02♓12 | 00♒09 | 07♎41R | 15♊58 | 10♈40 |
| A | 11 | 07♈55 | 04♓52 | 00♒50 | 06♎30R | 20♊07 | 11♈47 |
| Y | 21 | 08♈21 | 07♓14 | 00♒54R | 05♎54R | 24♊19 | 12♈54 |
| | 31 | 08♈43 | 09♓15 | 00♒16R | 05♎52 | 28♊35 | 14♈02 |
| J | 01 | 08♈45 | 09♓26 | 00♒10R | 05♎53 | 29♊01 | 14♈08 |
| U | 11 | 09♈03 | 11♓01 | 28♑48R | 06♎26 | 03♋20 | 15♈15 |
| N | 21 | 09♈16 | 12♓08 | 26♑48R | 07♎27 | 07♋40 | 16♈23 |
| | 31 | 09♈23 | 12♓44 | 24♑19R | 08♎54 | 12♋02 | 17♈30 |

| | | Chiron ⚷ | Ceres ⚳ | Pallas ⚴ | Juno ⚵ | Vesta ⚶ | BML ⚸ |
|---|---|---|---|---|---|---|---|
| J | 01 | 09♈23 | 12♓44 | 24♑19R | 08♎54 | 12♋02 | 17♈30 |
| U | 11 | 09♈26 | 12♓46R | 21♑36R | 10♎42 | 16♋25 | 18♈37 |
| L | 21 | 09♈24R | 12♓13R | 18♑53R | 12♎48 | 20♋49 | 19♈44 |
| | 31 | 09♈16R | 11♓05R | 16♑26R | 15♎10 | 25♋12 | 20♈51 |
| A | 01 | 09♈15R | 10♓56R | 16♑12R | 15♎25 | 25♋38 | 20♈58 |
| U | 11 | 09♈03R | 09♓15R | 14♑17R | 18♎02 | 00♌01 | 22♈05 |
| G | 21 | 08♈45R | 07♓11R | 12♑58R | 20♎49 | 04♌22 | 23♈12 |
| | 31 | 08♈24R | 04♓59R | 12♑18R | 23♎46 | 08♌42 | 24♈19 |
| S | 01 | 08♈22R | 04♓45R | 12♑16R | 24♎04 | 09♌07 | 24♈26 |
| E | 11 | 07♈58R | 02♓38R | 12♑18 | 27♎09 | 13♌24 | 25♈33 |
| P | 21 | 07♈32R | 00♓50R | 12♑54 | 00♏20 | 17♌37 | 26♈40 |
| | 31 | 07♈05R | 29♒31R | 14♑01 | 03♏36 | 21♌45 | 27♈47 |
| O | 01 | 07♈05R | 29♒31R | 14♑01 | 03♏36 | 21♌45 | 27♈47 |
| C | 11 | 06♈38R | 28♒46R | 15♑34 | 06♏56 | 25♌47 | 28♈54 |
| T | 21 | 06♈13R | 28♒38 | 17♑29 | 10♏19 | 29♌41 | 00♉01 |
| | 31 | 05♈50R | 29♒05 | 19♑44 | 13♏43 | 03♍26 | 01♉08 |
| N | 01 | 05♈47R | 29♒10 | 19♑58 | 14♏04 | 03♍48 | 01♉15 |
| O | 11 | 05♈28R | 00♓15 | 22♑30 | 17♏29 | 07♍21 | 02♉21 |
| V | 21 | 05♈13R | 01♓49 | 25♑15 | 20♏54 | 10♍38 | 03♉28 |
| | 31 | 05♈02R | 03♓49 | 28♑10 | 24♏17 | 13♍38 | 04♉35 |
| D | 01 | 05♈02R | 03♓49 | 28♑10 | 24♏17 | 13♍38 | 04♉35 |
| E | 11 | 04♈57R | 06♓11 | 01♒14 | 27♏37 | 16♍15 | 05♉42 |
| C | 21 | 04♈57 | 08♓53 | 04♒25 | 00♐54 | 18♍26 | 06♉49 |
| | 31 | 05♈03 | 11♓50 | 07♒41 | 04♐06 | 20♍05 | 07♉56 |

# DISTANCES APART OF ALL ☌s AND ☍s IN 2020

Note: The Distances Apart are in Declination

## JANUARY

| | | | | | |
|---|---|---|---|---|---|
| 1 | 00 | 15 | ☽☌♆ | 3 | 34 |
| 2 | 16 | 42 | ☿☌♃ | 1 | 30 |
| 4 | 21 | 31 | ☽☌♅ | 4 | 04 |
| 7 | 07 | 05 | ☽☍♂ | 2 | 45 |
| 10 | 00 | 00 | ☽☍♃ | 0 | 06 |
| 10 | 15 | 19 | ☉☌☿ | 1 | 54 |
| 10 | 19 | 21 | ☽☍☉ | 1 | 03 |
| 10 | 19 | 33 | ☽☍☿ | 0 | 51 |
| 10 | 23 | 43 | ☽☍♄ | 1 | 19 |
| 10 | 23 | 58 | ☽☍♇ | 0 | 38 |
| 12 | 09 | 51 | ☿☌♄ | 2 | 00 |
| 12 | 10 | 14 | ☿☌♇ | 1 | 19 |
| 12 | 16 | 59 | ♄☌♇ | 0 | 42 |
| 13 | 13 | 21 | ☉☌♇ | 0 | 40 |
| 13 | 13 | 42 | ☽☍♀ | 2 | 20 |
| 13 | 15 | 16 | ☉☌♄ | 0 | 02 |
| 14 | 17 | 27 | ☽☍♆ | 3 | 34 |
| 17 | 22 | 55 | ☽☍♅ | 4 | 03 |
| 20 | 19 | 47 | ☽☌♂ | 2 | 11 |
| 23 | 02 | 45 | ☽☌♃ | 0 | 22 |
| 24 | 00 | 18 | ☽☌♇ | 0 | 39 |
| 24 | 02 | 08 | ☽☌♄ | 1 | 26 |
| 24 | 21 | 42 | ☽☌☉ | 2 | 14 |
| 25 | 19 | 06 | ☽☌☿ | 1 | 15 |
| 27 | 20 | 00 | ♀☌♆ | 0 | 04 |
| 28 | 09 | 34 | ☽☌♆ | 3 | 32 |
| 28 | 11 | 02 | ☽☌♀ | 3 | 31 |

## FEBRUARY

| | | | | | |
|---|---|---|---|---|---|
| 1 | 06 | 10 | ☽☌♅ | 3 | 59 |
| 5 | 05 | 07 | ☽☍♂ | 1 | 26 |
| 6 | 21 | 14 | ☽☍♃ | 0 | 40 |
| 7 | 12 | 02 | ☽☍♇ | 0 | 41 |
| 7 | 15 | 43 | ☽☍♄ | 1 | 34 |
| 9 | 07 | 33 | ☽☍☉ | 3 | 17 |
| 10 | 14 | 51 | ☽☍☿ | 4 | 53 |
| 11 | 03 | 29 | ☽☍♆ | 3 | 30 |
| 12 | 08 | 06 | ☽☍♀ | 4 | 32 |
| 14 | 05 | 54 | ☽☍♅ | 3 | 54 |
| 18 | 13 | 16 | ☽☌♂ | 0 | 45 |
| 19 | 19 | 50 | ☽☌♃ | 0 | 55 |
| 20 | 08 | 07 | ☽☌♇ | 0 | 44 |
| 20 | 14 | 18 | ☽☌♄ | 1 | 42 |
| 23 | 15 | 32 | ☽☌☉ | 3 | 59 |
| 24 | 00 | 39 | ☽☌☿ | 7 | 33 |
| 24 | 18 | 26 | ☽☌♆ | 3 | 28 |
| 26 | 01 | 45 | ☉☌☿ | 3 | 27 |
| 27 | 17 | 05 | ☽☌♀ | 5 | 22 |
| 28 | 14 | 50 | ☽☌♅ | 3 | 47 |

## MARCH

| | | | | | |
|---|---|---|---|---|---|
| 5 | 02 | 25 | ☽☍♂ | 0 | 05 |
| 5 | 16 | 56 | ☽☍♃ | 1 | 15 |
| 5 | 23 | 50 | ☽☍♇ | 0 | 51 |
| 6 | 07 | 11 | ☽☍♄ | 1 | 54 |
| 8 | 08 | 12 | ☽☍☿ | 5 | 34 |
| 8 | 12 | 23 | ☉☌♆ | 0 | 56 |
| 8 | 19 | 38 | ♀☌♅ | 2 | 05 |
| 9 | 15 | 57 | ☽☍♆ | 3 | 29 |
| 9 | 17 | 48 | ☽☍☉ | 4 | 27 |
| 12 | 16 | 14 | ☽☍♅ | 3 | 42 |
| 12 | 23 | 10 | ☽☍♀ | 5 | 57 |
| 18 | 08 | 32 | ☽☌♂ | 0 | 44 |
| 18 | 10 | 47 | ☽☌♃ | 1 | 29 |
| 18 | 14 | 53 | ☽☌♇ | 0 | 56 |
| 19 | 00 | 48 | ☽☌♄ | 2 | 03 |
| 20 | 11 | 35 | ♂☌♃ | 0 | 42 |
| 21 | 20 | 39 | ☽☌☿ | 3 | 10 |
| 23 | 02 | 38 | ☽☌♆ | 3 | 30 |
| 23 | 05 | 20 | ♂☌♇ | 0 | 01 |
| 24 | 09 | 28 | ☽☌☉ | 4 | 34 |
| 26 | 23 | 29 | ☽☌♅ | 3 | 35 |
| 28 | 14 | 20 | ☽☌♀ | 6 | 16 |
| 31 | 18 | 31 | ♂☌♄ | 0 | 53 |

## APRIL

| | | | | | |
|---|---|---|---|---|---|
| 2 | 08 | 49 | ☽☍♃ | 1 | 47 |
| 2 | 09 | 20 | ☽☍♇ | 1 | 05 |
| 2 | 19 | 49 | ☽☍♄ | 2 | 15 |
| 2 | 22 | 13 | ☽☍♂ | 1 | 26 |
| 4 | 01 | 15 | ☿☌♆ | 1 | 13 |
| 5 | 02 | 45 | ♃☌♇ | 0 | 44 |
| 6 | 04 | 38 | ☽☍♆ | 3 | 33 |
| 6 | 09 | 49 | ☽☍☿ | 2 | 18 |
| 8 | 02 | 35 | ☽☍☉ | 4 | 27 |
| 9 | 05 | 09 | ☽☍♅ | 3 | 32 |
| 11 | 07 | 27 | ☽☍♀ | 6 | 19 |
| 14 | 22 | 02 | ☽☌♇ | 1 | 10 |
| 14 | 23 | 47 | ☽☌♃ | 1 | 58 |
| 15 | 10 | 21 | ☽☌♄ | 2 | 23 |
| 16 | 05 | 42 | ☽☌♂ | 1 | 53 |
| 19 | 10 | 32 | ☽☌♆ | 3 | 36 |
| 21 | 20 | 06 | ☽☌☿ | 2 | 38 |
| 23 | 02 | 26 | ☽☌☉ | 4 | 01 |
| 23 | 08 | 29 | ☽☌♅ | 3 | 28 |
| 26 | 09 | 01 | ☉☌♅ | 0 | 25 |
| 26 | 16 | 39 | ☽☌♀ | 5 | 56 |
| 29 | 16 | 01 | ☽☍♇ | 1 | 16 |
| 29 | 19 | 29 | ☽☍♃ | 2 | 08 |
| 30 | 04 | 27 | ☽☍♄ | 2 | 32 |

## MAY

| | | | | | |
|---|---|---|---|---|---|
| 1 | 03 | 41 | ☿☌♅ | 0 | 17 |
| 1 | 16 | 04 | ☽☍♂ | 2 | 16 |
| 3 | 15 | 22 | ☽☍♆ | 3 | 42 |
| 4 | 21 | 41 | ☉☌☿ | 0 | 06 |
| 6 | 18 | 31 | ☽☍♅ | 3 | 27 |
| 7 | 10 | 45 | ☽☍☉ | 3 | 20 |
| 7 | 16 | 30 | ☽☍☿ | 3 | 29 |
| 9 | 19 | 13 | ☽☍♀ | 5 | 13 |
| 12 | 06 | 14 | ☽☌♇ | 1 | 19 |
| 12 | 10 | 30 | ☽☌♃ | 2 | 12 |
| 12 | 19 | 18 | ☽☌♄ | 2 | 35 |
| 15 | 04 | 06 | ☽☌♂ | 2 | 26 |
| 16 | 18 | 34 | ☽☌♆ | 3 | 45 |
| 20 | 18 | 07 | ☽☌♅ | 3 | 26 |
| 22 | 08 | 41 | ☿☌♀ | 0 | 53 |
| 22 | 17 | 39 | ☽☌☉ | 2 | 20 |
| 24 | 03 | 15 | ☽☌♀ | 3 | 39 |
| 24 | 11 | 09 | ☽☌☿ | 2 | 45 |
| 26 | 21 | 03 | ☽☍♇ | 1 | 20 |
| 27 | 01 | 06 | ☽☍♃ | 2 | 13 |
| 27 | 09 | 42 | ☽☍♄ | 2 | 37 |
| 30 | 07 | 34 | ☽☍♂ | 2 | 28 |
| 30 | 23 | 14 | ☽☍♆ | 3 | 48 |

## JUNE

| | | | | | |
|---|---|---|---|---|---|
| 3 | 06 | 17 | ☽☍♅ | 3 | 25 |
| 3 | 17 | 44 | ☉☌♀ | 0 | 29 |
| 5 | 13 | 57 | ☽☍♀ | 1 | 33 |
| 5 | 19 | 12 | ☽☍☉ | 1 | 14 |
| 7 | 14 | 06 | ☽☍☿ | 0 | 02 |
| 8 | 15 | 01 | ☽☌♇ | 1 | 19 |
| 8 | 18 | 05 | ☽☌♃ | 2 | 08 |
| 9 | 03 | 17 | ☽☌♄ | 2 | 35 |
| 13 | 02 | 12 | ☽☌♂ | 2 | 20 |
| 13 | 02 | 51 | ☽☌♆ | 3 | 49 |
| 13 | 14 | 13 | ♂☌♆ | 1 | 30 |
| 17 | 04 | 15 | ☽☌♅ | 3 | 24 |
| 19 | 08 | 40 | ☽☌♀ | 0 | 42 |
| 21 | 06 | 41 | ☽☌☉ | 0 | 07 |
| 22 | 08 | 01 | ☽☌☿ | 3 | 53 |
| 23 | 02 | 19 | ☽☍♇ | 1 | 16 |
| 23 | 03 | 29 | ☽☍♃ | 2 | 00 |
| 23 | 13 | 31 | ☽☍♄ | 2 | 30 |
| 27 | 04 | 56 | ☽☍♆ | 3 | 49 |
| 27 | 20 | 02 | ☽☍♂ | 2 | 02 |
| 30 | 05 | 46 | ♃☌♇ | 0 | 40 |
| 30 | 15 | 21 | ☽☍♅ | 3 | 22 |

## JULY

| | | | | | |
|---|---|---|---|---|---|
| 1 | 02 | 53 | ☉☌☿ | 4 | 26 |
| 2 | 12 | 02 | ☽☍♀ | 2 | 07 |
| 4 | 18 | 13 | ☽☍☿ | 5 | 33 |
| 5 | 04 | 44 | ☽☍☉ | 1 | 19 |
| 5 | 22 | 13 | ☽☌♃ | 1 | 50 |
| 5 | 23 | 14 | ☽☌♇ | 1 | 13 |
| 6 | 09 | 35 | ☽☌♄ | 2 | 25 |
| 10 | 10 | 57 | ☽☌♆ | 3 | 46 |
| 11 | 21 | 16 | ☽☌♂ | 1 | 38 |
| 14 | 07 | 58 | ☉☍♃ | 0 | 19 |
| 14 | 14 | 14 | ☽☌♅ | 3 | 19 |
| 15 | 19 | 12 | ☉☍♇ | 0 | 59 |
| 17 | 06 | 40 | ☽☌♀ | 3 | 03 |
| 19 | 04 | 19 | ☽☌☿ | 3 | 54 |
| 20 | 05 | 27 | ☽☍♃ | 1 | 39 |
| 20 | 09 | 04 | ☽☍♇ | 1 | 09 |
| 20 | 17 | 33 | ☽☌☉ | 2 | 31 |
| 20 | 17 | 55 | ☽☍♄ | 2 | 18 |
| 20 | 22 | 28 | ☉☍♄ | 0 | 14 |
| 24 | 10 | 23 | ☽☍♆ | 3 | 43 |
| 26 | 03 | 50 | ☽☍♂ | 1 | 09 |
| 27 | 22 | 04 | ☽☍♅ | 3 | 14 |
| 30 | 14 | 17 | ☿☍♃ | 0 | 46 |
| 31 | 00 | 08 | ☽☍♀ | 3 | 35 |

## AUGUST

| | | | | | |
|---|---|---|---|---|---|
| 1 | 10 | 52 | ☿☍♇ | 1 | 01 |
| 1 | 23 | 57 | ☽☌♃ | 1 | 30 |
| 2 | 05 | 57 | ☽☌♇ | 1 | 07 |
| 2 | 08 | 53 | ☽☍☿ | 2 | 05 |
| 2 | 13 | 59 | ☽☌♄ | 2 | 13 |
| 3 | 15 | 59 | ☽☍☉ | 3 | 23 |
| 3 | 21 | 00 | ☿☍♄ | 0 | 13 |
| 6 | 18 | 11 | ☽☌♆ | 3 | 39 |
| 9 | 08 | 35 | ☽☌♂ | 0 | 38 |
| 10 | 23 | 05 | ☽☌♅ | 3 | 08 |
| 15 | 13 | 26 | ☽☌♀ | 4 | 00 |
| 16 | 09 | 33 | ☽☍♃ | 1 | 25 |
| 16 | 17 | 24 | ☽☍♇ | 1 | 07 |
| 16 | 23 | 59 | ☽☍♄ | 2 | 10 |
| 17 | 15 | 07 | ☉☌☿ | 1 | 40 |
| 19 | 02 | 42 | ☽☌☉ | 4 | 05 |
| 19 | 05 | 38 | ☽☌☿ | 2 | 31 |
| 20 | 17 | 15 | ☽☍♆ | 3 | 36 |
| 23 | 03 | 35 | ☽☍♂ | 0 | 13 |
| 24 | 04 | 00 | ☽☍♅ | 3 | 02 |
| 25 | 22 | 26 | ♀☍♃ | 2 | 45 |
| 29 | 01 | 56 | ☽☌♃ | 1 | 24 |
| 29 | 08 | 51 | ☽☍♀ | 4 | 11 |
| 29 | 11 | 12 | ☽☌♇ | 1 | 09 |
| 29 | 17 | 18 | ☽☌♄ | 2 | 09 |
| 30 | 13 | 31 | ♀☍♇ | 3 | 03 |
| 30 | 18 | 44 | ☿☍♆ | 0 | 05 |

## SEPTEMBER

| | | | | | |
|---|---|---|---|---|---|
| 2 | 05 | 22 | ☽☍☉ | 4 | 27 |
| 2 | 12 | 18 | ♀☍♄ | 2 | 03 |
| 3 | 00 | 09 | ☽☌♆ | 3 | 33 |
| 3 | 12 | 56 | ☽☍☿ | 4 | 01 |
| 6 | 04 | 45 | ☽☌♂ | 0 | 01 |
| 7 | 06 | 00 | ☽☌♅ | 2 | 56 |
| 11 | 20 | 26 | ☉☍♆ | 1 | 02 |
| 12 | 16 | 54 | ☽☍♃ | 1 | 29 |
| 13 | 02 | 19 | ☽☍♇ | 1 | 14 |
| 13 | 07 | 37 | ☽☍♄ | 2 | 13 |
| 14 | 06 | 54 | ☽☌♀ | 4 | 13 |
| 17 | 02 | 03 | ☽☍♆ | 3 | 33 |
| 17 | 11 | 00 | ☽☌☉ | 4 | 35 |
| 19 | 02 | 08 | ☽☌☿ | 5 | 26 |
| 19 | 14 | 29 | ☽☍♂ | 0 | 06 |
| 20 | 10 | 56 | ☽☍♅ | 2 | 52 |
| 24 | 10 | 53 | ☿☍♂ | 5 | 36 |
| 25 | 07 | 11 | ☽☌♃ | 1 | 35 |
| 25 | 16 | 09 | ☽☌♇ | 1 | 18 |
| 25 | 21 | 26 | ☽☌♄ | 2 | 17 |
| 28 | 05 | 04 | ☽☍♀ | 4 | 03 |
| 30 | 05 | 00 | ☽☌♆ | 3 | 34 |

## OCTOBER

| | | | | | |
|---|---|---|---|---|---|
| 1 | 21 | 05 | ☽☍☉ | 4 | 26 |
| 3 | 03 | 57 | ☽☌♂ | 0 | 37 |
| 4 | 05 | 17 | ☽☍☿ | 6 | 18 |
| 4 | 10 | 59 | ☽☌♅ | 2 | 48 |
| 7 | 20 | 55 | ☿☍♅ | 3 | 35 |
| 10 | 03 | 17 | ☽☍♃ | 1 | 48 |
| 10 | 10 | 36 | ☽☍♇ | 1 | 26 |
| 10 | 16 | 04 | ☽☍♄ | 2 | 26 |
| 13 | 23 | 26 | ☉☍♂ | 2 | 47 |
| 14 | 02 | 55 | ☽☌♀ | 3 | 43 |
| 14 | 11 | 47 | ☽☍♆ | 3 | 38 |
| 16 | 13 | 49 | ☽☍♂ | 1 | 31 |
| 16 | 19 | 31 | ☽☌☉ | 4 | 00 |
| 17 | 19 | 37 | ☽☍♅ | 2 | 48 |
| 17 | 21 | 52 | ☽☌☿ | 5 | 58 |
| 18 | 14 | 49 | ♀☍♆ | 0 | 04 |
| 20 | 02 | 54 | ☿☍♅ | 2 | 52 |
| 22 | 17 | 44 | ☽☌♃ | 1 | 59 |
| 22 | 22 | 40 | ☽☌♇ | 1 | 32 |
| 23 | 04 | 35 | ☽☌♄ | 2 | 32 |
| 25 | 18 | 23 | ☉☌☿ | 0 | 52 |
| 27 | 09 | 40 | ☽☌♆ | 3 | 41 |
| 28 | 09 | 32 | ☽☍♀ | 3 | 15 |
| 29 | 18 | 33 | ☽☌♂ | 2 | 30 |
| 30 | 16 | 12 | ☽☍☿ | 3 | 11 |
| 31 | 14 | 49 | ☽☍☉ | 3 | 16 |
| 31 | 14 | 55 | ☽☌♅ | 2 | 49 |
| 31 | 15 | 53 | ☉☍♅ | 0 | 27 |

## NOVEMBER

| | | | | | |
|---|---|---|---|---|---|
| 6 | 16 | 01 | ☽☍♃ | 2 | 15 |
| 6 | 17 | 41 | ☽☍♇ | 1 | 38 |

## DISTANCES APART OF ALL ☌s AND ☍s IN 2020

Note: The Distances Apart are in Declination

| 7 | 00 52 | ☽☍♄ | 2 41 | 19 | 15 51 | ☽☌♄ | 2 47 | 4 | 10 29 | ☽☍♄ | 2 54 | 21 | 18 21 | ♃☌♄ | 0 06 |
|---|---|---|---|---|---|---|---|---|---|---|---|---|---|---|---|
| 9 | 16 08 | ♀☍♂ | 0 32 | 23 | 15 31 | ☽☌♆ | 3 49 | 8 | 03 45 | ☽☍♆ | 3 52 | 23 | 22 51 | ☽☌♂ | 4 43 |
| 10 | 20 42 | ☽☍♆ | 3 47 | 25 | 23 39 | ☽☌♂ | 4 07 | 10 | 08 31 | ☽☍♂ | 4 33 | 25 | 00 56 | ☽☌♅ | 2 59 |
| 12 | 16 50 | ☽☍♂ | 3 28 | 27 | 17 11 | ♀☍♅ | 1 10 | 11 | 13 43 | ☽☍♅ | 2 58 | 28 | 06 47 | ☽☍♀ | 0 25 |
| 12 | 21 39 | ♃☌♇ | 0 41 | 27 | 19 10 | ☽☌♅ | 2 55 | 12 | 20 59 | ☽☌♀ | 0 44 | 30 | 03 28 | ☽☍☉ | 1 42 |
| 12 | 23 31 | ☽☌♀ | 2 35 | 27 | 19 25 | ☽☍♀ | 1 45 | 14 | 10 42 | ☽☌☿ | 0 57 | 30 | 16 04 | ☽☍☿ | 0 12 |
| 13 | 21 44 | ☽☌☿ | 1 29 | 29 | 08 33 | ☽☍☿ | 1 21 | 14 | 16 17 | ☽☌☉ | 0 18 | 31 | 08 10 | ☽☍♇ | 1 44 |
| 14 | 05 10 | ☽☍♅ | 2 52 | 30 | 09 30 | ☽☍☉ | 1 01 | 16 | 19 33 | ☽☌♇ | 1 45 | 31 | 21 56 | ☽☍♄ | 3 02 |
| 15 | 05 07 | ☽☌☉ | 2 17 | DECEMBER | | | | 17 | 05 34 | ☽☌♃ | 2 50 | | | | |
| 17 | 08 07 | ☿☍♅ | 1 28 | | | | | 17 | 06 28 | ☽☌♄ | 2 58 | | | | |
| 19 | 07 58 | ☽☌♇ | 1 41 | 4 | 00 22 | ☽☍♇ | 1 44 | 20 | 03 26 | ☉☌☿ | 1 27 | | | | |
| 19 | 09 43 | ☽☌♃ | 2 26 | 4 | 06 52 | ☽☍♃ | 2 40 | 20 | 23 34 | ☽☌♆ | 3 52 | | | | |

## PHENOMENA IN 2020

d h JANUARY
2 02 ☽ in Apogee
3 05 ☽ Zero Dec.
5 07 ⊕ in perihelion
10 06 ☽ Max. Dec.23°N13′
13 20 ☽ in Perigee
16 12 ☽ Zero Dec.
23 04 ☽ Max. Dec.23°S14′
29 22 ☽ in Apogee
30 12 ☽ Zero Dec.

FEBRUARY
1 18 ♂☋
6 16 ☽ Max. Dec.23°N16′
7 13 ☿☊
10 14 ☿ Gt.Elong. 18 ° E.
10 21 ☽ in Perigee
12 05 ☿ in perihelion
12 19 ☽ Zero Dec.
13 04 ♄☋
15 06 ♀☊
19 09 ☽ Max. Dec.23°S19′
26 02 ♃☋
26 12 ☽ in Apogee
26 18 ☽ Zero Dec.

MARCH
5 02 ☽ Max. Dec.23°N27′
10 07 ☽ in Perigee
11 04 ☽ Zero Dec.
16 20 ☿☋
17 14 ☽ Max. Dec.23°S32′
20 03 ♀ in perihelion
20 04 ☉ enters ♈,Equinox
24 02 ☿ Gt.Elong. 24 ° W.
24 16 ☽ in Apogee
24 22 ♀ Gt.Elong. 46 ° E.
25 00 ☽ Zero Dec.
27 05 ☿ in aphelion

APRIL
1 09 ☽ Max. Dec.23°N42′
7 15 ☽ Zero Dec.
7 18 ☽ in Perigee
13 21 ☽ Max. Dec.23°S48′
20 19 ☽ in Apogee
21 06 ☽ Zero Dec.
28 15 ☽ Max. Dec.23°N56′

d h MAY
5 02 ☽ Zero Dec.
5 12 ☿☊
6 03 ☽ in Perigee
10 04 ☿ in perihelion
11 06 ☽ Max. Dec.24°S00′
18 08 ☽ in Apogee
18 14 ☽ Zero Dec.
25 21 ☽ Max. Dec.24°N03′

JUNE
1 10 ☽ Zero Dec.
3 04 ☽ in Perigee
4 13 ☿ Gt.Elong. 24 ° E.
5 19 ♀☋
7 16 ☽ Max. Dec.24°S04′
12 19 ☿☋
14 21 ☽ Zero Dec.
15 01 ☽ in Apogee
20 22 ☉ enters ♋,Solstice
21 07 ● Annular eclipse
22 04 ☽ Max. Dec.24°N04′
23 04 ☿ in aphelion
28 16 ☽ Zero Dec.
30 02 ☽ in Perigee

JULY
4 12 ⊕ in aphelion
5 02 ☽ Max. Dec.24°S04′
10 14 ♀ in aphelion
12 05 ☽ Zero Dec.
12 19 ☽ in Apogee
19 12 ☽ Max. Dec.24°N04′
22 15 ☿ Gt.Elong. 20 ° W.
25 05 ☽ in Perigee
25 22 ☽ Zero Dec.

AUGUST
1 09 ☽ Max. Dec.24°S05′
1 12 ☿☊
3 09 ♂ in perihelion
6 04 ☿ in perihelion
8 12 ☽ Zero Dec.
9 14 ☽ in Apogee
13 00 ♀ Gt.Elong. 46 ° W.
15 21 ☽ Max. Dec.24°N09′
21 11 ☽ in Perigee
22 04 ☽ Zero Dec.
28 14 ☽ Max. Dec.24°S13′

d h SEPTEMBER
4 19 ☽ Zero Dec.
6 06 ☽ in Apogee
8 18 ☿☋
12 05 ☽ Max. Dec.24°N21′
18 13 ☽ Zero Dec.
18 14 ☽ in Perigee
19 03 ☿ in aphelion
22 14 ☉ enters ♎,Equinox
24 19 ☽ Max. Dec.24°S28′
26 22 ♀☊

OCTOBER
1 16 ☿ Gt.Elong. 26 ° E.
2 01 ☽ Zero Dec.
3 17 ☽ in Apogee
9 13 ☽ Max. Dec.24°N37′
16 00 ☽ Zero Dec.
17 00 ☽ in Perigee
22 02 ☽ Max. Dec.24°S42′
28 11 ☿☊
29 07 ☽ Zero Dec.
30 18 ☽ in Apogee
30 23 ♀ in perihelion

NOVEMBER
2 03 ☿ in perihelion
5 19 ☽ Max. Dec.24°N49′
10 17 ☿ Gt.Elong. 19 ° W.
12 11 ☽ Zero Dec.
14 12 ☽ in Perigee
18 12 ☽ Max. Dec.24°S51′
25 14 ☽ Zero Dec.
27 00 ☽ in Apogee

DECEMBER
2 03 ♂☊
3 01 ☽ Max. Dec.24°N53′
5 18 ☿☋
9 19 ☽ Zero Dec.
12 21 ☽ in Perigee
14 16 ● Total eclipse
15 22 ☽ Max. Dec.24°S53′
16 03 ☿ in aphelion
21 10 ☉ enters ♑,Solstice
22 21 ☽ Zero Dec.
24 16 ☽ in Apogee
30 08 ☽ Max. Dec.24°N52′

# LOCAL MEAN TIME OF SUNRISE FOR LATITUDES
## 60° North to 50° South
## FOR ALL SUNDAYS IN 2020 (ALL TIMES ARE A.M.)

| Date | Northern Latitudes | | | | | | | | | Southern Latitudes | | | | |
|---|---|---|---|---|---|---|---|---|---|---|---|---|---|---|
| | LON-DON | 60° | 55° | 50° | 40° | 30° | 20° | 10° | 0° | 10° | 20° | 30° | 40° | 50° |
| 2019 | h m | h m | h m | h m | h m | h m | h m | h m | h m | h m | h m | h m | h m | h m |
| Dec 29 | 8 5 | 9 3 | 8 25 | 7 58 | 7 21 | 6 55 | 6 33 | 6 15 | 5 58 | 5 40 | 5 22 | 5 0 | 4 32 | 3 52 |
| 2020 | | | | | | | | | | | | | | |
| Jan 5 | 8 5 | 9 0 | 8 24 | 7 57 | 7 22 | 6 56 | 6 36 | 6 18 | 6 1 | 5 44 | 5 26 | 5 4 | 4 38 | 3 59 |
| 12 | 8 2 | 8 52 | 8 19 | 7 55 | 7 21 | 6 56 | 6 37 | 6 20 | 6 4 | 5 48 | 5 30 | 5 11 | 4 44 | 4 8 |
| 19 | 7 55 | 8 41 | 8 12 | 7 50 | 7 18 | 6 56 | 6 37 | 6 22 | 6 7 | 5 51 | 5 35 | 5 16 | 4 52 | 4 18 |
| 26 | 7 48 | 8 28 | 8 2 | 7 42 | 7 14 | 6 54 | 6 37 | 6 22 | 6 9 | 5 54 | 5 40 | 5 23 | 5 1 | 4 30 |
| Feb 2 | 7 38 | 8 13 | 7 50 | 7 32 | 7 8 | 6 50 | 6 35 | 6 22 | 6 10 | 5 58 | 5 44 | 5 28 | 5 9 | 4 42 |
| 9 | 7 26 | 7 55 | 7 36 | 7 22 | 7 0 | 6 45 | 6 33 | 6 21 | 6 11 | 6 0 | 5 48 | 5 35 | 5 18 | 4 54 |
| 16 | 7 13 | 7 37 | 7 21 | 7 9 | 6 52 | 6 39 | 6 28 | 6 20 | 6 11 | 6 1 | 5 51 | 5 40 | 5 26 | 5 7 |
| 23 | 6 59 | 7 17 | 7 6 | 6 56 | 6 43 | 6 33 | 6 24 | 6 17 | 6 10 | 6 2 | 5 55 | 5 46 | 5 35 | 5 19 |
| Mar 1 | 6 44 | 6 57 | 6 48 | 6 43 | 6 33 | 6 25 | 6 20 | 6 14 | 6 9 | 6 3 | 5 58 | 5 51 | 5 42 | 5 31 |
| 8 | 6 29 | 6 36 | 6 32 | 6 27 | 6 22 | 6 18 | 6 14 | 6 11 | 6 7 | 6 4 | 6 0 | 5 56 | 5 50 | 5 43 |
| 15 | 6 13 | 6 15 | 6 14 | 6 12 | 6 11 | 6 9 | 6 8 | 6 7 | 6 5 | 6 4 | 6 2 | 6 0 | 5 58 | 5 54 |
| 22 | 5 57 | 5 54 | 5 56 | 5 58 | 6 0 | 6 1 | 6 2 | 6 2 | 6 3 | 6 4 | 6 4 | 6 4 | 6 5 | 6 5 |
| 29 | 5 41 | 5 33 | 5 38 | 5 42 | 5 48 | 5 52 | 5 56 | 5 59 | 6 1 | 6 3 | 6 6 | 6 9 | 6 12 | 6 16 |
| Apr 5 | 5 25 | 5 12 | 5 20 | 5 27 | 5 37 | 5 44 | 5 49 | 5 54 | 5 59 | 6 3 | 6 8 | 6 13 | 6 19 | 6 27 |
| 12 | 5 9 | 4 51 | 5 3 | 5 13 | 5 26 | 5 36 | 5 44 | 5 51 | 5 57 | 6 3 | 6 10 | 6 18 | 6 26 | 6 38 |
| 19 | 4 55 | 4 30 | 4 46 | 4 58 | 5 15 | 5 28 | 5 38 | 5 48 | 5 56 | 6 3 | 6 12 | 6 22 | 6 33 | 6 49 |
| 26 | 4 41 | 4 10 | 4 30 | 4 44 | 5 6 | 5 22 | 5 34 | 5 44 | 5 54 | 6 4 | 6 14 | 6 26 | 6 40 | 6 59 |
| May 3 | 4 27 | 3 52 | 4 15 | 4 32 | 4 57 | 5 15 | 5 29 | 5 41 | 5 53 | 6 4 | 6 16 | 6 31 | 6 47 | 7 10 |
| 10 | 4 15 | 3 33 | 4 0 | 4 20 | 4 49 | 5 9 | 5 26 | 5 39 | 5 52 | 6 5 | 6 19 | 6 34 | 6 54 | 7 20 |
| 17 | 4 5 | 3 16 | 3 48 | 4 10 | 4 42 | 5 5 | 5 23 | 5 38 | 5 52 | 6 7 | 6 22 | 6 39 | 7 0 | 7 29 |
| 24 | 3 56 | 3 2 | 3 37 | 4 3 | 4 37 | 5 2 | 5 21 | 5 37 | 5 53 | 6 9 | 6 24 | 6 44 | 7 7 | 7 39 |
| 31 | 3 48 | 2 50 | 3 29 | 3 56 | 4 33 | 5 0 | 5 20 | 5 37 | 5 54 | 6 10 | 6 27 | 6 47 | 7 12 | 7 46 |
| Jun 7 | 3 44 | 2 41 | 3 23 | 3 52 | 4 31 | 4 58 | 5 19 | 5 38 | 5 55 | 6 12 | 6 30 | 6 50 | 7 17 | 7 52 |
| 14 | 3 42 | 2 36 | 3 21 | 3 50 | 4 30 | 4 58 | 5 20 | 5 39 | 5 57 | 6 14 | 6 32 | 6 54 | 7 19 | 7 57 |
| 21 | 3 43 | 2 36 | 3 21 | 3 50 | 4 31 | 5 0 | 5 22 | 5 40 | 5 58 | 6 15 | 6 34 | 6 56 | 7 22 | 8 0 |
| 28 | 3 45 | 2 39 | 3 23 | 3 53 | 4 33 | 5 2 | 5 23 | 5 42 | 6 0 | 6 17 | 6 35 | 6 56 | 7 22 | 8 0 |
| Jul 5 | 3 50 | 2 48 | 3 30 | 3 58 | 4 37 | 5 4 | 5 26 | 5 44 | 6 1 | 6 18 | 6 35 | 6 56 | 7 21 | 7 58 |
| 12 | 3 57 | 2 59 | 3 37 | 4 5 | 4 41 | 5 7 | 5 28 | 5 46 | 6 2 | 6 18 | 6 35 | 6 55 | 7 19 | 7 53 |
| 19 | 4 6 | 3 12 | 3 47 | 4 12 | 4 47 | 5 12 | 5 30 | 5 47 | 6 2 | 6 18 | 6 34 | 6 53 | 7 16 | 7 47 |
| 26 | 4 15 | 3 27 | 3 59 | 4 21 | 4 53 | 5 15 | 5 33 | 5 48 | 6 3 | 6 17 | 6 32 | 6 49 | 7 10 | 7 39 |
| Aug 2 | 4 26 | 3 44 | 4 11 | 4 31 | 5 0 | 5 19 | 5 36 | 5 49 | 6 2 | 6 15 | 6 29 | 6 44 | 7 3 | 7 29 |
| 9 | 4 37 | 4 0 | 4 24 | 4 41 | 5 6 | 5 24 | 5 38 | 5 50 | 6 2 | 6 13 | 6 25 | 6 38 | 6 55 | 7 18 |
| 16 | 4 48 | 4 18 | 4 37 | 4 52 | 5 13 | 5 28 | 5 40 | 5 50 | 6 0 | 6 11 | 6 21 | 6 32 | 6 46 | 7 5 |
| 23 | 4 58 | 4 34 | 4 50 | 5 2 | 5 19 | 5 32 | 5 42 | 5 51 | 5 59 | 6 7 | 6 15 | 6 25 | 6 36 | 6 52 |
| 30 | 5 9 | 4 51 | 5 3 | 5 13 | 5 26 | 5 36 | 5 44 | 5 50 | 5 57 | 6 3 | 6 10 | 6 17 | 6 26 | 6 37 |
| Sep 6 | 5 21 | 5 7 | 5 16 | 5 23 | 5 33 | 5 39 | 5 46 | 5 50 | 5 54 | 5 59 | 6 3 | 6 9 | 6 14 | 6 22 |
| 13 | 5 32 | 5 24 | 5 29 | 5 33 | 5 39 | 5 43 | 5 47 | 5 49 | 5 52 | 5 54 | 5 58 | 6 0 | 6 3 | 6 8 |
| 20 | 5 43 | 5 40 | 5 42 | 5 43 | 5 46 | 5 47 | 5 48 | 5 49 | 5 50 | 5 50 | 5 51 | 5 51 | 5 52 | 5 52 |
| 27 | 5 54 | 5 57 | 5 56 | 5 54 | 5 52 | 5 51 | 5 50 | 5 48 | 5 48 | 5 46 | 5 45 | 5 42 | 5 40 | 5 37 |
| Oct 4 | 6 6 | 6 13 | 6 9 | 6 5 | 6 0 | 5 55 | 5 51 | 5 48 | 5 45 | 5 42 | 5 38 | 5 34 | 5 29 | 5 22 |
| 11 | 6 18 | 6 30 | 6 22 | 6 16 | 6 7 | 6 0 | 5 53 | 5 48 | 5 43 | 5 38 | 5 33 | 5 26 | 5 17 | 5 6 |
| 18 | 6 30 | 6 47 | 6 36 | 6 27 | 6 13 | 6 4 | 5 56 | 5 48 | 5 41 | 5 35 | 5 27 | 5 18 | 5 7 | 4 52 |
| 25 | 6 42 | 7 5 | 6 50 | 6 38 | 6 22 | 6 9 | 5 59 | 5 49 | 5 40 | 5 31 | 5 22 | 5 11 | 4 57 | 4 39 |
| Nov 1 | 6 54 | 7 23 | 7 4 | 6 50 | 6 29 | 6 14 | 6 1 | 5 50 | 5 40 | 5 29 | 5 18 | 5 5 | 4 49 | 4 26 |
| 8 | 7 7 | 7 41 | 7 18 | 7 1 | 6 37 | 6 20 | 6 5 | 5 52 | 5 40 | 5 28 | 5 14 | 5 0 | 4 41 | 4 14 |
| 15 | 7 18 | 7 58 | 7 32 | 7 13 | 6 45 | 6 25 | 6 9 | 5 54 | 5 41 | 5 27 | 5 13 | 4 55 | 4 34 | 4 4 |
| 22 | 7 30 | 8 15 | 7 46 | 7 24 | 6 53 | 6 31 | 6 13 | 5 57 | 5 42 | 5 27 | 5 12 | 4 52 | 4 29 | 3 56 |
| 29 | 7 41 | 8 31 | 7 58 | 7 34 | 7 0 | 6 36 | 6 18 | 6 0 | 5 45 | 5 28 | 5 11 | 4 51 | 4 26 | 3 49 |
| Dec 6 | 7 50 | 8 45 | 8 8 | 7 43 | 7 7 | 6 42 | 6 22 | 6 4 | 5 47 | 5 30 | 5 12 | 4 51 | 4 24 | 3 46 |
| 13 | 7 57 | 8 55 | 8 17 | 7 51 | 7 13 | 6 47 | 6 26 | 6 8 | 5 50 | 5 33 | 5 14 | 4 52 | 4 24 | 3 45 |
| 20 | 8 3 | 9 1 | 8 23 | 7 55 | 7 18 | 6 51 | 6 30 | 6 11 | 5 54 | 5 36 | 5 17 | 4 55 | 4 27 | 3 46 |
| 27 | 8 5 | 9 3 | 8 25 | 7 58 | 7 20 | 6 54 | 6 33 | 6 14 | 5 58 | 5 40 | 5 21 | 4 59 | 4 31 | 3 50 |
| 2021 | | | | | | | | | | | | | | |
| Jan 3 | 8 5 | 9 0 | 8 24 | 7 58 | 7 22 | 6 56 | 6 35 | 6 18 | 6 0 | 5 43 | 5 25 | 5 3 | 4 37 | 3 57 |

Example: To find the time of Sunrise in Jamaica (Latitude 18°N) on Thursday, June 25, 2020. On June 21 L.M.T. = 5h.22m. + 2/10 x 18m. = 5h.26m., on June 28 L.M.T. = 5h.23m. + 2/10 x 19m. = 5h.27m. therefore L.M.T. on June 25 = 5h.26m. + 4/7 x 1m. = 5h.27m. A.M.

# LOCAL MEAN TIME OF SUNSET FOR LATITUDES
## 60° North to 50° South
## FOR ALL SUNDAYS IN 2020 (ALL TIMES ARE P.M.)

| Date | Northern Latitudes | | | | | | | | | Southern Latitudes | | | | |
|---|---|---|---|---|---|---|---|---|---|---|---|---|---|---|
| | LON-DON | 60° | 55° | 50° | 40° | 30° | 20° | 10° | 0° | 10° | 20° | 30° | 40° | 50° |
| 2019 | h m | h m | h m | h m | h m | h m | h m | h m | h m | h m | h m | h m | h m | h m |
| Dec 29 | 3 58 | 3 0 | 3 38 | 4 6 | 4 42 | 5 8 | 5 29 | 5 48 | 6 5 | 6 23 | 6 42 | 7 4 | 7 31 | 8 12 |
| 2020 | | | | | | | | | | | | | | |
| Jan 5 | 4 5 | 3 11 | 3 46 | 4 12 | 4 48 | 5 14 | 5 34 | 5 52 | 6 9 | 6 25 | 6 44 | 7 5 | 7 32 | 8 11 |
| 12 | 4 15 | 3 24 | 3 57 | 4 21 | 4 55 | 5 19 | 5 38 | 5 56 | 6 11 | 6 27 | 6 45 | 7 5 | 7 30 | 8 7 |
| 19 | 4 26 | 3 39 | 4 9 | 4 31 | 5 3 | 5 25 | 5 43 | 5 59 | 6 14 | 6 29 | 6 45 | 7 4 | 7 28 | 8 2 |
| 26 | 4 38 | 3 57 | 4 23 | 4 43 | 5 11 | 5 31 | 5 48 | 6 2 | 6 16 | 6 30 | 6 45 | 7 1 | 7 23 | 7 53 |
| Feb 2 | 4 50 | 4 15 | 4 38 | 4 54 | 5 19 | 5 37 | 5 52 | 6 4 | 6 17 | 6 29 | 6 43 | 6 57 | 7 17 | 7 43 |
| 9 | 5 3 | 4 33 | 4 52 | 5 7 | 5 27 | 5 43 | 5 56 | 6 7 | 6 18 | 6 28 | 6 39 | 6 53 | 7 9 | 7 32 |
| 16 | 5 15 | 4 52 | 5 7 | 5 19 | 5 36 | 5 49 | 5 59 | 6 9 | 6 17 | 6 26 | 6 35 | 6 47 | 7 0 | 7 19 |
| 23 | 5 28 | 5 10 | 5 22 | 5 31 | 5 44 | 5 54 | 6 2 | 6 10 | 6 16 | 6 23 | 6 31 | 6 40 | 6 51 | 7 6 |
| Mar 1 | 5 41 | 5 28 | 5 37 | 5 42 | 5 52 | 5 59 | 6 5 | 6 11 | 6 15 | 6 21 | 6 26 | 6 33 | 6 41 | 6 52 |
| 8 | 5 53 | 5 46 | 5 50 | 5 54 | 6 0 | 6 4 | 6 8 | 6 11 | 6 13 | 6 17 | 6 21 | 6 24 | 6 30 | 6 37 |
| 15 | 6 5 | 6 3 | 6 4 | 6 5 | 6 7 | 6 9 | 6 10 | 6 11 | 6 12 | 6 13 | 6 14 | 6 16 | 6 19 | 6 22 |
| 22 | 6 17 | 6 20 | 6 18 | 6 16 | 6 14 | 6 12 | 6 11 | 6 11 | 6 10 | 6 9 | 6 9 | 6 8 | 6 8 | 6 7 |
| 29 | 6 29 | 6 37 | 6 32 | 6 27 | 6 22 | 6 17 | 6 13 | 6 11 | 6 8 | 6 5 | 6 2 | 6 0 | 5 56 | 5 51 |
| Apr 5 | 6 41 | 6 55 | 6 45 | 6 38 | 6 28 | 6 21 | 6 15 | 6 10 | 6 5 | 6 1 | 5 57 | 5 51 | 5 45 | 5 37 |
| 12 | 6 52 | 7 11 | 6 59 | 6 49 | 6 35 | 6 25 | 6 18 | 6 10 | 6 3 | 5 58 | 5 50 | 5 43 | 5 34 | 5 22 |
| 19 | 7 4 | 7 29 | 7 12 | 7 0 | 6 43 | 6 30 | 6 20 | 6 11 | 6 2 | 5 54 | 5 46 | 5 36 | 5 24 | 5 8 |
| 26 | 7 16 | 7 46 | 7 27 | 7 11 | 6 50 | 6 34 | 6 22 | 6 11 | 6 1 | 5 51 | 5 40 | 5 29 | 5 14 | 4 55 |
| May 3 | 7 27 | 8 3 | 7 40 | 7 22 | 6 57 | 6 38 | 6 24 | 6 11 | 6 0 | 5 48 | 5 37 | 5 23 | 5 5 | 4 42 |
| 10 | 7 39 | 8 21 | 7 53 | 7 32 | 7 4 | 6 43 | 6 27 | 6 13 | 6 0 | 5 47 | 5 33 | 5 17 | 4 58 | 4 31 |
| 17 | 7 49 | 8 37 | 8 5 | 7 42 | 7 10 | 6 47 | 6 30 | 6 14 | 6 0 | 5 46 | 5 30 | 5 13 | 4 52 | 4 22 |
| 24 | 7 58 | 8 53 | 8 17 | 7 52 | 7 17 | 6 52 | 6 33 | 6 16 | 6 0 | 5 45 | 5 28 | 5 10 | 4 46 | 4 15 |
| 31 | 8 7 | 9 7 | 8 27 | 8 0 | 7 22 | 6 56 | 6 35 | 6 18 | 6 1 | 5 45 | 5 27 | 5 7 | 4 43 | 4 8 |
| Jun 7 | 8 14 | 9 17 | 8 35 | 8 6 | 7 27 | 6 59 | 6 38 | 6 20 | 6 2 | 5 46 | 5 27 | 5 7 | 4 41 | 4 5 |
| 14 | 8 18 | 9 24 | 8 40 | 8 11 | 7 30 | 7 2 | 6 40 | 6 22 | 6 4 | 5 47 | 5 28 | 5 7 | 4 41 | 4 3 |
| 21 | 8 21 | 9 27 | 8 43 | 8 13 | 7 32 | 7 4 | 6 42 | 6 23 | 6 5 | 5 48 | 5 29 | 5 8 | 4 41 | 4 4 |
| 28 | 8 21 | 9 26 | 8 42 | 8 13 | 7 32 | 7 5 | 6 43 | 6 24 | 6 7 | 5 49 | 5 31 | 5 10 | 4 44 | 4 7 |
| Jul 5 | 8 18 | 9 21 | 8 39 | 8 11 | 7 31 | 7 5 | 6 44 | 6 25 | 6 8 | 5 51 | 5 34 | 5 13 | 4 48 | 4 11 |
| 12 | 8 13 | 9 11 | 8 33 | 8 6 | 7 29 | 7 3 | 6 43 | 6 25 | 6 9 | 5 53 | 5 36 | 5 16 | 4 52 | 4 18 |
| 19 | 8 6 | 8 59 | 8 24 | 7 59 | 7 25 | 7 0 | 6 42 | 6 25 | 6 10 | 5 54 | 5 38 | 5 20 | 4 57 | 4 26 |
| 26 | 7 56 | 8 43 | 8 13 | 7 51 | 7 19 | 6 57 | 6 39 | 6 24 | 6 10 | 5 56 | 5 41 | 5 24 | 5 3 | 4 34 |
| Aug 2 | 7 45 | 8 26 | 8 0 | 7 40 | 7 12 | 6 52 | 6 36 | 6 22 | 6 10 | 5 57 | 5 43 | 5 28 | 5 9 | 4 43 |
| 9 | 7 33 | 8 8 | 7 45 | 7 29 | 7 4 | 6 46 | 6 32 | 6 20 | 6 9 | 5 58 | 5 46 | 5 32 | 5 15 | 4 53 |
| 16 | 7 19 | 7 49 | 7 30 | 7 16 | 6 55 | 6 39 | 6 27 | 6 17 | 6 8 | 5 58 | 5 48 | 5 36 | 5 22 | 5 3 |
| 23 | 7 5 | 7 29 | 7 13 | 7 1 | 6 45 | 6 32 | 6 22 | 6 13 | 6 5 | 5 58 | 5 49 | 5 40 | 5 29 | 5 14 |
| 30 | 6 49 | 7 8 | 6 56 | 6 47 | 6 34 | 6 24 | 6 16 | 6 10 | 6 3 | 5 58 | 5 51 | 5 44 | 5 36 | 5 24 |
| Sep 6 | 6 34 | 6 47 | 6 38 | 6 32 | 6 22 | 6 16 | 6 11 | 6 5 | 6 1 | 5 57 | 5 52 | 5 48 | 5 42 | 5 34 |
| 13 | 6 18 | 6 26 | 6 21 | 6 17 | 6 11 | 6 7 | 6 4 | 6 1 | 5 59 | 5 57 | 5 54 | 5 51 | 5 48 | 5 45 |
| 20 | 6 2 | 6 4 | 6 3 | 6 1 | 6 0 | 5 59 | 5 58 | 5 57 | 5 57 | 5 56 | 5 56 | 5 55 | 5 55 | 5 54 |
| 27 | 5 46 | 5 43 | 5 45 | 5 46 | 5 48 | 5 49 | 5 51 | 5 52 | 5 54 | 5 56 | 5 57 | 5 59 | 6 1 | 6 5 |
| Oct 4 | 5 30 | 5 22 | 5 27 | 5 31 | 5 37 | 5 41 | 5 45 | 5 48 | 5 51 | 5 55 | 5 59 | 6 3 | 6 9 | 6 16 |
| 11 | 5 14 | 5 2 | 5 9 | 5 16 | 5 26 | 5 33 | 5 39 | 5 45 | 5 49 | 5 55 | 6 0 | 6 8 | 6 15 | 6 27 |
| 18 | 5 0 | 4 41 | 4 53 | 5 2 | 5 15 | 5 26 | 5 34 | 5 41 | 5 48 | 5 56 | 6 3 | 6 12 | 6 23 | 6 38 |
| 25 | 4 45 | 4 21 | 4 37 | 4 49 | 5 5 | 5 18 | 5 29 | 5 38 | 5 47 | 5 56 | 6 6 | 6 17 | 6 31 | 6 50 |
| Nov 1 | 4 32 | 4 3 | 4 21 | 4 36 | 4 57 | 5 13 | 5 25 | 5 36 | 5 47 | 5 58 | 6 9 | 6 22 | 6 39 | 7 2 |
| 8 | 4 20 | 3 45 | 4 8 | 4 25 | 4 50 | 5 7 | 5 22 | 5 35 | 5 47 | 6 0 | 6 12 | 6 28 | 6 47 | 7 14 |
| 15 | 4 9 | 3 30 | 3 56 | 4 15 | 4 43 | 5 3 | 5 20 | 5 35 | 5 48 | 6 2 | 6 16 | 6 34 | 6 56 | 7 26 |
| 22 | 4 1 | 3 15 | 3 45 | 4 7 | 4 39 | 5 1 | 5 19 | 5 35 | 5 49 | 6 4 | 6 21 | 6 39 | 7 4 | 7 37 |
| 29 | 3 55 | 3 4 | 3 38 | 4 2 | 4 35 | 5 0 | 5 19 | 5 36 | 5 52 | 6 8 | 6 25 | 6 45 | 7 11 | 7 48 |
| Dec 6 | 3 52 | 2 57 | 3 33 | 3 58 | 4 34 | 5 0 | 5 20 | 5 38 | 5 54 | 6 11 | 6 30 | 6 51 | 7 18 | 7 56 |
| 13 | 3 50 | 2 53 | 3 31 | 3 58 | 4 35 | 5 1 | 5 22 | 5 40 | 5 58 | 6 15 | 6 34 | 6 56 | 7 23 | 8 4 |
| 20 | 3 53 | 2 53 | 3 33 | 4 0 | 4 38 | 5 4 | 5 26 | 5 44 | 6 1 | 6 19 | 6 38 | 7 0 | 7 28 | 8 9 |
| 27 | 3 57 | 2 59 | 3 37 | 4 4 | 4 41 | 5 8 | 5 29 | 5 48 | 6 5 | 6 22 | 6 41 | 7 3 | 7 31 | 8 11 |
| 2021 | | | | | | | | | | | | | | |
| Jan 3 | 4 4 | 3 9 | 3 45 | 4 11 | 4 47 | 5 13 | 5 33 | 5 51 | 6 8 | 6 25 | 6 44 | 7 5 | 7 32 | 8 11 |

Example: To find the time of Sunset in Canberra (Latitude 35.3°S) on Thursday, July 16, 2020. On July 12 L.M.T. = 5h.16m. - 5.3/10 x 24m. = 5h.03m., on July 19 L.M.T. = 5h.20m. - 3.5/10 x 23m. = 5h.08m. so L.M.T. on July 16 = 5h.03m. + 4/7 x 5m. = 5h.06m. P.M.

## TABLES OF HOUSES FOR LONDON, Latitude 51° 32' N.

| Sidereal Time | 10 ♈ | 11 ♉ | 12 ♊ | Ascen ♋ | 2 ♌ | 3 ♍ |
|---|---|---|---|---|---|---|
| H. M. S. | ° | ° | ° | ° ' | ° | ° |
| 0 0 0 | 0 | 9 | 22 | 26 36 | 13 | 3 |
| 0 3 40 | 1 | 10 | 23 | 27 16 | 13 | 3 |
| 0 7 20 | 2 | 11 | 24 | 27 56 | 14 | 4 |
| 0 11 1 | 3 | 12 | 25 | 28 36 | 15 | 5 |
| 0 14 41 | 4 | 13 | 26 | 29 16 | 15 | 6 |
| 0 18 21 | 5 | 14 | 27 | 29 56 | 16 | 7 |
| 0 22 2 | 6 | 15 | 28 | 0♌36 | 17 | 8 |
| 0 25 43 | 7 | 16 | 29 | 1 16 | 18 | 8 |
| 0 29 23 | 8 | 17 | 29 | 1 55 | 18 | 9 |
| 0 33 4 | 9 | 18 | ♋ | 2 35 | 19 | 10 |
| 0 36 45 | 10 | 19 | 1 | 3 15 | 20 | 11 |
| 0 40 27 | 11 | 21 | 2 | 3 54 | 21 | 12 |
| 0 44 8 | 12 | 22 | 3 | 4 34 | 21 | 13 |
| 0 47 50 | 13 | 23 | 4 | 5 13 | 22 | 13 |
| 0 51 32 | 14 | 24 | 4 | 5 53 | 23 | 14 |
| 0 55 15 | 15 | 25 | 5 | 6 33 | 23 | 15 |
| 0 58 58 | 16 | 26 | 6 | 7 12 | 24 | 16 |
| 1 2 41 | 17 | 27 | 7 | 7 52 | 25 | 17 |
| 1 6 24 | 18 | 28 | 8 | 8 31 | 26 | 18 |
| 1 10 8 | 19 | 29 | 9 | 9 11 | 26 | 19 |
| 1 13 52 | 20 | ♊ | 9 | 9 50 | 27 | 19 |
| 1 17 36 | 21 | 1 | 10 | 10 30 | 28 | 20 |
| 1 21 21 | 22 | 2 | 11 | 11 9 | 29 | 21 |
| 1 25 7 | 23 | 3 | 12 | 11 49 | 29 | 22 |
| 1 28 53 | 24 | 4 | 12 | 12 29 | ♍ | 23 |
| 1 32 39 | 25 | 5 | 13 | 13 8 | 1 | 24 |
| 1 36 26 | 26 | 6 | 14 | 13 48 | 1 | 25 |
| 1 40 13 | 27 | 7 | 15 | 14 28 | 2 | 25 |
| 1 44 1 | 28 | 8 | 16 | 15 8 | 3 | 26 |
| 1 47 50 | 29 | 9 | 16 | 15 48 | 4 | 27 |
| 1 51 39 | 30 | 10 | 17 | 16 28 | 4 | 28 |

| Sidereal Time | 10 ♉ | 11 ♊ | 12 ♋ | Ascen ♌ | 2 ♍ | 3 ♍ |
|---|---|---|---|---|---|---|
| H. M. S. | ° | ° | ° | ° ' | ° | ° |
| 1 51 39 | 0 | 10 | 17 | 16 28 | 4 | 28 |
| 1 55 28 | 1 | 11 | 18 | 17 8 | 5 | 29 |
| 1 59 18 | 2 | 12 | 19 | 17 48 | 6 | ♎ |
| 2 3 9 | 3 | 13 | 20 | 18 29 | 7 | 1 |
| 2 7 0 | 4 | 14 | 20 | 19 9 | 8 | 2 |
| 2 10 52 | 5 | 15 | 21 | 19 50 | 8 | 3 |
| 2 14 45 | 6 | 15 | 22 | 20 30 | 9 | 3 |
| 2 18 38 | 7 | 16 | 23 | 21 11 | 10 | 4 |
| 2 22 32 | 8 | 17 | 23 | 21 52 | 11 | 5 |
| 2 26 27 | 9 | 18 | 24 | 22 33 | 11 | 6 |
| 2 30 22 | 10 | 19 | 25 | 23 14 | 12 | 7 |
| 2 34 18 | 11 | 20 | 26 | 23 55 | 13 | 8 |
| 2 38 15 | 12 | 21 | 27 | 24 36 | 14 | 9 |
| 2 42 12 | 13 | 22 | 27 | 25 18 | 14 | 10 |
| 2 46 10 | 14 | 23 | 28 | 25 59 | 15 | 11 |
| 2 50 9 | 15 | 24 | 29 | 26 41 | 16 | 12 |
| 2 54 8 | 16 | 25 | ♌ | 27 23 | 17 | 12 |
| 2 58 8 | 17 | 26 | 1 | 28 4 | 18 | 13 |
| 3 2 9 | 18 | 27 | 1 | 28 47 | 18 | 14 |
| 3 6 11 | 19 | 28 | 2 | 29 29 | 19 | 15 |
| 3 10 13 | 20 | 29 | 3 | 0♍11 | 20 | 16 |
| 3 14 16 | 21 | ♋ | 4 | 0 53 | 21 | 17 |
| 3 18 20 | 22 | 1 | 5 | 1 36 | 22 | 18 |
| 3 22 25 | 23 | 1 | 5 | 2 19 | 22 | 19 |
| 3 26 30 | 24 | 2 | 6 | 3 2 | 23 | 20 |
| 3 30 36 | 25 | 3 | 7 | 3 45 | 24 | 21 |
| 3 34 43 | 26 | 4 | 8 | 4 28 | 25 | 22 |
| 3 38 50 | 27 | 5 | 9 | 5 11 | 26 | 23 |
| 3 42 58 | 28 | 6 | 9 | 5 55 | 27 | 24 |
| 3 47 7 | 29 | 7 | 10 | 6 38 | 27 | 25 |
| 3 51 17 | 30 | 8 | 11 | 7 22 | 28 | 25 |

| Sidereal Time | 10 ♊ | 11 ♋ | 12 ♌ | Ascen ♍ | 2 ♍ | 3 ♎ |
|---|---|---|---|---|---|---|
| H. M. S. | ° | ° | ° | ° ' | ° | ° |
| 3 51 17 | 0 | 8 | 11 | 7 22 | 28 | 25 |
| 3 55 27 | 1 | 9 | 12 | 8 6 | 29 | 26 |
| 3 59 38 | 2 | 10 | 13 | 8 50 | ♎ | 27 |
| 4 3 49 | 3 | 11 | 13 | 9 34 | 1 | 28 |
| 4 8 1 | 4 | 12 | 14 | 10 18 | 2 | 29 |
| 4 12 14 | 5 | 13 | 15 | 11 2 | 2 | ♏ |
| 4 16 27 | 6 | 14 | 16 | 11 47 | 3 | 1 |
| 4 20 41 | 7 | 14 | 17 | 12 31 | 4 | 2 |
| 4 24 56 | 8 | 15 | 17 | 13 16 | 5 | 3 |
| 4 29 11 | 9 | 16 | 18 | 14 1 | 6 | 4 |
| 4 33 27 | 10 | 17 | 19 | 14 46 | 7 | 5 |
| 4 37 43 | 11 | 18 | 20 | 15 31 | 8 | 6 |
| 4 42 0 | 12 | 19 | 21 | 16 16 | 8 | 7 |
| 4 46 17 | 13 | 20 | 22 | 17 1 | 9 | 8 |
| 4 50 35 | 14 | 21 | 22 | 17 46 | 10 | 9 |
| 4 54 53 | 15 | 22 | 23 | 18 32 | 11 | 10 |
| 4 59 11 | 16 | 23 | 24 | 19 17 | 12 | 11 |
| 5 3 30 | 17 | 24 | 25 | 20 3 | 13 | 12 |
| 5 7 50 | 18 | 25 | 26 | 20 48 | 14 | 13 |
| 5 12 9 | 19 | 26 | 27 | 21 34 | 14 | 13 |
| 5 16 29 | 20 | 27 | 28 | 22 20 | 15 | 14 |
| 5 20 49 | 21 | 28 | 28 | 23 6 | 16 | 15 |
| 5 25 10 | 22 | 29 | 29 | 23 52 | 17 | 16 |
| 5 29 31 | 23 | 29 | ♍ | 24 38 | 18 | 17 |
| 5 33 52 | 24 | ♌ | 1 | 25 24 | 19 | 18 |
| 5 38 13 | 25 | 1 | 2 | 26 10 | 20 | 19 |
| 5 42 34 | 26 | 2 | 3 | 26 56 | 20 | 20 |
| 5 46 55 | 27 | 3 | 4 | 27 42 | 21 | 21 |
| 5 51 17 | 28 | 4 | 4 | 28 28 | 22 | 22 |
| 5 55 38 | 29 | 5 | 5 | 29 14 | 23 | 23 |
| 6 0 0 | 30 | 6 | 6 | 0♎ 0 | 24 | 24 |

| Sidereal Time | 10 ♋ | 11 ♌ | 12 ♍ | Ascen ♎ | 2 ♎ | 3 ♏ |
|---|---|---|---|---|---|---|
| H. M. S. | ° | ° | ° | ° ' | ° | ° |
| 6 0 0 | 0 | 6 | 6 | 0 0 | 24 | 24 |
| 6 4 22 | 1 | 7 | 7 | 0 46 | 25 | 25 |
| 6 8 43 | 2 | 8 | 8 | 1 32 | 26 | 26 |
| 6 13 5 | 3 | 9 | 9 | 2 18 | 26 | 27 |
| 6 17 26 | 4 | 10 | 10 | 3 4 | 27 | 28 |
| 6 21 47 | 5 | 11 | 10 | 3 50 | 28 | 29 |
| 6 26 8 | 6 | 12 | 11 | 4 36 | 29 | ♐ |
| 6 30 29 | 7 | 13 | 12 | 5 22 | ♏ | 1 |
| 6 34 50 | 8 | 14 | 13 | 6 8 | 1 | 1 |
| 6 39 11 | 9 | 15 | 14 | 6 54 | 2 | 2 |
| 6 43 31 | 10 | 16 | 15 | 7 40 | 2 | 3 |
| 6 47 51 | 11 | 17 | 16 | 8 26 | 3 | 4 |
| 6 52 10 | 12 | 17 | 16 | 9 12 | 4 | 5 |
| 6 56 30 | 13 | 18 | 17 | 9 57 | 5 | 6 |
| 7 0 49 | 14 | 19 | 18 | 10 43 | 6 | 7 |
| 7 5 7 | 15 | 20 | 19 | 11 28 | 7 | 8 |
| 7 9 25 | 16 | 21 | 20 | 12 14 | 8 | 9 |
| 7 13 43 | 17 | 22 | 21 | 12 59 | 8 | 10 |
| 7 18 0 | 18 | 23 | 22 | 13 44 | 9 | 11 |
| 7 22 17 | 19 | 24 | 22 | 14 29 | 10 | 12 |
| 7 26 33 | 20 | 25 | 23 | 15 14 | 11 | 13 |
| 7 30 49 | 21 | 26 | 24 | 15 59 | 12 | 14 |
| 7 35 4 | 22 | 27 | 25 | 16 44 | 13 | 15 |
| 7 39 19 | 23 | 28 | 26 | 17 29 | 13 | 16 |
| 7 43 33 | 24 | 29 | 27 | 18 13 | 14 | 16 |
| 7 47 46 | 25 | ♍ | 28 | 18 58 | 15 | 17 |
| 7 51 59 | 26 | 1 | 28 | 19 42 | 16 | 18 |
| 7 56 11 | 27 | 2 | 29 | 20 26 | 17 | 19 |
| 8 0 22 | 28 | 3 | ♎ | 21 10 | 17 | 20 |
| 8 4 33 | 29 | 4 | 1 | 21 54 | 18 | 21 |
| 8 8 43 | 30 | 5 | 2 | 22 38 | 19 | 22 |

| Sidereal Time | 10 ♌ | 11 ♍ | 12 ♎ | Ascen ♎ | 2 ♏ | 3 ♐ |
|---|---|---|---|---|---|---|
| H. M. S. | ° | ° | ° | ° ' | ° | ° |
| 8 8 43 | 0 | 5 | 2 | 22 38 | 19 | 22 |
| 8 12 53 | 1 | 5 | 3 | 23 22 | 20 | 23 |
| 8 17 2 | 2 | 6 | 3 | 24 6 | 21 | 24 |
| 8 21 10 | 3 | 7 | 4 | 24 49 | 21 | 25 |
| 8 25 17 | 4 | 8 | 5 | 25 32 | 22 | 26 |
| 8 29 24 | 5 | 9 | 6 | 26 15 | 23 | 27 |
| 8 33 30 | 6 | 10 | 7 | 26 58 | 24 | 28 |
| 8 37 35 | 7 | 11 | 8 | 27 41 | 25 | 29 |
| 8 41 40 | 8 | 12 | 8 | 28 24 | 25 | 29 |
| 8 45 44 | 9 | 13 | 9 | 29 7 | 26 | ♑ |
| 8 49 47 | 10 | 14 | 10 | 29 49 | 27 | 1 |
| 8 53 49 | 11 | 15 | 11 | 0♏31 | 28 | 2 |
| 8 57 51 | 12 | 16 | 12 | 1 14 | 29 | 3 |
| 9 1 52 | 13 | 17 | 12 | 1 56 | 29 | 4 |
| 9 5 52 | 14 | 18 | 13 | 2 37 | ♐ | 5 |
| 9 9 51 | 15 | 18 | 14 | 3 19 | 1 | 6 |
| 9 13 50 | 16 | 19 | 15 | 4 1 | 2 | 7 |
| 9 17 48 | 17 | 20 | 16 | 4 42 | 3 | 8 |
| 9 21 45 | 18 | 21 | 16 | 5 24 | 3 | 9 |
| 9 25 42 | 19 | 22 | 17 | 6 5 | 4 | 10 |
| 9 29 38 | 20 | 23 | 18 | 6 46 | 5 | 11 |
| 9 33 33 | 21 | 24 | 19 | 7 27 | 6 | 12 |
| 9 37 28 | 22 | 25 | 19 | 8 8 | 7 | 13 |
| 9 41 22 | 23 | 26 | 20 | 8 49 | 7 | 14 |
| 9 45 15 | 24 | 27 | 21 | 9 30 | 8 | 15 |
| 9 49 8 | 25 | 27 | 22 | 10 10 | 9 | 15 |
| 9 53 0 | 26 | 28 | 22 | 10 51 | 10 | 16 |
| 9 56 51 | 27 | 29 | 23 | 11 31 | 10 | 17 |
| 10 0 42 | 28 | ♎ | 24 | 12 12 | 11 | 18 |
| 10 4 32 | 29 | 1 | 25 | 12 52 | 12 | 19 |
| 10 8 21 | 30 | 2 | 26 | 13 32 | 13 | 20 |

| Sidereal Time | 10 ♍ | 11 ♎ | 12 ♎ | Ascen ♏ | 2 ♐ | 3 ♑ |
|---|---|---|---|---|---|---|
| H. M. S. | ° | ° | ° | ° ' | ° | ° |
| 10 8 21 | 0 | 2 | 26 | 13 32 | 13 | 20 |
| 10 12 10 | 1 | 3 | 26 | 14 12 | 14 | 21 |
| 10 15 59 | 2 | 4 | 27 | 14 52 | 14 | 22 |
| 10 19 47 | 3 | 5 | 28 | 15 32 | 15 | 23 |
| 10 23 34 | 4 | 5 | 29 | 16 12 | 16 | 24 |
| 10 27 21 | 5 | 6 | 29 | 16 52 | 17 | 25 |
| 10 31 7 | 6 | 7 | ♏ | 17 31 | 18 | 26 |
| 10 34 53 | 7 | 8 | 1 | 18 11 | 18 | 27 |
| 10 38 39 | 8 | 9 | 1 | 18 51 | 19 | 28 |
| 10 42 24 | 9 | 10 | 2 | 19 30 | 20 | 29 |
| 10 46 8 | 10 | 11 | 3 | 20 10 | 21 | ♒ |
| 10 49 52 | 11 | 11 | 4 | 20 49 | 21 | 1 |
| 10 53 36 | 12 | 12 | 4 | 21 29 | 22 | 2 |
| 10 57 19 | 13 | 13 | 5 | 22 8 | 23 | 3 |
| 11 1 2 | 14 | 14 | 6 | 22 48 | 24 | 4 |
| 11 4 45 | 15 | 15 | 7 | 23 28 | 25 | 5 |
| 11 8 28 | 16 | 16 | 7 | 24 7 | 26 | 6 |
| 11 12 10 | 17 | 17 | 8 | 24 47 | 26 | 7 |
| 11 15 52 | 18 | 17 | 9 | 25 26 | 27 | 8 |
| 11 19 33 | 19 | 18 | 9 | 26 6 | 28 | 9 |
| 11 23 15 | 20 | 19 | 10 | 26 45 | 29 | 11 |
| 11 26 56 | 21 | 20 | 11 | 27 25 | ♑ | 12 |
| 11 30 37 | 22 | 21 | 12 | 28 5 | 1 | 13 |
| 11 34 17 | 23 | 22 | 12 | 28 44 | 1 | 14 |
| 11 37 58 | 24 | 22 | 13 | 29 24 | 2 | 15 |
| 11 41 39 | 25 | 23 | 14 | 0♐ 4 | 3 | 16 |
| 11 45 19 | 26 | 24 | 15 | 0 44 | 4 | 17 |
| 11 48 59 | 27 | 25 | 15 | 1 24 | 5 | 18 |
| 11 52 40 | 28 | 26 | 16 | 2 4 | 6 | 19 |
| 11 56 20 | 29 | 27 | 17 | 2 44 | 7 | 20 |
| 12 0 0 | 30 | 27 | 17 | 3 24 | 8 | 21 |

TABLES OF HOUSES FOR LONDON, Latitude 51° 32' N.

| Sidereal Time | 10 ♎ | 11 ♎ | 12 ♏ | Ascen ♐ | 2 ♑ | 3 ♒ | Sidereal Time | 10 ♏ | 11 ♏ | 12 ♐ | Ascen ♐ | 2 ♒ | 3 ♓ | Sidereal Time | 10 ♐ | 11 ♐ | 12 ♑ | Ascen ♑ | 2 ♓ | 3 ♉ |
|---|---|---|---|---|---|---|---|---|---|---|---|---|---|---|---|---|---|---|---|---|
| H. M. S. | ° | ° | ° | ° ' | ° | ° | H. M. S. | ° | ° | ° | ° ' | ° | ° | H. M. S. | ° | ° | ° | ° ' | ° | ° |
| 12 0 0 | 0 | 27 | 17 | 3 24 | 8 | 21 | 13 51 39 | 0 | 22 | 9 | 25 24 | 10 | 27 | 15 51 17 | 0 | 18 | 5 | 27 23 | 26 | 6 |
| 12 3 40 | 1 | 28 | 18 | 4 5 | 8 | 22 | 13 55 28 | 1 | 23 | 10 | 26 14 | 11 | 28 | 15 55 27 | 1 | 19 | 6 | 28 50 | 28 | 7 |
| 12 7 20 | 2 | 29 | 19 | 4 45 | 9 | 24 | 13 59 18 | 2 | 24 | 11 | 27 5 | 12 | ♈ | 15 59 38 | 2 | 20 | 7 | 0♒19 | ♈ | 9 |
| 12 11 1 | 3 | ♏ | 20 | 5 26 | 10 | 25 | 14 3 9 | 3 | 25 | 12 | 27 56 | 13 | 1 | 16 3 49 | 3 | 21 | 8 | 1 50 | 2 | 10 |
| 12 14 41 | 4 | 1 | 20 | 6 7 | 11 | 26 | 14 7 0 | 4 | 25 | 13 | 28 48 | 15 | 2 | 16 8 1 | 4 | 22 | 10 | 3 24 | 3 | 11 |
| 12 18 21 | 5 | 2 | 21 | 6 48 | 12 | 27 | 14 10 52 | 5 | 26 | 13 | 29 41 | 16 | 4 | 16 12 14 | 5 | 23 | 11 | 5 0 | 5 | 12 |
| 12 22 2 | 6 | 2 | 22 | 7 29 | 13 | 28 | 14 14 45 | 6 | 27 | 14 | 0♑34 | 18 | 5 | 16 16 27 | 6 | 24 | 12 | 6 39 | 7 | 14 |
| 12 25 43 | 7 | 3 | 22 | 8 11 | 14 | 29 | 14 18 38 | 7 | 28 | 15 | 1 28 | 19 | 6 | 16 20 41 | 7 | 25 | 13 | 8 20 | 9 | 15 |
| 12 29 23 | 8 | 4 | 23 | 8 52 | 15 | ♓ | 14 22 32 | 8 | 29 | 16 | 2 23 | 20 | 7 | 16 24 56 | 8 | 26 | 14 | 10 5 | 11 | 16 |
| 12 33 4 | 9 | 5 | 24 | 9 34 | 16 | 2 | 14 26 27 | 9 | ♐ | 17 | 3 19 | 22 | 9 | 16 29 11 | 9 | 27 | 15 | 11 51 | 12 | 17 |
| 12 36 45 | 10 | 6 | 25 | 10 16 | 17 | 3 | 14 30 22 | 10 | 1 | 17 | 4 16 | 23 | 10 | 16 33 27 | 10 | 28 | 16 | 13 41 | 14 | 19 |
| 12 40 27 | 11 | 6 | 25 | 10 58 | 18 | 4 | 14 34 18 | 11 | 1 | 18 | 5 13 | 25 | 11 | 16 37 43 | 11 | 29 | 17 | 15 34 | 16 | 20 |
| 12 44 8 | 12 | 7 | 26 | 11 41 | 19 | 5 | 14 38 15 | 12 | 2 | 19 | 6 12 | 26 | 13 | 16 42 0 | 12 | ♑ | 18 | 17 30 | 18 | 21 |
| 12 47 50 | 13 | 8 | 27 | 12 23 | 20 | 6 | 14 42 12 | 13 | 3 | 20 | 7 11 | 28 | 14 | 16 46 17 | 13 | 1 | 20 | 19 29 | 20 | 22 |
| 12 51 32 | 14 | 9 | 27 | 13 6 | 21 | 7 | 14 46 10 | 14 | 4 | 21 | 8 12 | 29 | 15 | 16 50 35 | 14 | 1 | 21 | 21 31 | 21 | 23 |
| 12 55 15 | 15 | 10 | 28 | 13 50 | 22 | 9 | 14 50 9 | 15 | 5 | 22 | 9 14 | ♓ | 17 | 16 54 53 | 15 | 2 | 22 | 23 36 | 23 | 25 |
| 12 58 58 | 16 | 11 | 29 | 14 33 | 23 | 10 | 14 54 8 | 16 | 6 | 22 | 10 16 | 2 | 18 | 16 59 11 | 16 | 3 | 23 | 25 43 | 25 | 26 |
| 13 2 41 | 17 | 11 | ♐ | 15 17 | 24 | 11 | 14 58 8 | 17 | 7 | 23 | 11 20 | 4 | 19 | 17 3 30 | 17 | 4 | 24 | 27 55 | 27 | 27 |
| 13 6 24 | 18 | 12 | 0 | 16 2 | 25 | 12 | 15 2 9 | 18 | 7 | 24 | 12 25 | 6 | 21 | 17 7 50 | 18 | 6 | 26 | 0♓ 9 | 28 | 28 |
| 13 10 8 | 19 | 13 | 1 | 16 46 | 26 | 13 | 15 6 11 | 19 | 8 | 25 | 13 31 | 7 | 22 | 17 12 9 | 19 | 7 | 27 | 2 26 | ♉ | 29 |
| 13 13 52 | 20 | 14 | 2 | 17 31 | 28 | 15 | 15 10 13 | 20 | 9 | 26 | 14 39 | 9 | 23 | 17 16 29 | 20 | 8 | 28 | 4 46 | 2 | ♊ |
| 13 17 36 | 21 | 15 | 3 | 18 16 | 29 | 16 | 15 14 16 | 21 | 10 | 27 | 15 48 | 11 | 24 | 17 20 49 | 21 | 9 | ♒ | 7 8 | 3 | 2 |
| 13 21 21 | 22 | 16 | 3 | 19 2 | ♒ | 17 | 15 18 20 | 22 | 11 | 28 | 16 59 | 12 | 26 | 17 25 10 | 22 | 10 | 1 | 9 34 | 5 | 3 |
| 13 25 7 | 23 | 16 | 4 | 19 48 | 1 | 18 | 15 22 25 | 23 | 12 | 29 | 18 11 | 14 | 27 | 17 29 31 | 23 | 11 | 2 | 12 2 | 7 | 4 |
| 13 28 53 | 24 | 17 | 5 | 20 35 | 2 | 20 | 15 26 30 | 24 | 13 | ♑ | 19 24 | 16 | 28 | 17 33 52 | 24 | 12 | 4 | 14 31 | 8 | 5 |
| 13 32 39 | 25 | 18 | 6 | 21 22 | 3 | 21 | 15 30 36 | 25 | 14 | 1 | 20 40 | 17 | ♉ | 17 38 13 | 25 | 13 | 5 | 17 3 | 10 | 6 |
| 13 36 26 | 26 | 19 | 6 | 22 9 | 5 | 22 | 15 34 43 | 26 | 15 | 2 | 21 57 | 19 | 1 | 17 42 34 | 26 | 14 | 7 | 19 36 | 11 | 7 |
| 13 40 13 | 27 | 20 | 7 | 22 57 | 6 | 23 | 15 38 50 | 27 | 15 | 2 | 23 15 | 21 | 2 | 17 46 55 | 27 | 15 | 8 | 22 11 | 13 | 8 |
| 13 44 1 | 28 | 20 | 8 | 23 45 | 7 | 25 | 15 42 58 | 28 | 16 | 3 | 24 36 | 23 | 3 | 17 51 17 | 28 | 16 | 9 | 24 47 | 15 | 10 |
| 13 47 50 | 29 | 21 | 9 | 24 34 | 8 | 26 | 15 47 7 | 29 | 17 | 4 | 25 59 | 24 | 5 | 17 55 38 | 29 | 17 | 11 | 27 23 | 16 | 11 |
| 13 51 39 | 30 | 22 | 9 | 25 24 | 10 | 27 | 15 51 17 | 30 | 18 | 5 | 27 23 | 26 | 6 | 18 0 0 | 30 | 18 | 12 | 0♈ 0 | 18 | 12 |

| Sidereal Time | 10 ♑ | 11 ♑ | 12 ♒ | Ascen ♈ | 2 ♉ | 3 ♊ | Sidereal Time | 10 ♒ | 11 ♒ | 12 ♈ | Ascen ♊ | 2 ♊ | 3 ♋ | Sidereal Time | 10 ♓ | 11 ♈ | 12 ♉ | Ascen ♋ | 2 ♋ | 3 ♌ |
|---|---|---|---|---|---|---|---|---|---|---|---|---|---|---|---|---|---|---|---|---|
| H. M. S. | ° | ° | ° | ° ' | ° | ° | H. M. S. | ° | ° | ° | ° ' | ° | ° | H. M. S. | ° | ° | ° | ° ' | ° | ° |
| 18 0 0 | 0 | 18 | 12 | 0 0 | 18 | 12 | 20 8 43 | 0 | 24 | 4 | 2 37 | 25 | 12 | 22 8 21 | 0 | 3 | 20 | 4 36 | 21 | 8 |
| 18 4 22 | 1 | 19 | 14 | 2 37 | 19 | 13 | 20 12 53 | 1 | 25 | 6 | 4 1 | 26 | 13 | 22 12 10 | 1 | 4 | 22 | 5 26 | 21 | 9 |
| 18 8 43 | 2 | 20 | 15 | 5 13 | 21 | 14 | 20 17 2 | 2 | 27 | 7 | 5 24 | 27 | 14 | 22 15 59 | 2 | 5 | 23 | 6 15 | 22 | 10 |
| 18 13 5 | 3 | 22 | 17 | 7 49 | 22 | 15 | 20 21 10 | 3 | 28 | 9 | 6 45 | 28 | 15 | 22 19 47 | 3 | 7 | 24 | 7 3 | 23 | 10 |
| 18 17 26 | 4 | 23 | 19 | 10 24 | 23 | 16 | 20 25 17 | 4 | 29 | 11 | 8 3 | 28 | 15 | 22 23 34 | 4 | 8 | 25 | 7 51 | 24 | 11 |
| 18 21 47 | 5 | 24 | 20 | 12 57 | 25 | 17 | 20 29 24 | 5 | ♓ | 13 | 9 20 | 29 | 16 | 22 27 21 | 5 | 9 | 27 | 8 38 | 24 | 12 |
| 18 26 8 | 6 | 25 | 22 | 15 29 | 26 | 18 | 20 33 30 | 6 | 2 | 14 | 10 36 | ♋ | 17 | 22 31 7 | 6 | 10 | 28 | 9 25 | 25 | 13 |
| 18 30 29 | 7 | 26 | 23 | 17 58 | 28 | 19 | 20 37 35 | 7 | 3 | 16 | 11 49 | 1 | 18 | 22 34 53 | 7 | 12 | 29 | 10 12 | 26 | 14 |
| 18 34 50 | 8 | 27 | 25 | 20 26 | 29 | 20 | 20 41 40 | 8 | 4 | 18 | 13 1 | 2 | 19 | 22 38 39 | 8 | 13 | ♊ | 10 58 | 27 | 14 |
| 18 39 11 | 9 | 28 | 27 | 22 52 | ♊ | 21 | 20 45 44 | 9 | 6 | 19 | 14 12 | 3 | 20 | 22 42 24 | 9 | 14 | 1 | 11 44 | 27 | 15 |
| 18 43 31 | 10 | 29 | 28 | 25 14 | 2 | 22 | 20 49 47 | 10 | 7 | 21 | 15 21 | 4 | 21 | 22 46 8 | 10 | 15 | 2 | 12 29 | 28 | 16 |
| 18 47 51 | 11 | ♒ | ♓ | 27 34 | 3 | 23 | 20 53 49 | 11 | 8 | 23 | 16 29 | 5 | 22 | 22 49 52 | 11 | 17 | 4 | 13 14 | 29 | 17 |
| 18 52 10 | 12 | 2 | 2 | 29 51 | 4 | 24 | 20 57 51 | 12 | 9 | 24 | 17 35 | 6 | 23 | 22 53 36 | 12 | 18 | 5 | 13 59 | ♌ | 18 |
| 18 56 30 | 13 | 3 | 3 | 2♉ 6 | 6 | 26 | 21 1 52 | 13 | 11 | 26 | 18 40 | 7 | 23 | 22 57 19 | 13 | 19 | 6 | 14 43 | 0 | 19 |
| 19 0 49 | 14 | 4 | 5 | 4 17 | 7 | 27 | 21 5 52 | 14 | 12 | 28 | 19 44 | 8 | 24 | 23 1 2 | 14 | 20 | 7 | 15 27 | 1 | 19 |
| 19 5 7 | 15 | 5 | 7 | 6 24 | 8 | 28 | 21 9 51 | 15 | 13 | 29 | 20 46 | 8 | 25 | 23 4 45 | 15 | 21 | 8 | 16 10 | 2 | 20 |
| 19 9 25 | 16 | 7 | 9 | 8 29 | 9 | 29 | 21 13 50 | 16 | 15 | ♉ | 21 48 | 9 | 26 | 23 8 28 | 16 | 23 | 9 | 16 54 | 3 | 21 |
| 19 13 43 | 17 | 8 | 10 | 10 31 | 10 | 29 | 21 17 48 | 17 | 16 | 2 | 22 49 | 10 | 27 | 23 12 10 | 17 | 24 | 10 | 17 37 | 3 | 22 |
| 19 18 0 | 18 | 9 | 12 | 12 30 | 12 | ♋ | 21 21 45 | 18 | 17 | 4 | 23 48 | 11 | 28 | 23 15 52 | 18 | 25 | 11 | 18 19 | 4 | 23 |
| 19 22 17 | 19 | 10 | 14 | 14 26 | 13 | 1 | 21 25 42 | 19 | 19 | 5 | 24 47 | 12 | 29 | 23 19 33 | 19 | 26 | 12 | 19 2 | 5 | 24 |
| 19 26 33 | 20 | 11 | 16 | 16 19 | 14 | 2 | 21 29 38 | 20 | 20 | 7 | 25 44 | 13 | 29 | 23 23 15 | 20 | 27 | 13 | 19 44 | 5 | 24 |
| 19 30 49 | 21 | 13 | 18 | 18 9 | 15 | 3 | 21 33 33 | 21 | 21 | 8 | 26 41 | 13 | ♌ | 23 26 56 | 21 | 28 | 14 | 20 26 | 6 | 25 |
| 19 35 4 | 22 | 14 | 19 | 19 55 | 16 | 4 | 21 37 28 | 22 | 23 | 10 | 27 37 | 14 | 1 | 23 30 37 | 22 | ♉ | 15 | 21 8 | 7 | 26 |
| 19 39 19 | 23 | 15 | 21 | 21 40 | 17 | 5 | 21 41 22 | 23 | 24 | 11 | 28 32 | 15 | 2 | 23 34 17 | 23 | 1 | 16 | 21 49 | 8 | 27 |
| 19 43 33 | 24 | 16 | 23 | 23 21 | 18 | 6 | 21 45 15 | 24 | 25 | 12 | 29 26 | 16 | 3 | 23 37 58 | 24 | 2 | 17 | 22 31 | 8 | 28 |
| 19 47 46 | 25 | 18 | 25 | 25 0 | 19 | 7 | 21 49 8 | 25 | 26 | 14 | 0♋19 | 17 | 4 | 23 41 39 | 25 | 3 | 18 | 23 12 | 9 | 28 |
| 19 51 59 | 26 | 19 | 27 | 26 36 | 20 | 8 | 21 53 0 | 26 | 28 | 15 | 1 12 | 17 | 5 | 23 45 19 | 26 | 4 | 19 | 23 53 | 10 | 29 |
| 19 56 11 | 27 | 20 | 28 | 28 10 | 22 | 9 | 21 56 51 | 27 | 29 | 17 | 2 4 | 18 | 5 | 23 48 59 | 27 | 5 | 20 | 24 34 | 10 | ♍ |
| 20 0 22 | 28 | 21 | ♈ | 29 41 | 23 | 10 | 22 0 42 | 28 | ♈ | 18 | 2 55 | 19 | 6 | 23 52 40 | 28 | 6 | 21 | 25 15 | 11 | 1 |
| 20 4 33 | 29 | 23 | 2 | 1♊10 | 24 | 11 | 22 4 32 | 29 | 2 | 19 | 3 46 | 20 | 7 | 23 56 20 | 29 | 8 | 22 | 25 55 | 12 | 2 |
| 20 8 43 | 30 | 24 | 4 | 2 37 | 25 | 12 | 22 8 21 | 30 | 3 | 20 | 4 36 | 21 | 8 | 24 0 0 | 30 | 9 | 22 | 26 36 | 13 | 3 |

## TABLES OF HOUSES FOR LIVERPOOL, Latitude 53° 25' N.

| Sidereal Time | 10 ♈ | 11 ♉ | 12 ♊ | Ascen ♋ | 2 ♌ | 3 ♍ |
|---|---|---|---|---|---|---|
| H. M. S. | ° | ° | ° | ° ' | ° | ° |
| 0 0 0 | 0 | 9 | 24 | 28 11 | 14 | 3 |
| 0 3 40 | 1 | 10 | 25 | 28 50 | 14 | 4 |
| 0 7 20 | 2 | 11 | 26 | 29 29 | 15 | 4 |
| 0 11 1 | 3 | 13 | 27 | 0♌ 8 | 16 | 5 |
| 0 14 41 | 4 | 14 | 28 | 0 47 | 16 | 6 |
| 0 18 21 | 5 | 15 | 29 | 1 26 | 17 | 7 |
| 0 22 2 | 6 | 16 | 29 | 2 5 | 18 | 8 |
| 0 25 43 | 7 | 17 | ♋ | 2 44 | 18 | 9 |
| 0 29 23 | 8 | 18 | 1 | 3 22 | 19 | 9 |
| 0 33 4 | 9 | 19 | 2 | 4 1 | 20 | 10 |
| 0 36 45 | 10 | 20 | 3 | 4 39 | 21 | 11 |
| 0 40 27 | 11 | 21 | 4 | 5 18 | 21 | 12 |
| 0 44 8 | 12 | 22 | 4 | 5 56 | 22 | 13 |
| 0 47 50 | 13 | 23 | 5 | 6 35 | 23 | 14 |
| 0 51 32 | 14 | 24 | 6 | 7 13 | 23 | 14 |
| 0 55 15 | 15 | 25 | 7 | 7 52 | 24 | 15 |
| 0 58 58 | 16 | 26 | 8 | 8 30 | 25 | 16 |
| 1 2 41 | 17 | 28 | 8 | 9 9 | 26 | 17 |
| 1 6 24 | 18 | 29 | 9 | 9 47 | 26 | 18 |
| 1 10 8 | 19 | ♊ | 10 | 10 26 | 27 | 19 |
| 1 13 52 | 20 | 1 | 11 | 11 4 | 28 | 19 |
| 1 17 36 | 21 | 2 | 12 | 11 42 | 28 | 20 |
| 1 21 21 | 22 | 3 | 12 | 12 21 | 29 | 21 |
| 1 25 7 | 23 | 4 | 13 | 13 0 | ♍ | 22 |
| 1 28 53 | 24 | 5 | 14 | 13 38 | 1 | 23 |
| 1 32 39 | 25 | 6 | 15 | 14 17 | 1 | 24 |
| 1 36 26 | 26 | 7 | 15 | 14 56 | 2 | 25 |
| 1 40 13 | 27 | 8 | 16 | 15 35 | 3 | 25 |
| 1 44 1 | 28 | 9 | 17 | 16 14 | 3 | 26 |
| 1 47 50 | 29 | 10 | 18 | 16 53 | 4 | 27 |
| 1 51 39 | 30 | 11 | 19 | 17 32 | 5 | 28 |

| Sidereal Time | 10 ♉ | 11 ♊ | 12 ♋ | Ascen ♌ | 2 ♍ | 3 ♍ |
|---|---|---|---|---|---|---|
| H. M. S. | ° | ° | ° | ° ' | ° | ° |
| 1 51 39 | 0 | 11 | 19 | 17 32 | 5 | 28 |
| 1 55 28 | 1 | 11 | 19 | 18 11 | 6 | 29 |
| 1 59 18 | 2 | 12 | 20 | 18 50 | 6 | ♎ |
| 2 3 9 | 3 | 13 | 21 | 19 29 | 7 | 1 |
| 2 7 0 | 4 | 14 | 22 | 20 9 | 8 | 2 |
| 2 10 52 | 5 | 15 | 22 | 20 48 | 9 | 2 |
| 2 14 45 | 6 | 16 | 23 | 21 28 | 9 | 3 |
| 2 18 38 | 7 | 17 | 24 | 22 8 | 10 | 4 |
| 2 22 32 | 8 | 18 | 25 | 22 47 | 11 | 5 |
| 2 26 27 | 9 | 19 | 25 | 23 27 | 12 | 6 |
| 2 30 22 | 10 | 20 | 26 | 24 7 | 12 | 7 |
| 2 34 18 | 11 | 21 | 27 | 24 48 | 13 | 8 |
| 2 38 15 | 12 | 22 | 28 | 25 28 | 14 | 9 |
| 2 42 12 | 13 | 23 | 29 | 26 8 | 15 | 10 |
| 2 46 10 | 14 | 24 | 29 | 26 49 | 16 | 11 |
| 2 50 9 | 15 | 25 | ♌ | 27 29 | 16 | 11 |
| 2 54 8 | 16 | 26 | 1 | 28 10 | 17 | 12 |
| 2 58 8 | 17 | 27 | 2 | 28 51 | 18 | 13 |
| 3 2 9 | 18 | 28 | 2 | 29 32 | 19 | 14 |
| 3 6 11 | 19 | 29 | 3 | 0♍13 | 19 | 15 |
| 3 10 13 | 20 | ♋ | 4 | 0 54 | 20 | 16 |
| 3 14 16 | 21 | 0 | 5 | 1 36 | 21 | 17 |
| 3 18 20 | 22 | 1 | 6 | 2 17 | 22 | 18 |
| 3 22 25 | 23 | 2 | 6 | 2 59 | 23 | 19 |
| 3 26 30 | 24 | 3 | 7 | 3 41 | 23 | 20 |
| 3 30 36 | 25 | 4 | 8 | 4 23 | 24 | 21 |
| 3 34 43 | 26 | 5 | 9 | 5 5 | 25 | 21 |
| 3 38 50 | 27 | 6 | 9 | 5 47 | 26 | 22 |
| 3 42 58 | 28 | 7 | 10 | 6 30 | 27 | 23 |
| 3 47 7 | 29 | 8 | 11 | 7 12 | 27 | 24 |
| 3 51 17 | 30 | 9 | 12 | 7 55 | 28 | 25 |

| Sidereal Time | 10 ♊ | 11 ♋ | 12 ♌ | Ascen ♍ | 2 ♍ | 3 ♎ |
|---|---|---|---|---|---|---|
| H. M. S. | ° | ° | ° | ° ' | ° | ° |
| 3 51 17 | 0 | 9 | 12 | 7 55 | 28 | 25 |
| 3 55 27 | 1 | 10 | 13 | 8 38 | 29 | 26 |
| 3 59 38 | 2 | 11 | 13 | 9 20 | ♎ | 27 |
| 4 3 49 | 3 | 12 | 14 | 10 3 | 1 | 28 |
| 4 8 1 | 4 | 12 | 15 | 10 46 | 2 | 29 |
| 4 12 14 | 5 | 13 | 16 | 11 30 | 2 | ♏ |
| 4 16 27 | 6 | 14 | 17 | 12 13 | 3 | 1 |
| 4 20 41 | 7 | 15 | 17 | 12 57 | 4 | 2 |
| 4 24 56 | 8 | 16 | 18 | 13 40 | 5 | 3 |
| 4 29 11 | 9 | 17 | 19 | 14 24 | 6 | 4 |
| 4 33 27 | 10 | 18 | 20 | 15 8 | 7 | 5 |
| 4 37 43 | 11 | 19 | 21 | 15 52 | 7 | 6 |
| 4 42 0 | 12 | 20 | 22 | 16 36 | 8 | 6 |
| 4 46 17 | 13 | 21 | 22 | 17 20 | 9 | 7 |
| 4 50 35 | 14 | 22 | 23 | 18 4 | 10 | 8 |
| 4 54 53 | 15 | 23 | 24 | 18 48 | 11 | 9 |
| 4 59 11 | 16 | 24 | 25 | 19 33 | 12 | 10 |
| 5 3 30 | 17 | 24 | 26 | 20 17 | 12 | 11 |
| 5 7 50 | 18 | 25 | 26 | 21 2 | 13 | 12 |
| 5 12 9 | 19 | 26 | 27 | 21 46 | 14 | 13 |
| 5 16 29 | 20 | 27 | 28 | 22 31 | 15 | 14 |
| 5 20 49 | 21 | 28 | 29 | 23 16 | 16 | 15 |
| 5 25 10 | 22 | 29 | ♍ | 24 1 | 17 | 16 |
| 5 29 31 | 23 | ♌ | 1 | 24 45 | 18 | 17 |
| 5 33 52 | 24 | 1 | 2 | 25 30 | 18 | 18 |
| 5 38 13 | 25 | 2 | 2 | 26 15 | 19 | 19 |
| 5 42 34 | 26 | 3 | 3 | 27 0 | 20 | 20 |
| 5 46 55 | 27 | 4 | 4 | 27 45 | 21 | 21 |
| 5 51 17 | 28 | 5 | 5 | 28 30 | 22 | 22 |
| 5 55 38 | 29 | 6 | 6 | 29 15 | 23 | 22 |
| 6 0 0 | 30 | 7 | 7 | 0♎ 0 | 23 | 23 |

| Sidereal Time | 10 ♋ | 11 ♌ | 12 ♍ | Ascen ♎ | 2 ♎ | 3 ♏ |
|---|---|---|---|---|---|---|
| H. M. S. | ° | ° | ° | ° ' | ° | ° |
| 6 0 0 | 0 | 7 | 7 | 0 0 | 23 | 23 |
| 6 4 22 | 1 | 8 | 7 | 0 45 | 24 | 24 |
| 6 8 43 | 2 | 8 | 8 | 1 30 | 25 | 25 |
| 6 13 5 | 3 | 9 | 9 | 2 15 | 26 | 26 |
| 6 17 26 | 4 | 10 | 10 | 3 0 | 27 | 27 |
| 6 21 47 | 5 | 11 | 11 | 3 45 | 28 | 28 |
| 6 26 8 | 6 | 12 | 12 | 4 30 | 28 | 29 |
| 6 30 29 | 7 | 13 | 12 | 5 15 | 29 | ♐ |
| 6 34 50 | 8 | 14 | 13 | 5 59 | ♏ | 1 |
| 6 39 11 | 9 | 15 | 14 | 6 44 | 1 | 2 |
| 6 43 31 | 10 | 16 | 15 | 7 29 | 2 | 3 |
| 6 47 51 | 11 | 17 | 16 | 8 14 | 3 | 4 |
| 6 52 10 | 12 | 18 | 17 | 8 58 | 4 | 5 |
| 6 56 30 | 13 | 19 | 18 | 9 43 | 4 | 6 |
| 7 0 49 | 14 | 20 | 18 | 10 27 | 5 | 6 |
| 7 5 7 | 15 | 21 | 19 | 11 12 | 6 | 7 |
| 7 9 25 | 16 | 22 | 20 | 11 56 | 7 | 8 |
| 7 13 43 | 17 | 23 | 21 | 12 40 | 8 | 9 |
| 7 18 0 | 18 | 24 | 22 | 13 24 | 8 | 10 |
| 7 22 17 | 19 | 24 | 23 | 14 8 | 9 | 11 |
| 7 26 33 | 20 | 25 | 23 | 14 52 | 10 | 12 |
| 7 30 49 | 21 | 26 | 24 | 15 36 | 11 | 13 |
| 7 35 4 | 22 | 27 | 25 | 16 20 | 12 | 14 |
| 7 39 19 | 23 | 28 | 26 | 17 3 | 13 | 15 |
| 7 43 33 | 24 | 29 | 27 | 17 47 | 13 | 16 |
| 7 47 46 | 25 | ♍ | 28 | 18 30 | 14 | 17 |
| 7 51 59 | 26 | 1 | 28 | 19 14 | 15 | 18 |
| 7 56 11 | 27 | 2 | 29 | 19 57 | 16 | 18 |
| 8 0 22 | 28 | 3 | ♎ | 20 40 | 17 | 19 |
| 8 4 33 | 29 | 4 | 1 | 21 23 | 17 | 20 |
| 8 8 43 | 30 | 5 | 2 | 22 5 | 18 | 21 |

| Sidereal Time | 10 ♌ | 11 ♍ | 12 ♎ | Ascen ♎ | 2 ♏ | 3 ♐ |
|---|---|---|---|---|---|---|
| H. M. S. | ° | ° | ° | ° ' | ° | ° |
| 8 8 43 | 0 | 5 | 2 | 22 5 | 18 | 21 |
| 8 12 53 | 1 | 6 | 3 | 22 48 | 19 | 22 |
| 8 17 2 | 2 | 7 | 3 | 23 30 | 20 | 23 |
| 8 21 10 | 3 | 8 | 4 | 24 13 | 21 | 24 |
| 8 25 17 | 4 | 9 | 5 | 24 55 | 21 | 25 |
| 8 29 24 | 5 | 9 | 6 | 25 37 | 22 | 26 |
| 8 33 30 | 6 | 10 | 7 | 26 19 | 23 | 27 |
| 8 37 35 | 7 | 11 | 7 | 27 1 | 24 | 28 |
| 8 41 40 | 8 | 12 | 8 | 27 43 | 24 | 29 |
| 8 45 44 | 9 | 13 | 9 | 28 24 | 25 | ♑ |
| 8 49 47 | 10 | 14 | 10 | 29 6 | 26 | 0 |
| 8 53 49 | 11 | 15 | 11 | 29 47 | 27 | 1 |
| 8 57 51 | 12 | 16 | 11 | 0♏28 | 28 | 2 |
| 9 1 52 | 13 | 17 | 12 | 1 9 | 28 | 3 |
| 9 5 52 | 14 | 18 | 13 | 1 50 | 29 | 4 |
| 9 9 51 | 15 | 19 | 14 | 2 31 | ♐ | 5 |
| 9 13 50 | 16 | 19 | 14 | 3 11 | 1 | 6 |
| 9 17 48 | 17 | 20 | 15 | 3 52 | 1 | 7 |
| 9 21 45 | 18 | 21 | 16 | 4 32 | 2 | 8 |
| 9 25 42 | 19 | 22 | 17 | 5 12 | 3 | 9 |
| 9 29 38 | 20 | 23 | 18 | 5 53 | 4 | 10 |
| 9 33 33 | 21 | 24 | 18 | 6 33 | 5 | 11 |
| 9 37 28 | 22 | 25 | 19 | 7 13 | 5 | 12 |
| 9 41 22 | 23 | 26 | 20 | 7 52 | 6 | 13 |
| 9 45 15 | 24 | 27 | 21 | 8 32 | 7 | 14 |
| 9 49 8 | 25 | 28 | 21 | 9 12 | 8 | 15 |
| 9 53 0 | 26 | 28 | 22 | 9 51 | 8 | 16 |
| 9 56 51 | 27 | 29 | 23 | 10 31 | 9 | 17 |
| 10 0 42 | 28 | ♎ | 24 | 11 10 | 10 | 18 |
| 10 4 32 | 29 | 1 | 24 | 11 49 | 11 | 19 |
| 10 8 21 | 30 | 2 | 25 | 12 28 | 11 | 19 |

| Sidereal Time | 10 ♍ | 11 ♎ | 12 ♎ | Ascen ♏ | 2 ♐ | 3 ♑ |
|---|---|---|---|---|---|---|
| H. M. S. | ° | ° | ° | ° ' | ° | ° |
| 10 8 21 | 0 | 2 | 25 | 12 28 | 11 | 19 |
| 10 12 10 | 1 | 3 | 26 | 13 7 | 12 | 20 |
| 10 15 59 | 2 | 4 | 27 | 13 46 | 13 | 21 |
| 10 19 47 | 3 | 5 | 27 | 14 25 | 14 | 22 |
| 10 23 34 | 4 | 5 | 28 | 15 4 | 15 | 23 |
| 10 27 21 | 5 | 6 | 29 | 15 43 | 15 | 24 |
| 10 31 7 | 6 | 7 | 29 | 16 22 | 16 | 25 |
| 10 34 53 | 7 | 8 | ♏ | 17 0 | 17 | 26 |
| 10 38 39 | 8 | 9 | 1 | 17 39 | 18 | 27 |
| 10 42 24 | 9 | 10 | 2 | 18 18 | 18 | 28 |
| 10 46 8 | 10 | 11 | 2 | 18 56 | 19 | 29 |
| 10 49 52 | 11 | 11 | 3 | 19 34 | 20 | ♒ |
| 10 53 36 | 12 | 12 | 4 | 20 13 | 21 | 1 |
| 10 57 19 | 13 | 13 | 4 | 20 51 | 22 | 2 |
| 11 1 2 | 14 | 14 | 5 | 21 30 | 22 | 4 |
| 11 4 45 | 15 | 15 | 6 | 22 8 | 23 | 5 |
| 11 8 28 | 16 | 16 | 7 | 22 47 | 24 | 6 |
| 11 12 10 | 17 | 16 | 7 | 23 25 | 25 | 7 |
| 11 15 52 | 18 | 17 | 8 | 24 4 | 26 | 8 |
| 11 19 33 | 19 | 18 | 9 | 24 42 | 26 | 9 |
| 11 23 15 | 20 | 19 | 9 | 25 21 | 27 | 10 |
| 11 26 56 | 21 | 20 | 10 | 25 59 | 28 | 11 |
| 11 30 37 | 22 | 21 | 11 | 26 38 | 29 | 12 |
| 11 34 17 | 23 | 21 | 12 | 27 16 | ♑ | 13 |
| 11 37 58 | 24 | 22 | 12 | 27 55 | 1 | 14 |
| 11 41 39 | 25 | 23 | 13 | 28 34 | 1 | 15 |
| 11 45 19 | 26 | 24 | 14 | 29 13 | 2 | 16 |
| 11 48 59 | 27 | 25 | 14 | 29 52 | 3 | 17 |
| 11 52 40 | 28 | 26 | 15 | 0♐31 | 4 | 19 |
| 11 56 20 | 29 | 26 | 16 | 1 10 | 5 | 20 |
| 12 0 0 | 30 | 27 | 16 | 1 49 | 6 | 21 |

# TABLES OF HOUSES FOR LIVERPOOL, Latitude 53° 25' N.

| Sidereal Time | 10 ♎ | 11 ♎ | 12 ♏ | Ascen ♐ | 2 ♑ | 3 ♒ |
|---|---|---|---|---|---|---|
| H. M. S. | ° | ° | ° | ° ' | ° | ° |
| 12 0 0 | 0 | 27 | 16 | 1 49 | 6 | 21 |
| 12 3 40 | 1 | 28 | 17 | 2 28 | 7 | 22 |
| 12 7 20 | 2 | 29 | 18 | 3 8 | 8 | 23 |
| 12 11 1 | 3 | ♏ | 19 | 3 47 | 9 | 24 |
| 12 14 41 | 4 | 0 | 19 | 4 27 | 9 | 25 |
| 12 18 21 | 5 | 1 | 20 | 5 7 | 10 | 26 |
| 12 22 2 | 6 | 2 | 21 | 5 47 | 11 | 28 |
| 12 25 43 | 7 | 3 | 21 | 6 27 | 12 | 29 |
| 12 29 23 | 8 | 4 | 22 | 7 7 | 13 | ♓ |
| 12 33 4 | 9 | 4 | 23 | 7 48 | 14 | 1 |
| 12 36 45 | 10 | 5 | 24 | 8 28 | 15 | 2 |
| 12 40 27 | 11 | 6 | 24 | 9 10 | 16 | 4 |
| 12 44 8 | 12 | 7 | 25 | 9 51 | 17 | 5 |
| 12 47 50 | 13 | 8 | 26 | 10 32 | 18 | 6 |
| 12 51 32 | 14 | 9 | 26 | 11 14 | 19 | 7 |
| 12 55 15 | 15 | 9 | 27 | 11 56 | 20 | 8 |
| 12 58 58 | 16 | 10 | 28 | 12 38 | 21 | 10 |
| 13 2 41 | 17 | 11 | 29 | 13 21 | 22 | 11 |
| 13 6 24 | 18 | 12 | 29 | 14 3 | 24 | 12 |
| 13 10 8 | 19 | 13 | ♐ | 14 47 | 25 | 13 |
| 13 13 52 | 20 | 13 | 1 | 15 30 | 26 | 14 |
| 13 17 36 | 21 | 14 | 1 | 16 14 | 27 | 16 |
| 13 21 21 | 22 | 15 | 2 | 16 58 | 28 | 17 |
| 13 25 7 | 23 | 16 | 3 | 17 43 | 29 | 18 |
| 13 28 53 | 24 | 17 | 4 | 18 28 | ♒ | 19 |
| 13 32 39 | 25 | 17 | 4 | 19 13 | 2 | 21 |
| 13 36 26 | 26 | 18 | 5 | 19 59 | 3 | 22 |
| 13 40 13 | 27 | 19 | 6 | 20 46 | 4 | 23 |
| 13 44 1 | 28 | 20 | 7 | 21 33 | 5 | 25 |
| 13 47 50 | 29 | 21 | 7 | 22 20 | 7 | 26 |
| 13 51 39 | 30 | 22 | 8 | 23 8 | 8 | 27 |

| Sidereal Time | 10 ♏ | 11 ♏ | 12 ♐ | Ascen ♐ | 2 ♒ | 3 ♓ |
|---|---|---|---|---|---|---|
| H. M. S. | ° | ° | ° | ° ' | ° | ° |
| 13 51 39 | 0 | 22 | 8 | 23 8 | 8 | 27 |
| 13 55 28 | 1 | 22 | 9 | 23 57 | 9 | 28 |
| 13 59 18 | 2 | 23 | 10 | 24 46 | 11 | ♈ |
| 14 3 9 | 3 | 24 | 10 | 25 35 | 12 | 1 |
| 14 7 0 | 4 | 25 | 11 | 26 26 | 13 | 2 |
| 14 10 52 | 5 | 26 | 12 | 27 17 | 15 | 4 |
| 14 14 45 | 6 | 27 | 13 | 28 9 | 16 | 5 |
| 14 18 38 | 7 | 27 | 14 | 29 1 | 17 | 6 |
| 14 22 32 | 8 | 28 | 14 | 29 54 | 19 | 8 |
| 14 26 27 | 9 | 29 | 15 | 0♑49 | 20 | 9 |
| 14 30 22 | 10 | ♐ | 16 | 1 43 | 22 | 10 |
| 14 34 18 | 11 | 1 | 17 | 2 39 | 23 | 12 |
| 14 38 15 | 12 | 2 | 18 | 3 36 | 25 | 13 |
| 14 42 12 | 13 | 2 | 18 | 4 34 | 27 | 14 |
| 14 46 10 | 14 | 3 | 19 | 5 32 | 28 | 16 |
| 14 50 9 | 15 | 4 | 20 | 6 32 | ♓ | 17 |
| 14 54 8 | 16 | 5 | 21 | 7 33 | 1 | 18 |
| 14 58 8 | 17 | 6 | 22 | 8 35 | 3 | 20 |
| 15 2 9 | 18 | 7 | 23 | 9 38 | 5 | 21 |
| 15 6 11 | 19 | 8 | 24 | 10 43 | 6 | 22 |
| 15 10 13 | 20 | 8 | 24 | 11 49 | 8 | 23 |
| 15 14 16 | 21 | 9 | 25 | 12 56 | 10 | 25 |
| 15 18 20 | 22 | 10 | 26 | 14 5 | 12 | 26 |
| 15 22 25 | 23 | 11 | 27 | 15 16 | 13 | 27 |
| 15 26 30 | 24 | 12 | 28 | 16 28 | 15 | 29 |
| 15 30 36 | 25 | 13 | 29 | 17 41 | 17 | ♉ |
| 15 34 43 | 26 | 14 | ♑ | 18 57 | 19 | 1 |
| 15 38 50 | 27 | 15 | 1 | 20 14 | 21 | 3 |
| 15 42 58 | 28 | 16 | 2 | 21 34 | 22 | 4 |
| 15 47 7 | 29 | 16 | 3 | 22 55 | 24 | 5 |
| 15 51 17 | 30 | 17 | 4 | 24 19 | 26 | 7 |

| Sidereal Time | 10 ♐ | 11 ♐ | 12 ♑ | Ascen ♑ | 2 ♓ | 3 ♉ |
|---|---|---|---|---|---|---|
| H. M. S. | ° | ° | ° | ° ' | ° | ° |
| 15 51 17 | 0 | 17 | 4 | 24 19 | 26 | 7 |
| 15 55 27 | 1 | 18 | 5 | 25 45 | 28 | 8 |
| 15 59 38 | 2 | 19 | 6 | 27 14 | ♈ | 9 |
| 16 3 49 | 3 | 20 | 7 | 28 44 | 2 | 10 |
| 16 8 1 | 4 | 21 | 8 | 0♒18 | 4 | 12 |
| 16 12 14 | 5 | 22 | 9 | 1 54 | 5 | 13 |
| 16 16 27 | 6 | 23 | 10 | 3 33 | 7 | 14 |
| 16 20 41 | 7 | 24 | 11 | 5 15 | 9 | 15 |
| 16 24 56 | 8 | 25 | 12 | 7 1 | 11 | 17 |
| 16 29 11 | 9 | 26 | 13 | 8 49 | 13 | 18 |
| 16 33 27 | 10 | 27 | 14 | 10 41 | 15 | 19 |
| 16 37 43 | 11 | 28 | 15 | 12 36 | 17 | 20 |
| 16 42 0 | 12 | 29 | 17 | 14 35 | 19 | 22 |
| 16 46 17 | 13 | ♑ | 18 | 16 37 | 20 | 23 |
| 16 50 35 | 14 | 1 | 19 | 18 44 | 22 | 24 |
| 16 54 53 | 15 | 2 | 20 | 20 54 | 24 | 25 |
| 16 59 11 | 16 | 3 | 21 | 23 7 | 26 | 27 |
| 17 3 30 | 17 | 4 | 23 | 25 25 | 28 | 28 |
| 17 7 50 | 18 | 5 | 24 | 27 46 | 29 | 29 |
| 17 12 9 | 19 | 6 | 25 | 0♓11 | ♉ | ♊ |
| 17 16 29 | 20 | 7 | 27 | 2 40 | 3 | 1 |
| 17 20 49 | 21 | 8 | 28 | 5 12 | 5 | 2 |
| 17 25 10 | 22 | 9 | 29 | 7 48 | 6 | 4 |
| 17 29 31 | 23 | 10 | ♒ | 10 27 | 8 | 5 |
| 17 33 52 | 24 | 11 | 2 | 13 9 | 10 | 6 |
| 17 38 13 | 25 | 12 | 3 | 15 53 | 11 | 7 |
| 17 42 34 | 26 | 13 | 5 | 18 40 | 13 | 8 |
| 17 46 55 | 27 | 14 | 6 | 21 28 | 15 | 9 |
| 17 51 17 | 28 | 15 | 8 | 24 18 | 16 | 10 |
| 17 55 38 | 29 | 16 | 9 | 27 8 | 18 | 12 |
| 18 0 0 | 30 | 17 | 11 | 0♈ 0 | 19 | 13 |

| Sidereal Time | 10 ♑ | 11 ♑ | 12 ♒ | Ascen ♈ | 2 ♉ | 3 ♊ |
|---|---|---|---|---|---|---|
| H. M. S. | ° | ° | ° | ° ' | ° | ° |
| 18 0 0 | 0 | 17 | 11 | 0 0 | 19 | 13 |
| 18 4 22 | 1 | 18 | 12 | 2 52 | 21 | 14 |
| 18 8 43 | 2 | 20 | 14 | 5 42 | 22 | 15 |
| 18 13 5 | 3 | 21 | 15 | 8 32 | 24 | 16 |
| 18 17 26 | 4 | 22 | 17 | 11 20 | 25 | 17 |
| 18 21 47 | 5 | 23 | 19 | 14 7 | 27 | 18 |
| 18 26 8 | 6 | 24 | 20 | 16 51 | 28 | 19 |
| 18 30 29 | 7 | 25 | 22 | 19 33 | 29 | 20 |
| 18 34 50 | 8 | 26 | 24 | 22 12 | ♊ | 21 |
| 18 39 11 | 9 | 28 | 25 | 24 48 | 2 | 22 |
| 18 43 31 | 10 | 29 | 27 | 27 20 | 3 | 23 |
| 18 47 51 | 11 | ♒ | 29 | 29 49 | 5 | 24 |
| 18 52 10 | 12 | 1 | ♓ | 2♉14 | 6 | 25 |
| 18 56 30 | 13 | 2 | 2 | 4 35 | 7 | 26 |
| 19 0 49 | 14 | 3 | 4 | 6 53 | 9 | 27 |
| 19 5 7 | 15 | 5 | 6 | 9 6 | 10 | 28 |
| 19 9 25 | 16 | 6 | 8 | 11 16 | 11 | 29 |
| 19 13 43 | 17 | 7 | 10 | 13 23 | 12 | ♋ |
| 19 18 0 | 18 | 8 | 11 | 15 25 | 13 | 1 |
| 19 22 17 | 19 | 10 | 13 | 17 24 | 15 | 2 |
| 19 26 33 | 20 | 11 | 15 | 19 19 | 16 | 3 |
| 19 30 49 | 21 | 12 | 17 | 21 11 | 17 | 4 |
| 19 35 4 | 22 | 13 | 19 | 22 59 | 18 | 5 |
| 19 39 19 | 23 | 15 | 21 | 24 45 | 19 | 6 |
| 19 43 33 | 24 | 16 | 23 | 26 27 | 20 | 7 |
| 19 47 46 | 25 | 17 | 25 | 28 6 | 21 | 8 |
| 19 51 59 | 26 | 18 | 26 | 29 42 | 22 | 9 |
| 19 56 11 | 27 | 20 | 28 | 1♊16 | 23 | 10 |
| 20 0 22 | 28 | 21 | ♈ | 2 46 | 24 | 11 |
| 20 4 33 | 29 | 22 | 2 | 4 15 | 25 | 12 |
| 20 8 43 | 30 | 23 | 4 | 5 41 | 26 | 13 |

| Sidereal Time | 10 ♒ | 11 ♒ | 12 ♈ | Ascen ♊ | 2 ♊ | 3 ♋ |
|---|---|---|---|---|---|---|
| H. M. S. | ° | ° | ° | ° ' | ° | ° |
| 20 8 43 | 0 | 23 | 4 | 5 41 | 26 | 13 |
| 20 12 53 | 1 | 25 | 6 | 7 5 | 27 | 14 |
| 20 17 2 | 2 | 26 | 8 | 8 26 | 28 | 14 |
| 20 21 10 | 3 | 27 | 9 | 9 46 | 29 | 15 |
| 20 25 17 | 4 | 29 | 11 | 11 3 | ♋ | 16 |
| 20 29 24 | 5 | ♓ | 13 | 12 19 | 1 | 17 |
| 20 33 30 | 6 | 1 | 15 | 13 32 | 2 | 18 |
| 20 37 35 | 7 | 3 | 17 | 14 44 | 3 | 19 |
| 20 41 40 | 8 | 4 | 18 | 15 55 | 4 | 20 |
| 20 45 44 | 9 | 5 | 20 | 17 4 | 5 | 21 |
| 20 49 47 | 10 | 7 | 22 | 18 11 | 6 | 22 |
| 20 53 49 | 11 | 8 | 24 | 19 17 | 6 | 22 |
| 20 57 51 | 12 | 9 | 25 | 20 22 | 7 | 23 |
| 21 1 52 | 13 | 11 | 27 | 21 25 | 8 | 24 |
| 21 5 52 | 14 | 12 | 29 | 22 27 | 9 | 25 |
| 21 9 51 | 15 | 13 | ♉ | 23 28 | 10 | 26 |
| 21 13 50 | 16 | 14 | 2 | 24 28 | 11 | 27 |
| 21 17 48 | 17 | 16 | 3 | 25 26 | 12 | 28 |
| 21 21 45 | 18 | 17 | 5 | 26 24 | 12 | 28 |
| 21 25 42 | 19 | 18 | 7 | 27 21 | 13 | 29 |
| 21 29 38 | 20 | 20 | 8 | 28 17 | 14 | ♌ |
| 21 33 33 | 21 | 21 | 10 | 29 11 | 15 | 1 |
| 21 37 28 | 22 | 22 | 11 | 0♋ 6 | 16 | 2 |
| 21 41 22 | 23 | 24 | 13 | 0 59 | 16 | 3 |
| 21 45 15 | 24 | 25 | 14 | 1 51 | 17 | 3 |
| 21 49 8 | 25 | 26 | 15 | 2 43 | 18 | 4 |
| 21 53 0 | 26 | 28 | 17 | 3 34 | 19 | 5 |
| 21 56 51 | 27 | 29 | 18 | 4 25 | 20 | 6 |
| 22 0 42 | 28 | ♈ | 19 | 5 14 | 20 | 7 |
| 22 4 32 | 29 | 2 | 21 | 6 3 | 21 | 8 |
| 22 8 21 | 30 | 3 | 22 | 6 52 | 22 | 8 |

| Sidereal Time | 10 ♓ | 11 ♈ | 12 ♉ | Ascen ♋ | 2 ♋ | 3 ♌ |
|---|---|---|---|---|---|---|
| H. M. S. | ° | ° | ° | ° ' | ° | ° |
| 22 8 21 | 0 | 3 | 22 | 6 52 | 22 | 8 |
| 22 12 10 | 1 | 4 | 23 | 7 40 | 23 | 9 |
| 22 15 59 | 2 | 5 | 25 | 8 27 | 23 | 10 |
| 22 19 47 | 3 | 7 | 26 | 9 14 | 24 | 11 |
| 22 23 34 | 4 | 8 | 27 | 10 1 | 25 | 12 |
| 22 27 21 | 5 | 9 | 28 | 10 47 | 26 | 13 |
| 22 31 7 | 6 | 11 | ♊ | 11 32 | 26 | 13 |
| 22 34 53 | 7 | 12 | 1 | 12 17 | 27 | 14 |
| 22 38 39 | 8 | 13 | 2 | 13 2 | 28 | 15 |
| 22 42 24 | 9 | 14 | 3 | 13 46 | 29 | 16 |
| 22 46 8 | 10 | 16 | 4 | 14 30 | 29 | 17 |
| 22 49 52 | 11 | 17 | 5 | 15 13 | ♌ | 17 |
| 22 53 36 | 12 | 18 | 6 | 15 57 | 1 | 18 |
| 22 57 19 | 13 | 19 | 8 | 16 39 | 1 | 19 |
| 23 1 2 | 14 | 20 | 9 | 17 22 | 2 | 20 |
| 23 4 45 | 15 | 22 | 10 | 18 4 | 3 | 21 |
| 23 8 28 | 16 | 23 | 11 | 18 46 | 4 | 21 |
| 23 12 10 | 17 | 24 | 12 | 19 28 | 4 | 22 |
| 23 15 52 | 18 | 25 | 13 | 20 9 | 5 | 23 |
| 23 19 33 | 19 | 26 | 14 | 20 50 | 6 | 24 |
| 23 23 15 | 20 | 28 | 15 | 21 32 | 6 | 25 |
| 23 26 56 | 21 | 29 | 16 | 22 12 | 7 | 26 |
| 23 30 37 | 22 | ♉ | 17 | 22 53 | 8 | 26 |
| 23 34 17 | 23 | 1 | 18 | 23 33 | 9 | 27 |
| 23 37 58 | 24 | 2 | 19 | 24 13 | 9 | 28 |
| 23 41 39 | 25 | 4 | 20 | 24 53 | 10 | 29 |
| 23 45 19 | 26 | 5 | 21 | 25 33 | 11 | ♍ |
| 23 48 59 | 27 | 6 | 21 | 26 13 | 11 | 0 |
| 23 52 40 | 28 | 7 | 22 | 26 52 | 12 | 1 |
| 23 56 20 | 29 | 8 | 23 | 27 32 | 13 | 2 |
| 24 0 0 | 30 | 9 | 24 | 28 11 | 14 | 3 |

## TABLES OF HOUSES FOR NEW YORK, Latitude 40° 43' N.

| Sidereal Time | 10 ♈ | 11 ♉ | 12 ♊ | Ascen ♋ | 2 ♌ | 3 ♍ |
|---|---|---|---|---|---|---|
| H. M. S. | ° | ° | ° | ° ' | ° | ° |
| 0 0 0 | 0 | 6 | 15 | 18 54 | 8 | 1 |
| 0 3 40 | 1 | 7 | 16 | 19 39 | 9 | 2 |
| 0 7 20 | 2 | 8 | 17 | 20 24 | 10 | 3 |
| 0 11 1 | 3 | 9 | 18 | 21 9 | 11 | 4 |
| 0 14 41 | 4 | 11 | 19 | 21 54 | 12 | 5 |
| 0 18 21 | 5 | 12 | 20 | 22 38 | 12 | 6 |
| 0 22 2 | 6 | 13 | 21 | 23 23 | 13 | 6 |
| 0 25 43 | 7 | 14 | 22 | 24 8 | 14 | 7 |
| 0 29 23 | 8 | 15 | 22 | 24 52 | 15 | 8 |
| 0 33 4 | 9 | 16 | 23 | 25 36 | 15 | 9 |
| 0 36 45 | 10 | 17 | 24 | 26 21 | 16 | 10 |
| 0 40 27 | 11 | 18 | 25 | 27 5 | 17 | 11 |
| 0 44 8 | 12 | 19 | 26 | 27 49 | 18 | 12 |
| 0 47 50 | 13 | 20 | 27 | 28 33 | 19 | 13 |
| 0 51 32 | 14 | 21 | 28 | 29 18 | 19 | 13 |
| 0 55 15 | 15 | 22 | 29 | 0♌ 2 | 20 | 14 |
| 0 58 58 | 16 | 23 | 29 | 0 46 | 21 | 15 |
| 1 2 41 | 17 | 24 | ♋ | 1 30 | 22 | 16 |
| 1 6 24 | 18 | 25 | 1 | 2 14 | 23 | 17 |
| 1 10 8 | 19 | 26 | 2 | 2 59 | 23 | 18 |
| 1 13 52 | 20 | 27 | 3 | 3 43 | 24 | 19 |
| 1 17 36 | 21 | 28 | 4 | 4 27 | 25 | 20 |
| 1 21 21 | 22 | 29 | 4 | 5 11 | 26 | 21 |
| 1 25 7 | 23 | ♊ | 5 | 5 56 | 26 | 22 |
| 1 28 53 | 24 | 1 | 6 | 6 40 | 27 | 22 |
| 1 32 39 | 25 | 2 | 7 | 7 25 | 28 | 23 |
| 1 36 26 | 26 | 2 | 8 | 8 9 | 29 | 24 |
| 1 40 13 | 27 | 3 | 9 | 8 54 | ♍ | 25 |
| 1 44 1 | 28 | 4 | 10 | 9 38 | 1 | 26 |
| 1 47 50 | 29 | 5 | 10 | 10 23 | 1 | 27 |
| 1 51 39 | 30 | 6 | 11 | 11 8 | 2 | 28 |

| Sidereal Time | 10 ♉ | 11 ♊ | 12 ♋ | Ascen ♌ | 2 ♍ | 3 ♍ |
|---|---|---|---|---|---|---|
| H. M. S. | ° | ° | ° | ° ' | ° | ° |
| 1 51 39 | 0 | 6 | 11 | 11 8 | 2 | 28 |
| 1 55 28 | 1 | 7 | 12 | 11 53 | 3 | 29 |
| 1 59 18 | 2 | 8 | 13 | 12 38 | 4 | ♎ |
| 2 3 9 | 3 | 9 | 14 | 13 23 | 5 | 1 |
| 2 7 0 | 4 | 10 | 15 | 14 8 | 5 | 2 |
| 2 10 52 | 5 | 11 | 15 | 14 54 | 6 | 3 |
| 2 14 45 | 6 | 12 | 16 | 15 39 | 7 | 4 |
| 2 18 38 | 7 | 13 | 17 | 16 25 | 8 | 5 |
| 2 22 32 | 8 | 14 | 18 | 17 10 | 9 | 5 |
| 2 26 27 | 9 | 15 | 19 | 17 56 | 10 | 6 |
| 2 30 22 | 10 | 16 | 20 | 18 42 | 11 | 7 |
| 2 34 18 | 11 | 17 | 20 | 19 28 | 11 | 8 |
| 2 38 15 | 12 | 18 | 21 | 20 15 | 12 | 9 |
| 2 42 12 | 13 | 19 | 22 | 21 1 | 13 | 10 |
| 2 46 10 | 14 | 20 | 23 | 21 47 | 14 | 11 |
| 2 50 9 | 15 | 21 | 24 | 22 34 | 15 | 12 |
| 2 54 8 | 16 | 21 | 25 | 23 21 | 16 | 13 |
| 2 58 8 | 17 | 22 | 25 | 24 8 | 17 | 14 |
| 3 2 9 | 18 | 23 | 26 | 24 55 | 17 | 15 |
| 3 6 11 | 19 | 24 | 27 | 25 42 | 18 | 16 |
| 3 10 13 | 20 | 25 | 28 | 26 30 | 19 | 17 |
| 3 14 16 | 21 | 26 | 29 | 27 17 | 20 | 18 |
| 3 18 20 | 22 | 27 | ♌ | 28 5 | 21 | 19 |
| 3 22 25 | 23 | 28 | 1 | 28 53 | 22 | 20 |
| 3 26 30 | 24 | 29 | 1 | 29 41 | 23 | 21 |
| 3 30 36 | 25 | ♋ | 2 | 0♍29 | 24 | 22 |
| 3 34 43 | 26 | 1 | 3 | 1 18 | 24 | 23 |
| 3 38 50 | 27 | 2 | 4 | 2 6 | 25 | 24 |
| 3 42 58 | 28 | 3 | 5 | 2 55 | 26 | 25 |
| 3 47 7 | 29 | 4 | 6 | 3 44 | 27 | 26 |
| 3 51 17 | 30 | 5 | 7 | 4 33 | 28 | 27 |

| Sidereal Time | 10 ♊ | 11 ♋ | 12 ♌ | Ascen ♍ | 2 ♍ | 3 ♎ |
|---|---|---|---|---|---|---|
| H. M. S. | ° | ° | ° | ° ' | ° | ° |
| 3 51 17 | 0 | 5 | 7 | 4 33 | 28 | 27 |
| 3 55 27 | 1 | 6 | 8 | 5 22 | 29 | 28 |
| 3 59 38 | 2 | 7 | 8 | 6 11 | ♎ | 29 |
| 4 3 49 | 3 | 8 | 9 | 7 1 | 1 | ♏ |
| 4 8 1 | 4 | 8 | 10 | 7 50 | 2 | 1 |
| 4 12 14 | 5 | 9 | 11 | 8 40 | 3 | 2 |
| 4 16 27 | 6 | 10 | 12 | 9 30 | 4 | 3 |
| 4 20 41 | 7 | 11 | 13 | 10 20 | 5 | 4 |
| 4 24 56 | 8 | 12 | 14 | 11 10 | 5 | 5 |
| 4 29 11 | 9 | 13 | 15 | 12 1 | 6 | 6 |
| 4 33 27 | 10 | 14 | 16 | 12 51 | 7 | 7 |
| 4 37 43 | 11 | 15 | 16 | 13 42 | 8 | 8 |
| 4 42 0 | 12 | 16 | 17 | 14 33 | 9 | 9 |
| 4 46 17 | 13 | 17 | 18 | 15 23 | 10 | 10 |
| 4 50 35 | 14 | 18 | 19 | 16 14 | 11 | 11 |
| 4 54 53 | 15 | 19 | 20 | 17 5 | 12 | 12 |
| 4 59 11 | 16 | 20 | 21 | 17 57 | 13 | 13 |
| 5 3 30 | 17 | 21 | 22 | 18 48 | 14 | 14 |
| 5 7 50 | 18 | 22 | 23 | 19 39 | 15 | 15 |
| 5 12 9 | 19 | 23 | 24 | 20 31 | 16 | 16 |
| 5 16 29 | 20 | 24 | 25 | 21 22 | 17 | 17 |
| 5 20 49 | 21 | 25 | 26 | 22 14 | 18 | 18 |
| 5 25 10 | 22 | 26 | 27 | 23 5 | 19 | 19 |
| 5 29 31 | 23 | 27 | 27 | 23 57 | 19 | 20 |
| 5 33 52 | 24 | 28 | 28 | 24 49 | 20 | 21 |
| 5 38 13 | 25 | 29 | 29 | 25 41 | 21 | 22 |
| 5 42 34 | 26 | ♌ | ♍ | 26 32 | 22 | 23 |
| 5 46 55 | 27 | 1 | 1 | 27 24 | 23 | 23 |
| 5 51 17 | 28 | 2 | 2 | 28 16 | 24 | 24 |
| 5 55 38 | 29 | 3 | 3 | 29 8 | 25 | 25 |
| 6 0 0 | 30 | 4 | 4 | 0♎ 0 | 26 | 26 |

| Sidereal Time | 10 ♋ | 11 ♌ | 12 ♍ | Ascen ♎ | 2 ♎ | 3 ♏ |
|---|---|---|---|---|---|---|
| H. M. S. | ° | ° | ° | ° ' | ° | ° |
| 6 0 0 | 0 | 4 | 4 | 0 0 | 26 | 26 |
| 6 4 22 | 1 | 5 | 5 | 0 52 | 27 | 27 |
| 6 8 43 | 2 | 6 | 6 | 1 44 | 28 | 28 |
| 6 13 5 | 3 | 7 | 7 | 2 36 | 29 | 29 |
| 6 17 26 | 4 | 7 | 8 | 3 28 | ♏ | ♐ |
| 6 21 47 | 5 | 8 | 9 | 4 19 | 1 | 1 |
| 6 26 8 | 6 | 9 | 10 | 5 11 | 2 | 2 |
| 6 30 29 | 7 | 10 | 11 | 6 3 | 3 | 3 |
| 6 34 50 | 8 | 11 | 11 | 6 55 | 3 | 4 |
| 6 39 11 | 9 | 12 | 12 | 7 46 | 4 | 5 |
| 6 43 31 | 10 | 13 | 13 | 8 38 | 5 | 6 |
| 6 47 51 | 11 | 14 | 14 | 9 29 | 6 | 7 |
| 6 52 10 | 12 | 15 | 15 | 10 21 | 7 | 8 |
| 6 56 30 | 13 | 16 | 16 | 11 12 | 8 | 9 |
| 7 0 49 | 14 | 17 | 17 | 12 4 | 9 | 10 |
| 7 5 7 | 15 | 18 | 18 | 12 55 | 10 | 11 |
| 7 9 25 | 16 | 19 | 19 | 13 46 | 11 | 12 |
| 7 13 43 | 17 | 20 | 20 | 14 37 | 12 | 13 |
| 7 18 0 | 18 | 21 | 21 | 15 27 | 13 | 14 |
| 7 22 17 | 19 | 22 | 22 | 16 18 | 14 | 15 |
| 7 26 33 | 20 | 23 | 23 | 17 9 | 14 | 16 |
| 7 30 49 | 21 | 24 | 24 | 17 59 | 15 | 17 |
| 7 35 4 | 22 | 25 | 25 | 18 50 | 16 | 18 |
| 7 39 19 | 23 | 26 | 25 | 19 40 | 17 | 19 |
| 7 43 33 | 24 | 27 | 26 | 20 30 | 18 | 20 |
| 7 47 46 | 25 | 28 | 27 | 21 20 | 19 | 21 |
| 7 51 59 | 26 | 29 | 28 | 22 10 | 20 | 22 |
| 7 56 11 | 27 | ♍ | 29 | 22 59 | 21 | 22 |
| 8 0 22 | 28 | 1 | ♎ | 23 49 | 22 | 23 |
| 8 4 33 | 29 | 2 | 1 | 24 38 | 22 | 24 |
| 8 8 43 | 30 | 3 | 2 | 25 27 | 23 | 25 |

| Sidereal Time | 10 ♌ | 11 ♍ | 12 ♎ | Ascen ♎ | 2 ♏ | 3 ♐ |
|---|---|---|---|---|---|---|
| H. M. S. | ° | ° | ° | ° ' | ° | ° |
| 8 8 43 | 0 | 3 | 2 | 25 27 | 23 | 25 |
| 8 12 53 | 1 | 4 | 3 | 26 16 | 24 | 26 |
| 8 17 2 | 2 | 5 | 4 | 27 5 | 25 | 27 |
| 8 21 10 | 3 | 6 | 5 | 27 54 | 26 | 28 |
| 8 25 17 | 4 | 7 | 6 | 28 42 | 27 | 29 |
| 8 29 24 | 5 | 8 | 6 | 29 31 | 28 | ♑ |
| 8 33 30 | 6 | 9 | 7 | 0♏19 | 29 | 1 |
| 8 37 35 | 7 | 10 | 8 | 1 7 | 29 | 2 |
| 8 41 40 | 8 | 11 | 9 | 1 55 | ♐ | 3 |
| 8 45 44 | 9 | 12 | 10 | 2 43 | 1 | 4 |
| 8 49 47 | 10 | 13 | 11 | 3 30 | 2 | 5 |
| 8 53 49 | 11 | 14 | 12 | 4 18 | 3 | 6 |
| 8 57 51 | 12 | 15 | 13 | 5 5 | 4 | 7 |
| 9 1 52 | 13 | 16 | 13 | 5 52 | 5 | 8 |
| 9 5 52 | 14 | 17 | 14 | 6 39 | 5 | 9 |
| 9 9 51 | 15 | 18 | 15 | 7 26 | 6 | 9 |
| 9 13 50 | 16 | 19 | 16 | 8 13 | 7 | 10 |
| 9 17 48 | 17 | 20 | 17 | 8 59 | 8 | 11 |
| 9 21 45 | 18 | 21 | 18 | 9 46 | 9 | 12 |
| 9 25 42 | 19 | 22 | 19 | 10 32 | 10 | 13 |
| 9 29 38 | 20 | 23 | 19 | 11 18 | 10 | 14 |
| 9 33 33 | 21 | 24 | 20 | 12 4 | 11 | 15 |
| 9 37 28 | 22 | 25 | 21 | 12 50 | 12 | 16 |
| 9 41 22 | 23 | 25 | 22 | 13 35 | 13 | 17 |
| 9 45 15 | 24 | 26 | 23 | 14 21 | 14 | 18 |
| 9 49 8 | 25 | 27 | 24 | 15 6 | 15 | 19 |
| 9 53 0 | 26 | 28 | 25 | 15 52 | 15 | 20 |
| 9 56 51 | 27 | 29 | 25 | 16 37 | 16 | 21 |
| 10 0 42 | 28 | ♎ | 26 | 17 22 | 17 | 22 |
| 10 4 32 | 29 | 1 | 27 | 18 7 | 18 | 23 |
| 10 8 21 | 30 | 2 | 28 | 18 52 | 19 | 24 |

| Sidereal Time | 10 ♍ | 11 ♎ | 12 ♎ | Ascen ♏ | 2 ♐ | 3 ♑ |
|---|---|---|---|---|---|---|
| H. M. S. | ° | ° | ° | ° ' | ° | ° |
| 10 8 21 | 0 | 2 | 28 | 18 52 | 19 | 24 |
| 10 12 10 | 1 | 3 | 29 | 19 37 | 20 | 25 |
| 10 15 59 | 2 | 4 | 29 | 20 22 | 20 | 26 |
| 10 19 47 | 3 | 5 | ♏ | 21 6 | 21 | 27 |
| 10 23 34 | 4 | 6 | 1 | 21 51 | 22 | 28 |
| 10 27 21 | 5 | 7 | 2 | 22 35 | 23 | 28 |
| 10 31 7 | 6 | 8 | 3 | 23 20 | 24 | 29 |
| 10 34 53 | 7 | 8 | 4 | 24 4 | 25 | ♒ |
| 10 38 39 | 8 | 9 | 4 | 24 49 | 26 | 1 |
| 10 42 24 | 9 | 10 | 5 | 25 33 | 26 | 2 |
| 10 46 8 | 10 | 11 | 6 | 26 17 | 27 | 3 |
| 10 49 52 | 11 | 12 | 7 | 27 1 | 28 | 4 |
| 10 53 36 | 12 | 13 | 7 | 27 46 | 29 | 5 |
| 10 57 19 | 13 | 14 | 8 | 28 30 | ♑ | 6 |
| 11 1 2 | 14 | 15 | 9 | 29 14 | 1 | 7 |
| 11 4 45 | 15 | 16 | 10 | 29 58 | 1 | 8 |
| 11 8 28 | 16 | 17 | 11 | 0♐42 | 2 | 9 |
| 11 12 10 | 17 | 17 | 11 | 1 27 | 3 | 10 |
| 11 15 52 | 18 | 18 | 12 | 2 11 | 4 | 11 |
| 11 19 33 | 19 | 19 | 13 | 2 55 | 5 | 12 |
| 11 23 15 | 20 | 20 | 14 | 3 39 | 6 | 13 |
| 11 26 56 | 21 | 21 | 15 | 4 24 | 7 | 14 |
| 11 30 37 | 22 | 22 | 15 | 5 8 | 8 | 15 |
| 11 34 17 | 23 | 23 | 16 | 5 52 | 8 | 16 |
| 11 37 58 | 24 | 24 | 17 | 6 37 | 9 | 17 |
| 11 41 39 | 25 | 24 | 18 | 7 22 | 10 | 18 |
| 11 45 19 | 26 | 25 | 18 | 8 6 | 11 | 19 |
| 11 48 59 | 27 | 26 | 19 | 8 51 | 12 | 21 |
| 11 52 40 | 28 | 27 | 20 | 9 36 | 13 | 22 |
| 11 56 20 | 29 | 28 | 21 | 10 21 | 14 | 23 |
| 12 0 0 | 30 | 29 | 22 | 11 6 | 15 | 24 |

# TABLES OF HOUSES FOR NEW YORK, Latitude 40° 43' N.

| Sidereal Time | 10 ♎ | 11 ♎ | 12 ♏ | Ascen ♐ | 2 ♑ | 3 ♒ |
|---|---|---|---|---|---|---|
| H. M. S. | ° | ° | ° | ° ' | ° | ° |
| 12 0 0 | 0 | 29 | 22 | 11 6 | 15 | 24 |
| 12 3 40 | 1 | ♏ | 22 | 11 51 | 16 | 25 |
| 12 7 20 | 2 | 1 | 23 | 12 37 | 17 | 26 |
| 12 11 1 | 3 | 1 | 24 | 13 23 | 18 | 27 |
| 12 14 41 | 4 | 2 | 25 | 14 8 | 18 | 28 |
| 12 18 21 | 5 | 3 | 25 | 14 54 | 19 | 29 |
| 12 22 2 | 6 | 4 | 26 | 15 40 | 20 | ♓ |
| 12 25 43 | 7 | 5 | 27 | 16 27 | 21 | 1 |
| 12 29 23 | 8 | 6 | 28 | 17 13 | 22 | 2 |
| 12 33 4 | 9 | 7 | 28 | 18 0 | 23 | 3 |
| 12 36 45 | 10 | 7 | 29 | 18 47 | 24 | 4 |
| 12 40 27 | 11 | 8 | ♐ | 19 34 | 25 | 6 |
| 12 44 8 | 12 | 9 | 1 | 20 22 | 26 | 7 |
| 12 47 50 | 13 | 10 | 2 | 21 9 | 27 | 8 |
| 12 51 32 | 14 | 11 | 2 | 21 57 | 28 | 9 |
| 12 55 15 | 15 | 12 | 3 | 22 46 | 29 | 10 |
| 12 58 58 | 16 | 13 | 4 | 23 35 | ♒ | 11 |
| 13 2 41 | 17 | 13 | 5 | 24 24 | 1 | 12 |
| 13 6 24 | 18 | 14 | 6 | 25 13 | 2 | 13 |
| 13 10 8 | 19 | 15 | 6 | 26 3 | 3 | 15 |
| 13 13 52 | 20 | 16 | 7 | 26 53 | 5 | 16 |
| 13 17 36 | 21 | 17 | 8 | 27 43 | 6 | 17 |
| 13 21 21 | 22 | 18 | 9 | 28 34 | 7 | 18 |
| 13 25 7 | 23 | 19 | 9 | 29 26 | 8 | 19 |
| 13 28 53 | 24 | 19 | 10 | 0♑17 | 9 | 20 |
| 13 32 39 | 25 | 20 | 11 | 1 10 | 10 | 22 |
| 13 36 26 | 26 | 21 | 12 | 2 2 | 11 | 23 |
| 13 40 13 | 27 | 22 | 13 | 2 55 | 12 | 24 |
| 13 44 1 | 28 | 23 | 14 | 3 49 | 14 | 25 |
| 13 47 50 | 29 | 24 | 14 | 4 43 | 15 | 26 |
| 13 51 39 | 30 | 25 | 15 | 5 38 | 16 | 27 |

| Sidereal Time | 10 ♏ | 11 ♏ | 12 ♐ | Ascen ♑ | 2 ♒ | 3 ♓ |
|---|---|---|---|---|---|---|
| H. M. S. | ° | ° | ° | ° ' | ° | ° |
| 13 51 39 | 0 | 25 | 15 | 5 38 | 16 | 27 |
| 13 55 28 | 1 | 25 | 16 | 6 33 | 17 | 29 |
| 13 59 18 | 2 | 26 | 17 | 7 29 | 18 | ♈ |
| 14 3 9 | 3 | 27 | 18 | 8 26 | 20 | 1 |
| 14 7 0 | 4 | 28 | 19 | 9 23 | 21 | 2 |
| 14 10 52 | 5 | 29 | 19 | 10 21 | 22 | 3 |
| 14 14 45 | 6 | ♐ | 20 | 11 19 | 23 | 5 |
| 14 18 38 | 7 | 1 | 21 | 12 18 | 25 | 6 |
| 14 22 32 | 8 | 2 | 22 | 13 18 | 26 | 7 |
| 14 26 27 | 9 | 2 | 23 | 14 19 | 27 | 8 |
| 14 30 22 | 10 | 3 | 24 | 15 21 | 28 | 9 |
| 14 34 18 | 11 | 4 | 25 | 16 23 | ♓ | 11 |
| 14 38 15 | 12 | 5 | 25 | 17 26 | 1 | 12 |
| 14 42 12 | 13 | 6 | 26 | 18 30 | 2 | 13 |
| 14 46 10 | 14 | 7 | 27 | 19 35 | 4 | 14 |
| 14 50 9 | 15 | 8 | 28 | 20 40 | 5 | 16 |
| 14 54 8 | 16 | 9 | 29 | 21 47 | 6 | 17 |
| 14 58 8 | 17 | 9 | ♑ | 22 54 | 8 | 18 |
| 15 2 9 | 18 | 10 | 1 | 24 3 | 9 | 19 |
| 15 6 11 | 19 | 11 | 2 | 25 12 | 11 | 20 |
| 15 10 13 | 20 | 12 | 3 | 26 23 | 12 | 22 |
| 15 14 16 | 21 | 13 | 4 | 27 34 | 14 | 23 |
| 15 18 20 | 22 | 14 | 5 | 28 47 | 15 | 24 |
| 15 22 25 | 23 | 15 | 6 | 0♒ 1 | 16 | 25 |
| 15 26 30 | 24 | 16 | 7 | 1 16 | 18 | 27 |
| 15 30 36 | 25 | 17 | 8 | 2 32 | 19 | 28 |
| 15 34 43 | 26 | 18 | 9 | 3 50 | 21 | 29 |
| 15 38 50 | 27 | 19 | 10 | 5 8 | 22 | ♉ |
| 15 42 58 | 28 | 20 | 11 | 6 28 | 24 | 1 |
| 15 47 7 | 29 | 20 | 12 | 7 49 | 25 | 3 |
| 15 51 17 | 30 | 21 | 13 | 9 12 | 27 | 4 |

| Sidereal Time | 10 ♐ | 11 ♐ | 12 ♑ | Ascen ♒ | 2 ♓ | 3 ♉ |
|---|---|---|---|---|---|---|
| H. M. S. | ° | ° | ° | ° ' | ° | ° |
| 15 51 17 | 0 | 21 | 13 | 9 12 | 27 | 4 |
| 15 55 27 | 1 | 22 | 14 | 10 35 | 28 | 5 |
| 15 59 38 | 2 | 23 | 15 | 12 0 | ♈ | 6 |
| 16 3 49 | 3 | 24 | 16 | 13 27 | 1 | 7 |
| 16 8 1 | 4 | 25 | 17 | 14 54 | 3 | 9 |
| 16 12 14 | 5 | 26 | 18 | 16 23 | 4 | 10 |
| 16 16 27 | 6 | 27 | 19 | 17 54 | 6 | 11 |
| 16 20 41 | 7 | 28 | 20 | 19 26 | 7 | 12 |
| 16 24 56 | 8 | 29 | 21 | 20 59 | 9 | 13 |
| 16 29 11 | 9 | ♑ | 22 | 22 34 | 11 | 15 |
| 16 33 27 | 10 | 1 | 23 | 24 10 | 12 | 16 |
| 16 37 43 | 11 | 2 | 25 | 25 47 | 14 | 17 |
| 16 42 0 | 12 | 3 | 26 | 27 26 | 15 | 18 |
| 16 46 17 | 13 | 4 | 27 | 29 6 | 17 | 19 |
| 16 50 35 | 14 | 5 | 28 | 0♓47 | 18 | 20 |
| 16 54 53 | 15 | 6 | 29 | 2 30 | 20 | 22 |
| 16 59 11 | 16 | 7 | ♒ | 4 13 | 21 | 23 |
| 17 3 30 | 17 | 8 | 2 | 5 58 | 23 | 24 |
| 17 7 50 | 18 | 9 | 3 | 7 45 | 24 | 25 |
| 17 12 9 | 19 | 10 | 4 | 9 32 | 26 | 26 |
| 17 16 29 | 20 | 11 | 5 | 11 20 | 27 | 27 |
| 17 20 49 | 21 | 12 | 7 | 13 9 | 29 | 28 |
| 17 25 10 | 22 | 13 | 8 | 14 59 | ♉ | ♊ |
| 17 29 31 | 23 | 14 | 9 | 16 50 | 2 | 1 |
| 17 33 52 | 24 | 15 | 10 | 18 42 | 3 | 2 |
| 17 38 13 | 25 | 16 | 12 | 20 34 | 4 | 3 |
| 17 42 34 | 26 | 17 | 13 | 22 26 | 6 | 4 |
| 17 46 55 | 27 | 18 | 14 | 24 19 | 7 | 5 |
| 17 51 17 | 28 | 19 | 16 | 26 13 | 9 | 6 |
| 17 55 38 | 29 | 20 | 17 | 28 6 | 10 | 7 |
| 18 0 0 | 30 | 22 | 19 | 0♈ 0 | 11 | 8 |

| Sidereal Time | 10 ♑ | 11 ♑ | 12 ♒ | Ascen ♈ | 2 ♉ | 3 ♊ |
|---|---|---|---|---|---|---|
| H. M. S. | ° | ° | ° | ° ' | ° | ° |
| 18 0 0 | 0 | 22 | 19 | 0 0 | 11 | 8 |
| 18 4 22 | 1 | 23 | 20 | 1 54 | 13 | 10 |
| 18 8 43 | 2 | 24 | 21 | 3 47 | 14 | 11 |
| 18 13 5 | 3 | 25 | 23 | 5 41 | 16 | 12 |
| 18 17 26 | 4 | 26 | 24 | 7 34 | 17 | 13 |
| 18 21 47 | 5 | 27 | 26 | 9 26 | 18 | 14 |
| 18 26 8 | 6 | 28 | 27 | 11 18 | 20 | 15 |
| 18 30 29 | 7 | 29 | 28 | 13 10 | 21 | 16 |
| 18 34 50 | 8 | ♒ | ♓ | 15 1 | 22 | 17 |
| 18 39 11 | 9 | 2 | 1 | 16 51 | 23 | 18 |
| 18 43 31 | 10 | 3 | 3 | 18 40 | 25 | 19 |
| 18 47 51 | 11 | 4 | 4 | 20 28 | 26 | 20 |
| 18 52 10 | 12 | 5 | 6 | 22 15 | 27 | 21 |
| 18 56 30 | 13 | 6 | 7 | 24 2 | 28 | 22 |
| 19 0 49 | 14 | 7 | 9 | 25 47 | ♊ | 23 |
| 19 5 7 | 15 | 8 | 10 | 27 30 | 1 | 24 |
| 19 9 25 | 16 | 10 | 12 | 29 13 | 2 | 25 |
| 19 13 43 | 17 | 11 | 13 | 0♉54 | 3 | 26 |
| 19 18 0 | 18 | 12 | 15 | 2 34 | 4 | 27 |
| 19 22 17 | 19 | 13 | 16 | 4 13 | 5 | 28 |
| 19 26 33 | 20 | 14 | 18 | 5 50 | 7 | 29 |
| 19 30 49 | 21 | 15 | 19 | 7 26 | 8 | ♋ |
| 19 35 4 | 22 | 17 | 21 | 9 1 | 9 | 1 |
| 19 39 19 | 23 | 18 | 23 | 10 34 | 10 | 2 |
| 19 43 33 | 24 | 19 | 24 | 12 6 | 11 | 3 |
| 19 47 46 | 25 | 20 | 26 | 13 37 | 12 | 4 |
| 19 51 59 | 26 | 21 | 27 | 15 6 | 13 | 5 |
| 19 56 11 | 27 | 23 | 29 | 16 33 | 14 | 6 |
| 20 0 22 | 28 | 24 | ♈ | 18 0 | 15 | 7 |
| 20 4 33 | 29 | 25 | 2 | 19 25 | 16 | 8 |
| 20 8 43 | 30 | 26 | 3 | 20 48 | 17 | 9 |

| Sidereal Time | 10 ♒ | 11 ♒ | 12 ♈ | Ascen ♉ | 2 ♊ | 3 ♋ |
|---|---|---|---|---|---|---|
| H. M. S. | ° | ° | ° | ° ' | ° | ° |
| 20 8 43 | 0 | 26 | 3 | 20 48 | 17 | 9 |
| 20 12 53 | 1 | 27 | 5 | 22 11 | 18 | 10 |
| 20 17 2 | 2 | 29 | 6 | 23 32 | 19 | 10 |
| 20 21 10 | 3 | ♓ | 8 | 24 52 | 20 | 11 |
| 20 25 17 | 4 | 1 | 9 | 26 10 | 21 | 12 |
| 20 29 24 | 5 | 2 | 11 | 27 28 | 22 | 13 |
| 20 33 30 | 6 | 3 | 12 | 28 44 | 23 | 14 |
| 20 37 35 | 7 | 5 | 14 | 29 59 | 24 | 15 |
| 20 41 40 | 8 | 6 | 15 | 1♊13 | 25 | 16 |
| 20 45 44 | 9 | 7 | 16 | 2 26 | 26 | 17 |
| 20 49 47 | 10 | 8 | 18 | 3 37 | 27 | 18 |
| 20 53 49 | 11 | 10 | 19 | 4 48 | 28 | 19 |
| 20 57 51 | 12 | 11 | 21 | 5 57 | 29 | 20 |
| 21 1 52 | 13 | 12 | 22 | 7 6 | ♋ | 21 |
| 21 5 52 | 14 | 13 | 24 | 8 13 | 1 | 21 |
| 21 9 51 | 15 | 14 | 25 | 9 20 | 2 | 22 |
| 21 13 50 | 16 | 16 | 26 | 10 25 | 3 | 23 |
| 21 17 48 | 17 | 17 | 28 | 11 30 | 4 | 24 |
| 21 21 45 | 18 | 18 | 29 | 12 34 | 5 | 25 |
| 21 25 42 | 19 | 19 | ♉ | 13 37 | 5 | 26 |
| 21 29 38 | 20 | 21 | 2 | 14 39 | 6 | 27 |
| 21 33 33 | 21 | 22 | 3 | 15 41 | 7 | 28 |
| 21 37 28 | 22 | 23 | 4 | 16 42 | 8 | 28 |
| 21 41 22 | 23 | 24 | 5 | 17 42 | 9 | 29 |
| 21 45 15 | 24 | 25 | 7 | 18 41 | 10 | ♌ |
| 21 49 8 | 25 | 27 | 8 | 19 39 | 11 | 1 |
| 21 53 0 | 26 | 28 | 9 | 20 37 | 11 | 2 |
| 21 56 51 | 27 | 29 | 10 | 21 34 | 12 | 3 |
| 22 0 42 | 28 | ♈ | 12 | 22 31 | 13 | 4 |
| 22 4 32 | 29 | 1 | 13 | 23 27 | 14 | 5 |
| 22 8 21 | 30 | 3 | 14 | 24 22 | 15 | 5 |

| Sidereal Time | 10 ♓ | 11 ♈ | 12 ♉ | Ascen ♊ | 2 ♋ | 3 ♌ |
|---|---|---|---|---|---|---|
| H. M. S. | ° | ° | ° | ° ' | ° | ° |
| 22 8 21 | 0 | 3 | 14 | 24 22 | 15 | 5 |
| 22 12 10 | 1 | 4 | 15 | 25 17 | 16 | 6 |
| 22 15 59 | 2 | 5 | 16 | 26 11 | 16 | 7 |
| 22 19 47 | 3 | 6 | 18 | 27 5 | 17 | 8 |
| 22 23 34 | 4 | 7 | 19 | 27 58 | 18 | 9 |
| 22 27 21 | 5 | 8 | 20 | 28 51 | 19 | 10 |
| 22 31 7 | 6 | 10 | 21 | 29 43 | 20 | 11 |
| 22 34 53 | 7 | 11 | 22 | 0♋34 | 21 | 11 |
| 22 38 39 | 8 | 12 | 23 | 1 26 | 21 | 12 |
| 22 42 24 | 9 | 13 | 24 | 2 17 | 22 | 13 |
| 22 46 8 | 10 | 14 | 25 | 3 7 | 23 | 14 |
| 22 49 52 | 11 | 15 | 27 | 3 57 | 24 | 15 |
| 22 53 36 | 12 | 17 | 28 | 4 47 | 25 | 16 |
| 22 57 19 | 13 | 18 | 29 | 5 36 | 25 | 17 |
| 23 1 2 | 14 | 19 | ♊ | 6 25 | 26 | 17 |
| 23 4 45 | 15 | 20 | 1 | 7 14 | 27 | 18 |
| 23 8 28 | 16 | 21 | 2 | 8 3 | 28 | 19 |
| 23 12 10 | 17 | 22 | 3 | 8 51 | 28 | 20 |
| 23 15 52 | 18 | 23 | 4 | 9 38 | 29 | 21 |
| 23 19 33 | 19 | 24 | 5 | 10 26 | ♌ | 22 |
| 23 23 15 | 20 | 26 | 6 | 11 13 | 1 | 23 |
| 23 26 56 | 21 | 27 | 7 | 12 0 | 2 | 23 |
| 23 30 37 | 22 | 28 | 8 | 12 47 | 2 | 24 |
| 23 34 17 | 23 | 29 | 9 | 13 33 | 3 | 25 |
| 23 37 58 | 24 | ♉ | 10 | 14 20 | 4 | 26 |
| 23 41 39 | 25 | 1 | 11 | 15 6 | 5 | 27 |
| 23 45 19 | 26 | 2 | 12 | 15 52 | 5 | 28 |
| 23 48 59 | 27 | 3 | 12 | 16 37 | 6 | 29 |
| 23 52 40 | 28 | 4 | 13 | 17 23 | 7 | 29 |
| 23 56 20 | 29 | 5 | 14 | 18 9 | 8 | ♍ |
| 24 0 0 | 30 | 6 | 15 | 18 54 | 8 | 1 |

## PROPORTIONAL LOGARITHMS FOR FINDING THE PLANETS' PLACES

degrees or hours

| min | 0 | 1 | 2 | 3 | 4 | 5 | 6 | 7 | 8 | 9 | 10 | 11 | 12 | 13 | 14 | 15 | min |
|---|---|---|---|---|---|---|---|---|---|---|---|---|---|---|---|---|---|
| 0 | | 1.3802 | 1.0792 | 9031 | 7782 | 6812 | 6021 | 5351 | 4771 | 4260 | 3802 | 3388 | 3010 | 2663 | 2341 | 2041 | 0 |
| 1 | 3.1584 | 1.3730 | 1.0756 | 9007 | 7763 | 6798 | 6009 | 5341 | 4762 | 4252 | 3795 | 3382 | 3004 | 2657 | 2336 | 2036 | 1 |
| 2 | 2.8573 | 1.3660 | 1.0720 | 8983 | 7745 | 6784 | 5997 | 5331 | 4753 | 4244 | 3788 | 3375 | 2998 | 2652 | 2331 | 2032 | 2 |
| 3 | 2.6812 | 1.3590 | 1.0685 | 8959 | 7728 | 6769 | 5985 | 5320 | 4744 | 4236 | 3780 | 3368 | 2992 | 2646 | 2325 | 2027 | 3 |
| 4 | 2.5563 | 1.3522 | 1.0649 | 8935 | 7710 | 6755 | 5973 | 5310 | 4735 | 4228 | 3773 | 3362 | 2986 | 2640 | 2320 | 2022 | 4 |
| 5 | 2.4594 | 1.3454 | 1.0615 | 8912 | 7692 | 6741 | 5961 | 5300 | 4726 | 4220 | 3766 | 3355 | 2980 | 2635 | 2315 | 2017 | 5 |
| 6 | 2.3802 | 1.3388 | 1.0580 | 8888 | 7674 | 6726 | 5949 | 5290 | 4717 | 4212 | 3759 | 3349 | 2974 | 2629 | 2310 | 2012 | 6 |
| 7 | 2.3133 | 1.3323 | 1.0546 | 8865 | 7657 | 6712 | 5937 | 5279 | 4708 | 4204 | 3752 | 3342 | 2968 | 2624 | 2305 | 2008 | 7 |
| 8 | 2.2553 | 1.3259 | 1.0512 | 8842 | 7639 | 6698 | 5925 | 5269 | 4699 | 4196 | 3745 | 3336 | 2962 | 2618 | 2300 | 2003 | 8 |
| 9 | 2.2041 | 1.3195 | 1.0478 | 8819 | 7622 | 6684 | 5913 | 5259 | 4691 | 4188 | 3737 | 3329 | 2956 | 2613 | 2295 | 1998 | 9 |
| 10 | 2.1584 | 1.3133 | 1.0444 | 8796 | 7604 | 6670 | 5902 | 5249 | 4682 | 4180 | 3730 | 3323 | 2950 | 2607 | 2289 | 1993 | 10 |
| 11 | 2.1170 | 1.3071 | 1.0411 | 8773 | 7587 | 6656 | 5890 | 5239 | 4673 | 4172 | 3723 | 3316 | 2944 | 2602 | 2284 | 1988 | 11 |
| 12 | 2.0792 | 1.3010 | 1.0378 | 8751 | 7570 | 6642 | 5878 | 5229 | 4664 | 4164 | 3716 | 3310 | 2939 | 2596 | 2279 | 1984 | 12 |
| 13 | 2.0444 | 1.2950 | 1.0345 | 8728 | 7552 | 6628 | 5867 | 5219 | 4655 | 4156 | 3709 | 3303 | 2933 | 2591 | 2274 | 1979 | 13 |
| 14 | 2.0122 | 1.2891 | 1.0313 | 8706 | 7535 | 6614 | 5855 | 5209 | 4646 | 4149 | 3702 | 3297 | 2927 | 2585 | 2269 | 1974 | 14 |
| 15 | 1.9823 | 1.2833 | 1.0280 | 8683 | 7518 | 6601 | 5843 | 5199 | 4638 | 4141 | 3695 | 3291 | 2921 | 2580 | 2264 | 1969 | 15 |
| 16 | 1.9542 | 1.2775 | 1.0248 | 8661 | 7501 | 6587 | 5832 | 5189 | 4629 | 4133 | 3688 | 3284 | 2915 | 2574 | 2259 | 1965 | 16 |
| 17 | 1.9279 | 1.2719 | 1.0216 | 8639 | 7484 | 6573 | 5820 | 5179 | 4620 | 4125 | 3681 | 3278 | 2909 | 2569 | 2254 | 1960 | 17 |
| 18 | 1.9031 | 1.2663 | 1.0185 | 8617 | 7467 | 6559 | 5809 | 5169 | 4611 | 4117 | 3674 | 3271 | 2903 | 2564 | 2249 | 1955 | 18 |
| 19 | 1.8796 | 1.2607 | 1.0153 | 8595 | 7451 | 6546 | 5797 | 5159 | 4603 | 4110 | 3667 | 3265 | 2897 | 2558 | 2244 | 1950 | 19 |
| 20 | 1.8573 | 1.2553 | 1.0122 | 8573 | 7434 | 6532 | 5786 | 5149 | 4594 | 4102 | 3660 | 3259 | 2891 | 2553 | 2239 | 1946 | 20 |
| 21 | 1.8361 | 1.2499 | 1.0091 | 8552 | 7417 | 6519 | 5774 | 5139 | 4585 | 4094 | 3653 | 3252 | 2885 | 2547 | 2234 | 1941 | 21 |
| 22 | 1.8159 | 1.2445 | 1.0061 | 8530 | 7401 | 6505 | 5763 | 5129 | 4577 | 4086 | 3646 | 3246 | 2880 | 2542 | 2229 | 1936 | 22 |
| 23 | 1.7966 | 1.2393 | 1.0030 | 8509 | 7384 | 6492 | 5752 | 5120 | 4568 | 4079 | 3639 | 3239 | 2874 | 2536 | 2224 | 1932 | 23 |
| 24 | 1.7782 | 1.2341 | 1.0000 | 8487 | 7368 | 6478 | 5740 | 5110 | 4559 | 4071 | 3632 | 3233 | 2868 | 2531 | 2218 | 1927 | 24 |
| 25 | 1.7604 | 1.2289 | 0.9970 | 8466 | 7351 | 6465 | 5729 | 5100 | 4551 | 4063 | 3625 | 3227 | 2862 | 2526 | 2213 | 1922 | 25 |
| 26 | 1.7434 | 1.2239 | 0.9940 | 8445 | 7335 | 6451 | 5718 | 5090 | 4542 | 4055 | 3618 | 3220 | 2856 | 2520 | 2208 | 1918 | 26 |
| 27 | 1.7270 | 1.2188 | 0.9910 | 8424 | 7319 | 6438 | 5707 | 5081 | 4534 | 4048 | 3611 | 3214 | 2850 | 2515 | 2203 | 1913 | 27 |
| 28 | 1.7112 | 1.2139 | 0.9881 | 8403 | 7302 | 6425 | 5695 | 5071 | 4525 | 4040 | 3604 | 3208 | 2845 | 2510 | 2198 | 1908 | 28 |
| 29 | 1.6960 | 1.2090 | 0.9852 | 8382 | 7286 | 6412 | 5684 | 5061 | 4516 | 4033 | 3597 | 3201 | 2839 | 2504 | 2193 | 1903 | 29 |
| 30 | 1.6812 | 1.2041 | 0.9823 | 8361 | 7270 | 6398 | 5673 | 5051 | 4508 | 4025 | 3590 | 3195 | 2833 | 2499 | 2188 | 1899 | 30 |
| 31 | 1.6670 | 1.1993 | 0.9794 | 8341 | 7254 | 6385 | 5662 | 5042 | 4499 | 4017 | 3583 | 3189 | 2827 | 2493 | 2183 | 1894 | 31 |
| 32 | 1.6532 | 1.1946 | 0.9765 | 8320 | 7238 | 6372 | 5651 | 5032 | 4491 | 4010 | 3576 | 3183 | 2821 | 2488 | 2178 | 1889 | 32 |
| 33 | 1.6398 | 1.1899 | 0.9737 | 8300 | 7222 | 6359 | 5640 | 5023 | 4482 | 4002 | 3570 | 3176 | 2816 | 2483 | 2173 | 1885 | 33 |
| 34 | 1.6269 | 1.1852 | 0.9708 | 8279 | 7206 | 6346 | 5629 | 5013 | 4474 | 3995 | 3563 | 3170 | 2810 | 2477 | 2169 | 1880 | 34 |
| 35 | 1.6143 | 1.1806 | 0.9680 | 8259 | 7190 | 6333 | 5618 | 5004 | 4466 | 3987 | 3556 | 3164 | 2804 | 2472 | 2164 | 1876 | 35 |
| 36 | 1.6021 | 1.1761 | 0.9652 | 8239 | 7175 | 6320 | 5607 | 4994 | 4457 | 3979 | 3549 | 3158 | 2798 | 2467 | 2159 | 1871 | 36 |
| 37 | 1.5902 | 1.1716 | 0.9625 | 8219 | 7159 | 6307 | 5596 | 4984 | 4449 | 3972 | 3542 | 3151 | 2793 | 2461 | 2154 | 1866 | 37 |
| 38 | 1.5786 | 1.1671 | 0.9597 | 8199 | 7143 | 6294 | 5585 | 4975 | 4440 | 3964 | 3535 | 3145 | 2787 | 2456 | 2149 | 1862 | 38 |
| 39 | 1.5673 | 1.1627 | 0.9570 | 8179 | 7128 | 6282 | 5574 | 4965 | 4432 | 3957 | 3529 | 3139 | 2781 | 2451 | 2144 | 1857 | 39 |
| 40 | 1.5563 | 1.1584 | 0.9542 | 8159 | 7112 | 6269 | 5563 | 4956 | 4424 | 3949 | 3522 | 3133 | 2775 | 2445 | 2139 | 1852 | 40 |
| 41 | 1.5456 | 1.1540 | 0.9515 | 8140 | 7097 | 6256 | 5552 | 4947 | 4415 | 3942 | 3515 | 3126 | 2770 | 2440 | 2134 | 1848 | 41 |
| 42 | 1.5351 | 1.1498 | 0.9488 | 8120 | 7081 | 6243 | 5541 | 4937 | 4407 | 3934 | 3508 | 3120 | 2764 | 2435 | 2129 | 1843 | 42 |
| 43 | 1.5249 | 1.1455 | 0.9462 | 8101 | 7066 | 6231 | 5531 | 4928 | 4399 | 3927 | 3502 | 3114 | 2758 | 2430 | 2124 | 1839 | 43 |
| 44 | 1.5149 | 1.1413 | 0.9435 | 8081 | 7050 | 6218 | 5520 | 4918 | 4390 | 3919 | 3495 | 3108 | 2753 | 2424 | 2119 | 1834 | 44 |
| 45 | 1.5051 | 1.1372 | 0.9409 | 8062 | 7035 | 6205 | 5509 | 4909 | 4382 | 3912 | 3488 | 3102 | 2747 | 2419 | 2114 | 1829 | 45 |
| 46 | 1.4956 | 1.1331 | 0.9383 | 8043 | 7020 | 6193 | 5498 | 4900 | 4374 | 3905 | 3481 | 3096 | 2741 | 2414 | 2109 | 1825 | 46 |
| 47 | 1.4863 | 1.1290 | 0.9356 | 8023 | 7005 | 6180 | 5488 | 4890 | 4366 | 3897 | 3475 | 3089 | 2736 | 2409 | 2104 | 1820 | 47 |
| 48 | 1.4771 | 1.1249 | 0.9331 | 8004 | 6990 | 6168 | 5477 | 4881 | 4357 | 3890 | 3468 | 3083 | 2730 | 2403 | 2099 | 1816 | 48 |
| 49 | 1.4682 | 1.1209 | 0.9305 | 7985 | 6975 | 6155 | 5466 | 4872 | 4349 | 3882 | 3461 | 3077 | 2724 | 2398 | 2095 | 1811 | 49 |
| 50 | 1.4594 | 1.1170 | 0.9279 | 7966 | 6960 | 6143 | 5456 | 4863 | 4341 | 3875 | 3454 | 3071 | 2719 | 2393 | 2090 | 1806 | 50 |
| 51 | 1.4508 | 1.1130 | 0.9254 | 7948 | 6945 | 6131 | 5445 | 4853 | 4333 | 3868 | 3448 | 3065 | 2713 | 2388 | 2085 | 1802 | 51 |
| 52 | 1.4424 | 1.1091 | 0.9228 | 7929 | 6930 | 6118 | 5435 | 4844 | 4325 | 3860 | 3441 | 3059 | 2707 | 2382 | 2080 | 1797 | 52 |
| 53 | 1.4341 | 1.1053 | 0.9203 | 7910 | 6915 | 6106 | 5424 | 4835 | 4316 | 3853 | 3434 | 3053 | 2702 | 2377 | 2075 | 1793 | 53 |
| 54 | 1.4260 | 1.1015 | 0.9178 | 7891 | 6900 | 6094 | 5414 | 4826 | 4308 | 3846 | 3428 | 3047 | 2696 | 2372 | 2070 | 1788 | 54 |
| 55 | 1.4180 | 1.0977 | 0.9153 | 7873 | 6885 | 6081 | 5403 | 4817 | 4300 | 3838 | 3421 | 3041 | 2691 | 2367 | 2065 | 1784 | 55 |
| 56 | 1.4102 | 1.0939 | 0.9128 | 7855 | 6871 | 6069 | 5393 | 4808 | 4292 | 3831 | 3415 | 3034 | 2685 | 2362 | 2061 | 1779 | 56 |
| 57 | 1.4025 | 1.0902 | 0.9104 | 7836 | 6856 | 6057 | 5382 | 4798 | 4284 | 3824 | 3408 | 3028 | 2679 | 2356 | 2056 | 1775 | 57 |
| 58 | 1.3949 | 1.0865 | 0.9079 | 7818 | 6841 | 6045 | 5372 | 4789 | 4276 | 3817 | 3401 | 3022 | 2674 | 2351 | 2051 | 1770 | 58 |
| 59 | 1.3875 | 1.0828 | 0.9055 | 7800 | 6827 | 6033 | 5361 | 4780 | 4268 | 3809 | 3395 | 3016 | 2668 | 2346 | 2046 | 1765 | 59 |
| | 0 | 1 | 2 | 3 | 4 | 5 | 6 | 7 | 8 | 9 | 10 | 11 | 12 | 13 | 14 | 15 | |

RULE: Add proportional log of planet's daily motion to log of time from noon, and the sum will be the log of the motion required. Add this to planet's place at noon, if time is p.m., but subtract if a.m., and the sum will be planet's true position. If Retrograde, subtract for p.m., but add for a.m.

What is the long. of Moon 9 October 2020 5:36pm?
Moon's daily motion = 12°45'22"
Prop Log of 12°45'22" ........... 0.2747
Prop Log of 5h 36m ........... 0.6320
Moon's motion in 5h 36m = 2°59' or log 0.9067
Moon's long. = 10°♋29' + 2°59' = 13°♋28'

See pages 26-28 for daily motions